2018

TEMARIO LENGUA CASTELLANA Y LITERATURA

Oposiciones secundaria

Lengua castellana y Literatura

TOMO XIII

TEMARIO LENGUA CASTELLANA Y LITERATURA. ÍNDICE DEL TOMO

OPOSICIONES A ENSEÑANZA SECUNDARIA
LENGUA CASTELLANA Y LITERATURA

TEMA 61:

La renovación de la lírica española:
final del siglo XIX y principios del XX.

ÍNDICE SINÓPTICO

LA LÍRICA DE LA ÉPOCA REALISTA

INTRODUCCIÓN
CAMPOAMOR Y LA LÍRICA PREBECQUERIANA
GUSTAVO ADOLFO BÉCQUER: "RIMAS"
ROSALÍA DE CASTRO: OBRA POÉTICA EN CASTELLANO
LOS POETAS DE LA RESTAURACIÓN: NÚÑEZ DE ARCE. DISCÍPULOS
OTROS POETAS

LA LÍRICA MODERNISTA

PRECURSORES. RUBÉN DARÍO. ESCUELA DE DARÍO
EL MODERNISMO ESPAÑOL: CARACTERES PECULIARES Y PRECURSORES
MANUEL MACHADO
    OBRA LÍRICA: TRAYECTORIA. LA PREHISTORIA POÉTICA
    POESÍA DE CARÁCTER SIMBOLISTA
    POESÍA DESCRIPTIVA E IMPRESIONISTA
    PROSAÍSMO POÉTICO. CANTARES Y POEMAS ANDALUCISTAS
    LIBROS SEMIPÓSTUMOS
    ESTILO Y SENTIDO
VALLE-INCLÁN: OBRA POÉTICA

ANTONIO MACHADO

UNIDAD, ETAPAS Y EVOLUCIÓN EN SU TRAYECTORIA
"SOLEDADES, GALERÍAS, OTROS POEMAS"
    EDICIONES Y CIRCUNSTANCIAS DE SU APARICIÓN
    UNIDAD Y VARIEDAD
    PRINCIPALES TEMAS
"CAMPOS DE CASTILLA"
    ACTITUD POÉTICA
    EL PAISAJE: MEDITACIÓN Y SENTIMIENTO
    EN BAEZA: SÁTIRAS Y MEDITACIONES
    "ELOGIOS"
"NUEVAS CANCIONES"
    "PROVERBIOS Y CANTARES". "ELOGIOS"
    POEMAS AMOROSOS Y METAFÍSICOS
"DE UN CANCIONERO APÓCRIFO"
ESCRITOS DE LA GUERRA
ESTILO, VALOR Y SENTIDO

Sigue...

MIGUEL DE UNAMUNO

JUAN RAMÓN JIMÉNEZ

BIBLIOGRAFÍA

LA LÍRICA DE LA ÉPOCA REALISTA: INTRODUCCIÓN

En la etapa que va desde la decadencia del Romanticismo (hacia 1850) hasta la aparición del Modernismo (hacia 1900) se suceden corrientes de índole muy diversa. Existen, sin embargo, algunos rasgos que permiten segregarla de las tendencias anteriores y posteriores. La lírica de la segunda mitad del XIX se caracteriza por una reducción del tono frente a la retórica romántica. En unos casos esa mayor naturalidad nos lleva al intimismo (**Bécquer, Ferrán**); en otros, al prosaísmo (**Campoamor, Bartrina**). También nos encontramos con versos cuyas formas métricas, rigurosamente clásicas, acogen imágenes y figuras de la oratoria contrarrevolucionaria (**Núñez de Arce, Ferrari**).

Cossío establece cuatro tendencias. La primera es la prolongación de las formas románticas (**Zorrilla**). La segunda está representada por **Campoamor**, cuya originalidad produjo una renovación muy temprana del instrumental expresivo. La corriente más interesante es el intimismo, influido por **Heine** y los cantares populares (**Bécquer, Ferrán, Aguilera, Pongilioni, Dacaterre, Rosalía de Castro**). Esta corriente es la que va a tener una mayor proyección sobre la lírica moderna a través de los poetas de fin de siglo: los **Machado, Unamuno, Juan Ramón**... La última corriente, representada por **Núñez de Arce**, participa de la literatura de tesis propia de la etapa, con sus poemas filosóficos y sociales. Junto a estas cuatro corrientes existen otras de menor relieve. El influjo clasicista se mantuvo en la "escuela sevillana" (**Narciso Campillo**). Hubo también una poesía festiva (**Manuel del Palacio**) y de la vida doméstica (**Querol, Sepúlveda, Balart**). No faltó tampoco el pesimismo existencial (**Revilla, Bartrina**).

CAMPOAMOR Y LA LÍRICA PREBECQUERIANA

Ramón de Campoamor se inició en las formas y estilo románticos, pero la aparición de **Zorrilla**, versificador hábil y fecundo, le impidió seguir por ese camino. Así pues, se refugió en una lírica que oponía la ironía a la exaltación romántica, el prosaísmo a la imaginería tópica y el mundo del pensamiento al aparato legendario. Inventó un nuevo estilo cuya virtud fundamental, en palabras de **Cernuda**, consistió en *"haber desterrado de nuestra poesía el lenguaje preconcebidamente poético"*. La labor de **Campoamor** no fue fruto espontáneo. Sus diversos escritos teóricos dieron origen en 1883 a una *Poética*. **Cossío** comentó esta preceptiva; a este trabajo precedió *La poética de Campoamor*, de **Gaos**.

En 1840 se publica su primera colección de versos: *Ternezas y flores*, caracterizados por un *"marcado tono romántico"* (**Cossío**). *Ayes del alma* (1842) es de inspiración clásica. Con las *Fábulas* (1842) nos acercamos al lenguaje y tono que habían de ser peculiares del **Campoamor** de fechas posteriores. En 1846 apareció la primera edición de *Doloras*. Predomina cierto sentimiento melancólico, desengañado, con buenas dosis de afectación. Los *Pequeños poemas* se publicaron en sucesivas series a partir de 1872. En ellos se proponía el poeta dar cuerpo narrativo a la esquemática dolora. Subraya **Cossío** la profusión de sentencias, rasgos de ingenio, antítesis... y el sentimiento romanticoide.

En 1886 aparece la primera entrega de *Humoradas,* poesía lapidaria, que reduce las ocurrencias a un díptico o a una cuarteta. Es una poesía sicológica que intenta desvelarnos de forma ingeniosa un aspecto del comportamiento humano. En algunos momentos hay destellos poéticos y de humor, pero, en conjunto, cansa tanto ejercicio de ingenio baldío. Sin embargo, el mayor fracaso estético de **Campoamor** hay que buscarlo en los grandes poemas *(Colón, El drama universal)*. La lucha con la rima se hace más grave al crecer las dimensiones del texto.

En la transformación del lenguaje romántico tuvo un papel esencial **Campoamor**, pero no fue menor el influjo que ejercieron la difusión de los "lieder" de **Heine** y la recreación de los cantares populares por parte de poetas cultos. Fue **Cecilia Böhl de Faber** quien llevó a cabo la primera recopilación de cantares folclóricos en sus *Cuentos y poesías populares andaluces* (1859). Por su parte, **Antonio de Trueba** fue el impulsor de la afición a los cantares: *El libro de los cantares* (1852), *El libro de las montañas* (1868). En la obra de **Ferrán** destacan dos libros de cantares: *La soledad* (1861) y *La pereza* (1871). En la primera, según **Cubero Sanz**, existen algunos temas recurrentes: la búsqueda de la soledad, la oposición entre pobres y ricos, el paso del tiempo... Modos compartidos por *La pereza*, pero cuya métrica no se limita a la copla; también soleares, seguidillas y seguidillas gitanas.

Ruiz Aguilera publicó en 1849 el primer tomo de sus *Ecos nacionales*, al que siguió un segundo en 1854. Se combinan relatos moralizantes con otros de carácter histórico o de asunto social y lacrimoso. Sus *Sátiras* (1849) son poesía de ocasión. El camino del intimismo lo inicia con *Elegías* (1862). Otros libros son: *Armonías y cantares, Inspiraciones, La Arcadia moderna...*

Siguiendo a **Trueba**, **Ferrán** y **Aguilera,** muchos poetas buscaron en la balada y el cantar la salida a la lírica romántica. Por ejemplo, los murcianos **José Selgas** (*Flores y espinas* y *Versos póstumos*) y **Antonio Arnao** (*Melancolías, rimas y cantigas* y *Ecos del Táder*). **Cossío** recoge noticias de otros autores de cantares, como **Manuel Balmaseda**. Los cantares se prolongarán, ya en pleno fin de siglo, en figuras como **Narciso Díaz, Enrique Paradas** y **M. Machado.**

Ángel Mª Dacarrete se inicia con versos intimistas, asonantados, prebecquerianos. En 1906 aparecieron sus *Poesías,* que pecan de un clasicismo inexpresivo. **Arístides Pongilioni** publicó en 1865 sus *Ráfagas poéticas*. Algunos de los poemas son de signo romántico, pero en otros *"predomina la intimidad lírica, sin los tonos violentos o desgarrados"* (Cossío).

GUSTAVO ADOLFO BÉCQUER: "RIMAS"

José Pedro Díaz fija los límites de composición de la mayor parte de las *Rimas* entre 1857 ó 1859 y 1868. El título original es: *Libro de los gorriones. Colección de proyectos, ideas y planes de cosas diferentes que se concluirán o no según sople el viento.*

Antes de configurar su definitivo sistema poético, **Bécquer** tuvo una etapa clasicista cuyos modelos fueron los poetas áureos sevillanos: **Herrera, Rioja**... A esta etapa pertenecen los versos que publicó en la *Corona poética a Quintana*. La traducción del *Intermezzo* de **Heine** (1857), el contacto con **Ferrán**, la publicación de *La soledad*, el acercamiento a la poesía popular debieron de contribuir a la fijación del sistema poético becqueriano.

Balbín fija la transformación de su estilo entre 1859 y 1861. Abandona la rotundidad clasicista, y da forma a un peculiar lirismo desnudo y directo, en que se vacía una visión sentimental del mundo. Desconocemos el orden en que se compusieron las *Rimas*. Los escasos datos que se poseen no permiten más que conjeturas aproximativas. No podemos, por tanto, esbozar la evolución que pudo sufrir su poesía.

Sus modelos han sido objeto de minucioso análisis. En primer lugar se ha subrayado la presencia de **Heine**, casi siempre con un cierto afán de rebajar la importancia de nuestro creador. Ya el **P. Blanco García** lo incluía dentro del grupo de imitadores de **Heine**. Y **Núñez de Arce** habla despectivamente de los "*suspirillos germánicos*" de nuestro poeta. **Hendrix** puso el acento en la influencia de **Lord Byron**. Por su parte, **D. Alonso**, en *Originalidad de Bécquer*, demuestra que "*lo añadido por Bécquer es siempre infinitamente más que lo que tomó*".

Hay otros influjos más próximos, los de sus amigos y contemporáneos: **Ferrán** y **Dacarrete** a la cabeza. **Bousoño** añade a **Florentino Sanz** y **Blest Gana**. Tampoco hay que olvidar la presencia de **Campoamor, Arolas, Cabanyes, Pastor Díaz, Gil Carrasco, Carolina Coronado,** a los que hay que añadir **Espronceda** y **Zorrilla** que, aunque de tono más externo y declamatorio, tenían una presencia privilegiada en la época. Hay también reminiscencias de los clásicos españoles: **Herrera, Rioja, San Juan** y **Quevedo**. **Cossío** y **Penna** han subrayado la influencia de la poesía popular. Recalca **Cossío** que "*hay mucho dramatismo, ardor meridional y cante jondo en las Rimas*", y para **Penna** el **Bécquer** más intenso es el de las Rimas trágicas.

Bécquer trae a la poesía española una desnudez hasta entonces desconocida. En las *Rimas* la expresión se pone al servicio del sentimiento. Frente a los versos hacia fuera de **Núñez de Arce**, la poesía hacia adentro de **Bécquer**; frente a la estrofa de perfiles muy acusados, las estructuras rítmicas que buscan pasar inadvertidas. Esto es fruto de una elaboración sutil. En la métrica, destaca la preferencia por la asonancia en los pares, el típico esquema del romance que en **Bécquer** se une a las combinaciones imparisílabas, cuyo último verso es de pie quebrado.

José Pedro Díaz ha dicho que estamos ante una "*poesía sustantiva no adjetiva*" que "*busca dar su más honda verdad sin detenerse a adornar sus hallazgos*". Respecto a la adjetivación, **Sobejano** señala que la característica dominante es "*la desnudez, o, quizá exactamente, la pobreza, pero una pobreza querida*". **Bousoño** ha analizado las correlaciones y paralelismos, confirmando que estamos ante un poeta sencillo, pero desmiente el mito del poeta espontáneo. **Manuel Gil** ha estudiado la función del dualismo, las estructuras bimembres y el análisis de las "estructuras concéntricas" en las que vio un interesante modo de intensificación del sentir poético.

Casi todos los estudiosos han visto las *Rimas* como un conjunto poemático, un "cancionero". Como apunta **Entrambasaguas**, el mismo título impuesto por los editores póstumos nos recuerda los modelos de **Dante, Petrarca, Lope**... La clasificación temática más habitual es la de **José Pedro Díaz**, siguiendo la propuesta por **G. Diego**: cuatro series que tienen los temas siguientes: la poesía (I a XI), el amor (XII a XXIX), el desengaño (XXX a LI), el dolor y la angustia (LII a LXXVI).

Balbín Roldán proponen una clasificación en diez grupos: Introducción, Poética, El amor alegre, El dolor, Amargura, Soledad, Melancolía, Amor lejano, Amor ideal y el décimo sin título. Las dos clasificaciones señaladas insisten en ver las *Rimas* como el relato lírico de una vivencia amorosa, precedido de una poética no formalizada y en verso.

4

ROSALÍA DE CASTRO: OBRA POÉTICA EN CASTELLANO

En las orillas del Sar (1884) es, en opinión de **Alonso Montero**, *"un tratado de desolación"*. **Rosalía** se mueve entre sus propias penas y las de los demás. En el poema *Los tristes* encontramos la solidaridad con los desdichados. Esta figura del ser escarnecido por los demás es protagonista de poemas como *Unos con la calumnia le mancharon...*, *En su cárcel de espinos y rosas...*, etc. También tenemos la preocupación por los emigrantes, y una defensa de Galicia algo retórica, pero interesante por su protesta contra la reforestación de su tierra, en el poema *Los robles*. Asimismo, la idea del suicidio y la desesperanza aparece en varias ocasiones.

A este libro sobrecogedor se le añadió en la segunda edición, ya muerta **Rosalía**, un poema religioso que contradice la honda desesperación que mana del conjunto de los textos. A pesar de todo, su sentido está claro: la poetisa ha sabido plasmar perfectamente su angustia.

LOS POETAS DE LA RESTAURACIÓN: NÚÑEZ DE ARCE, DISCÍPULOS

La parte más significativa de la obra poética de **Núñez de Arce** está lastrada por las inquietudes políticas, siendo su modelo **García Tassara**. Los versos de **Arce** tienen como preocupación un puñado de valores de la burguesía reaccionaria: el orden, la propiedad... No vamos a negarle, sin embargo, un mérito capital: **Arce** es un rimador, pero un rimador que domina el instrumento y escribe versos correctísimos, de ritmo y sonoridad perfectos. **Cossío** relaciona este cuidado del ritmo y la estrofa con la poesía parnasiana, aunque nuestro poeta se distanciara de esa corriente por los temas y contenidos. Sus títulos más significativos son *Gritos de combate*, *La selva oscura*, inspirado en **Dante**, *La última lamentación de Lord Byron*, *La visión de Fray Martín*, sobre **Lutero**, y los poemas finales *A España*, *A América* y *Sursum corda*.

Entre sus discípulos cabe recordar a: **José Velarde**, buen versificador pero muy desigual en su prolija obra (*Poesía, Nuevas poesías, Obras poéticas*), **Emilio Pérez Ferrari** (*Pedro Abelardo, Dos cetros y dos almas, La muerte de Hipatia* y *Las tierras llanas*, poema en el que **Cossío** ve la huella de *En torno al casticismo* de **Unamuno**). Entre otros discípulos, se cuentan **Ricardo Blanco Asenjo**, **Francisco Abarzuza**, **Cándido Ruiz Martínez**, **José Devolx**, **Manuel de Sandoval**... Todos ellos son poetas de juegos florales y de recitado público.

OTROS POETAS

Manuel de la Revilla, Joaquín Mª Bartrina y **José Campo-Arana** forman el grupo de los llamados "poetas pesimistas". **Revilla** aspiró a ser un poeta filosófico: *Dudas y tristezas, Buscando a Dios*. Escribió también poemas sociales, como el soneto *La sociedad*, y otros de inspiración clasicista: *A Marco Bruto, A Venus Urania*.

Bartrina es considerado por **Cossío** como uno de los poetas *"más personales y extraños de su tiempo"*. Creó un nuevo género: "arabescos", a caballo entre la humorada y la dolora; junto a los arabescos, compuso las "íntimas", poemillas próximos a las rimas de **Bécquer**. **Campo-Arana** es autor de *Impresiones*. Algunos versos del soneto *Más* tienen resonancias de **Quevedo**, de **López de Zárate** o de los existencialistas de la postguerra (**Blas de Otero**).

La poesía humorística está representada por **Manuel del Palacio** (*Cabeza y calabazas, Letra menuda*) y por el grupo de poetas festivos que se reúne en torno al periódico *Madrid cómico*: **Sinesio Delgado, Felipe Pérez, José Jackson, Juan Pérez Zúñiga... Ricardo Sepúlveda** y **Federico Balart** son los llamados "poetas viudos". La obra del primero está recogida en *Notas graves y agudas* y *¡Dolores!,* una elegía a la muerte de su mujer. Un episodio semejante genera *Dolores,* poemario de **Balart**. Otros grupos serían los montañeses (**Evaristo Silió** y **Amós de Escalente**) y los andaluces (**Manuel Paso** y **Carlos Fernández Shaw**).

LA LÍRICA MODERNISTA

PRECURSORES. DARÍO. ESCUELA DE DARÍO

En Hispanoamérica el Modernismo presenta dos etapas. La primera iría hasta 1896 (fecha de *Prosas profanas* de **Darío**), y en ella dominan el preciosismo formal y el culto a la belleza sensible. La segunda presenta una intensificación de la poesía intimista y una presencia de los temas americanos, junto a una atenuación de los grandes efectos formales.

Entre los precursores del Modernismo en Hispanoamérica, el mejicano **Manuel Gutiérrez Nájera** inició la transición del Romanticismo al Modernismo en poemas como *La serenata de Schubert* o *La duquesa Job*. Por su parte, el cubano **Julián del Casal** se declaraba parnasiano en *Bustos y rimas* (1893).

Suele añadirse a los nombres citados el del también cubano **José Martí**, interesante poeta en sus *Versos libres* y *Versos sencillos*, y el del mejicano **Salvador Díaz Mirón** (*Lascas*, 1901). Sin embargo, entre sobresale el colombiano **José Asunción Silva**. Son famosos sus *Nocturnos*, de ritmo repetitivo, donde hizo valiosas aportaciones a la escuela modernista, pudiéndosele relacionar en algún momento con el Simbolismo. Tras los precursores, triunfa **Darío**. **P. Salinas** ha señalado como temas dominantes en la poesía rubeniana:

- un erotismo sin amada, que expresa bajo múltiples símbolos (mitológicos cisnes, jardines exóticos, fiestas galantes...). Otras veces se manifiesta en formas muy directas. Pertenecen a este grupo poemas como *Canción de otoño en primavera* y *Los cisnes*.

- una preocupación social y política, de marcado signo hispánico y americanista. Parte de su obra poética está dedicada a la consecución de un ideal que jamás le abandonó: el logro de la unión Centroamericana. Son de este grupo poemas como *Letanías de nuestro señor don Quijote, Salutación del optimista, A Colón, A Roosevelt...*

- una devoción por el Arte, cuya dignidad casi religiosa exaltó en muchas poesías, como *Soneto atumnal al marqués de Bradomín, ¡Torres de Dios, poetas!, Yo persigo una forma...*

Pero hay poemas que se salen de esta clasificación, como *Marcha triunfal,* cuyo tema es mero pretexto para la exhibición de una musicalidad casi estruendosa. También, *Los motivos del lobo,* de sincero y acre contenido moral, o el *Cuento a Margarita,* alarde de virtuosismo.

En los comienzos de su producción poética, **Darío** acude miméticamente a los románticos, tiñendo el verso de notas liberales y progresistas. Así, en *Primeras notas*, es patente la influencia de **Víctor Hugo** y **Zorrilla**, en tanto que por el énfasis patriótico está en la tónica del argentino **Olegario Andrade**. Continúa su aprendizaje poético en *Abrojos* y *Rimas*. El humor sentimental y los acentos prosaicos de *Abrojos* revelan la cercanía de **Campoamor**. También las formas y recursos expresivos de **Bécquer** se observan en *Abrojos* y, sobre todo, en *Rimas*. Hasta este momento la producción poética de **Darío** sigue un proceso de formación.

Azul significa un paso definitivo en la evolución de su estética. Descubrimos al poeta dominador de la forma y de la idea, y con *Azul* clausura **Rubén** el siglo XIX y abre el XX. El libro está integrado por una serie de cuentos escritos en una prosa refinada y preciosista, y agrupa una serie de poemas en los que no hay aún apenas innovaciones métricas. Salvo algunos sonetos en alejandrinos a la francesa, como *Caupolicán*, el poeta sigue la forma tradicional de la silva, plasmada, por ejemplo, en cuatro poemas sobre las estaciones: *Primaveral, Estival, Autumnal* e *Invernal*. Un espíritu cosmopolita y la preocupación erótica constituyen el cuerpo del libro. **Juan Valera**, en su crítica, determinó el nuevo género que se había creado. Dirigiéndose al propio **Darío**, escribía: *"Usted no imita a ninguno; ni es usted romántico, ni naturalista, ni neurótico, ni decadente, ni simbólico, ni parnasiano. Usted lo ha revuelto todo; lo ha puesto a cocer en el alambique de su cerebro y ha sacado de ello una rara quintaesencia"*.

El clímax de su actividad poética correspondió a 1896, año en que apareció *Prosas profanas*. Según **José Enrique Rodó**, el título revela *"el propósito evidente de aludir a una de las antiguas formas de la poesía eclesiástica"*. **Darío** confesó que había seguido el ejemplo de **Berceo** y **Mallarmé**. **Berceo** había utilizado el término en la estrofa II de la *Vida de Santo Domingo de Silos*. **Mallarmé** lo utilizó en *Prose*. *Prosas profanas* asimila la teoría del "arte por el arte", iniciada por **Gautier**, y la funde con la perfección formal, pero de contenido ideológico, preconizada por **Baudelaire** en sus *Flores del mal*.

Según **Zamora Vicente**, *Prosas profanas* marca un hito en la marcha ascendente del Modernismo. En el prólogo, el autor se nos declara heredero de numerosos modelos ilustres y enamorado de la tradición francesa, enemigo del tiempo en que nació y admirador de lo exótico. Se trata de una confesión de cosmopolitismo, aristocraticismo y exquisitez. Todo cuanto el Modernismo tiene de desdén por lo vulgar y cotidiano (de ahí lo que encierra de protestatario) se desprendió de las líneas iniciales de *Prosas profanas*.

Con respecto al lenguaje y a la métrica, **Darío** conocía las teorías de **Prudhomme** (*Reflexión sobre el arte de los versos*), que abogaban por un contenido poético más profundo que el meramente convencional, y también de las recomendaciones del *Pequeño tratado de Poesía francesa*, de **Banville**, referentes al remozamiento de estrofas arcaicas y al uso de licencias como el hiato y el encabalgamiento. Hay, pues, que destacar que la técnica de su poesía se basa primordialmente en la música, unida al sentido de la cadencia ideal, a base de los conceptos, de las sugerencias. En el prólogo, **Darío** dice que *"como cada palabra tiene un alma, hay en cada verso además de la armonía verbal, una melodía ideal"*. Éstas se unen en el *Responso a Verlaine*, en la afiligranada poesía *Era un aire suave*, o en *Sonatina*, símbolo de la más bella decadencia.

La poesía *Divagación* es una clara definición de los motivos exteriores del Modernismo. En ella se ve cómo la vuelta al clasicismo no es mediante la visión directa de lo helénico sino a través del Neoclasicismo francés. Las excursiones eróticas de *Divagación* están lejos de toda problemática que implique trascendencia. *Divagación* -y en general *Prosas profanas*- es un poema muy representativo de su momento, porque se trata de una obra para la minoría, de ahí su brillantez y, a la vez, su caducidad.

¿Cuál es el público consumidor de esta poesía? ¿En qué estratos sociales alcanza resonancia? Es una poesía escrita en la "belle époque", tras el avanzado progreso de la industrialización. Esta poesía llega a los poderosos de la nueva sociedad finisecular, que valoran una poesía que no plantea problema alguno de tipo social, económico, ético, religioso... A la universidad llegan por esas fechas unos pocos privilegiados, que proceden de las viejas aristocracias o de los nuevos ricos de la industria. Esos son los que pueden entender, por ejemplo, las connotaciones eróticas o de melancolía de un símbolo como el del cisne. Y para este público esta poesía era una voz que descubría nuevos horizontes. Un arte impregnado de cosmopolitismo.

De poemas como *Divagación* (y de los sucesivos de *Cantos de vida y esperanza*) quedo para siempre en la poesía española el anhelo de crear otra lengua literaria, un estilo diferente y personalísimo, de infinitos matices. En toda la poesía posterior (pensemos, por ejemplo, en la lírica pura del 27) se reflejará el esfuerzo por enriquecer la calidad expresiva.

Cantos de vida y esperanza (1905) suponen un notable cambio: por debajo del invariable virtuosismo formal, aparecen los tonos graves, la amargura que el poeta descubre en las honduras de su alma. Es su obra de madurez como opinan, entre otros, **Valbuena Prat, García Calderón, Henríquez Ureña, Torres-Rioseco y Anderson Imbert**. Se abre con un programa poético que compendia todos los tópicos anteriores, como un adiós a algo lejano, ya que ahora **Darío** va a abrir un interrogante en el presente y futuro de España y América española. Hemos pasado, pues, del cosmopolitismo al españolismo. Hay también más arte y más conciencia de sí mismo. Aunque el artificio no esconde la confesión candente y sincera es cierto que aun están presentes los temas clásicos, lo erótico, por ejemplo, en el romance *Por el influjo de la primavera*. También son abundantes los poemas angustiados, como dos *Nocturnos,* o *Melancolía, Canción de otoño en primavera* y *Lo fatal*, donde se percibe el influjo del pesimismo de **Schopenhauer**.

De tema religioso es el poema *Los tres Reyes Magos*, mientras que en *Cyrano en España* defiende la tesis de que el espíritu que anima la obra del dramaturgo francés es de origen español. El acento hispánico se refleja en poemas como la *Salutación del optimista, A Roosevelt, Al rey Oscar*, y las *Letanías de nuestro señor don Quijote*.

Respecto a la versificación, *Cantos de vida y esperanza* significa una renovación de la técnica, ya que tiende a la acentuación de ritmo variado y a la polimetría. *"El Modernismo* -dice **Navarro Tomás**- *continuó fiel al legado de la versificación romántica"*, que preconizaba libertad de formas. Métricamente hablando, el ensayo más ambicioso de **Darío** es la trasplantación al español del hexámetro. Obtiene los mejores en la *Salutación del optimista*.

El canto errante (1907) lleva un título significativo de hondo desengaño, presente, por ejemplo, en el poema *A Colón*, o en *Preludio*, compuesto con motivo de la aparición de *Alma*

América de **Santos Chocano**. Poemas como *La hembra del pavo real* o *A una novia* revelan el culto estético sostenido hasta el último momento. Las formas tradicionales están presentes en *Metempsicosis,* donde utiliza la estrofa sáfica del Renacimiento; en *Eco y yo* emplea la estrofa "eco", cultivada por **Del Encina y Calderón**. Otros poemas, como *Revelación, Versos de otoño* y *Canción de los pinos*, preludian ya, con su melancolía, la despedida del maestro.

Poema de otoño y otros poemas (1910) recoge composiciones de circunstancias y de diversos valores. Poco después (1914) aparece *Canto a la Argentina y otros poemas*. La composición que da título al volumen la compuso con motivo de la conmemoración de la fiesta nacional argentina en 1910. Ha señalado **Díez-Canedo** la influencia de **D'Annunzio. Valbuena Briones** señala que el libro se encuentra en la tónica americanista que se percibe entre los modernistas hacia esta fecha. **Leopoldo Lugones** compuso para la misma ocasión las *Odas seculares*, y **Santos Chocano** se había anticipado en la temática criolla con *Alma América*.

Tras los pasos de **Darío**, se lanza una multitud de poetas. Uno de ellos es el mejicano **Amado Nervo**. Dos factores contribuyeron para hacer de él un poeta modernista: ser redactor de la *Revista Moderna* y su viaje a París, donde estableció estrecha relación con **Darío. Nervo** produjo su obra más importante en el Modernismo, al que pertenecen los libros escritos entro 1898 y 1910: *Místicas, Poemas, El éxodo y las flores del camino, Los jardines interiores, En voz baja* y la sección *Rimas irónicas y cortesanas* de *Serenidad*.

El colombiano **Guillermo Valencia**, autor de un sólo libro, *Rimas*, es un poeta personalísimo que, a las características de la escuela, aporta un sentido de la concentración poética y un espíritu de protesta por la injusticia social. **Leopoldo Lugones** argentino, pasa de un Modernismo vitalista, sensorial y sonoro *(Crepúsculos del jardín)* a una lírica más sutil *(Lunario sentimental)*, y acaba por convertirse en cantor de su pueblo en una obra de acentos criollos: *Romances de Río Seco*. **José Santos Chocano**, peruano, se sale en cierto modo del Modernismo, al centrarse en el paisaje, los hombres, las leyendas y la historia de su pueblo. Su obra más característica es *Alma América*, y su poema más famoso se titula, significativamente, *Tres notas del alma indígena*.

Junto a los citados, figurarían nombres como los de **Ricardo Jaimes Freyre, Enrique González Martínez, Blanco Fombona, Herrera y Reissig, Eguren, Juana de Ibarbourou** y **Gabriela Mistral**. La uruguaya **Juana de Ibarbourou** cultiva la poesía erótica. Toda su obra rezuma un extraordinario vitalismo. Sus títulos esenciales son: *Las lenguas de diamante, Raíz salvaje, La rosa de los vientos* y *Perdida*.

La chilena **Gabriela Mistral**, si bien se sirve del Modernismo de **Darío**, se caracteriza por una gran sencillez, no en vano fue la promotora del "sencillismo". Sus primeros versos son los *Sonetos de la muerte*, inspirados en una vivencia personal: el suicidio de su ex-novio. Posteriormente, publica *Desolación* y *Ternura*, basados en los temas del amor y de la maternidad.

EL MODERNISMO ESPAÑOL: CARACTERES PECULIARES Y PRECURSORES

La llegada de **Darío** a España en 1892 es un hito decisivo en el desarrollo de las nuevas tendencias. Seduce a multitud de jóvenes poetas inconformistas por su brillantísimo talento. Luego, a partir de 1899, volverá con frecuencia a nuestro país, ya como maestro indiscutido.

Cabe señalar, sin embargo, algunas peculiaridades del Modernismo español. Ante todo, el predominio de lo íntimo: menos ninfas, menos princesas, menos cisnes... en definitiva, menos exotismo y mitología, menos musicalidad y sonoridades rotundas. Tengamos en cuenta que el Modernismo español nunca rompió los lazos con la poesía de la Restauración: la influencia de **Campoamor** fue considerable, e incluso se percibe una base ideológica todavía romántica.

No se produce, por consiguiente, un corte radical entre el Modernismo español y la poesía que le precede. El entusiasmo que suscitará en España la presencia de **Darío** vendrá no sólo por el lado de la juventud literaria con afanes de renovación, sino también auspiciado por los propios escritores españoles ya consagrados y pertenecientes a generaciones anteriores. La prueba más evidente es la crítica positiva que **Valera** realizó de *Azul*. En definitiva, es la evolución misma del Romanticismo, encarnado sobre todo en **Bécquer** y **Rosalía**, la que abre paso a la nueva sensibilidad. Con todo, es indiscutible lo mucho que nuestros modernistas han aprendido de **Darío**, sobre todo en lo que se refiere a temas, vocabulario y ritmos.

También en España tenemos nuestros precursores: **Ricardo Gil**, **Manuel Reina**, y, sobre todo, **Salvador Rueda**, que representa en España el Modernismo autóctono. Este poeta casi analfabeto hasta los dieciocho años, es un caso curioso de intuición poética. Sólo esa intuición le lleva a una poesía colorista, brillante y musical, sin conocer aún las innovaciones modernistas.

Parte **Rueda** de posiciones cercanas a la poesía localista y del influjo campoamoriano. En 1892 traba amistad con **Darío** y un año después aparece *En tropel* con un *Pórtico* del nicaragüense que venía a confirmarle como la cabeza de los modernistas españoles. *En tropel* provocó reticencias de **Clarín** y **Valera**, que vieron un exceso de colorismo. *Piedras preciosas, Fuente de salud, Trompetas de órgano* y *Lenguas de fuego*, constituyen sus libros de madurez. Para entender los propósitos que motivaron su renovación poética, hay que recordar su libro *El ritmo*, escrito a instancias del crítico catalán **Yxart**.

La nómina de modernistas españoles es muy amplia; recordemos, entre otros, a **Francisco Villaespesa, Eduardo Marquina, M. Machado, Valle-Inclán, A. Machado, Pedro Jara Carrillo, Manuel Verdugo, Luis Rodríguez Figueroa, Tomás Morales, Emilio Carrere** y **Gregorio Martínez Sierra**, que fue el animador del Modernismo, fundando las revistas *Vida Moderna, Helios* y *Renacimiento*, que albergarían a los nuevos escritores.

MANUEL MACHADO

OBRA LÍRICA: TRAYECTORIA. LA PREHISTORIA POÉTICA

La lírica de **Manuel Machado** tuvo una trayectoria que, según la perspectiva, puede juzgarse irregular o coherente. Se suceden etapas de plenitud y otras de decadencia.

La primera unidad en su evolución la constituye "la prehistoria poética" (1894-1899). Es el período anterior al viaje a París. Los influjos más notables son los de la copla popular y de la rima becqueriana. De la estancia en París nace un libro excepcional, Alma, coherente conglomerado de temas y estilos, que se irá desarrollando por parcelas en poemarios posteriores (1900-1909). El matrimonio devolvió la lírica de **M. Machado** a sus orígenes: el mundo recreado en *Cante hondo* y en *Sevilla y otros poemas,* y la poesía melancólica de corte becqueriano y con un ligero toque clasicista: *Ars moriendi, Phoenix.* La guerra civil lo obligó a una poesía de circunstancias, entre la inspiración religiosa y la patriótica.

Adaptando una clasificación de **Phillips**, podemos sintetizar las cuatro modalidades básicas de su lírica, todas ellas presentes ya en *Alma*: poesía de carácter simbolista: *Alma, Capricho;* poesía descriptiva de carácter parnasiano e impresionista: *Museo, Apolo, La fiesta nacional;* cantares populares y poemas andalucistas: *Tristes y alegres, Cante hondo, Sevilla;* prosaísmo bohemio y desgarrado: *El mal poema,* parte *de Dedicatorias.* A esto hay que añadir dos aspectos de los últimos años: lírica reflexiva y melancólica: *Ars moriendi, Phoenix;* poesía religiosa y patriótica: *Horas de oro, Cadencia de cadencias, Horario.*

Con la denominación de "prehistoria poética" designamos a la lírica anterior a *Alma.* La mayor parte de estos poemas llegaron al público a través de unos libritos publicados en unión de **Enrique Paradas**: *Tristes y alegres* (1894) y *Etcétera* (1895). Del último no tenemos más noticia que la ofrecida por **Brotherston** que vio un ejemplar que sólo contenía un poema de **Machado**. En *Tristes y alegres,* por el contrario, la aportación de nuestro poeta ocupa la primera parte del volumen. Hay en el libro ingenuidades de principiante, pero aun en ellas podemos adivinar al poeta que cuajará años más tarde. **Miró** ha puesto el acento en la *"actitud de desencanto y de renuncia"*, y en la importancia del influjo francés, subrayado por **Brotherston y Gayton**.

POESÍA DE CARÁCTER SIMBOLISTA

Alma debió de ver la luz a finales de 1901 o a principios de 1902. Pretende ser una exploración lírica del "reino interior", del subconsciente. Es su libro más simbolista; sus versos y sus imágenes quieren recoger la inefable presencia de la muerte, el amor y la soledad. Los versos buscan sugerir, no describir, mediante una técnica impresionista de imágenes sueltas. *Adelfas* es uno de los autorretratos que el poeta prodigó en sus libros. Se presenta a sí mismo como personificación de la abulia racial. La recreación parnasiana de escenas y figuras históricas tiene en *Alma* un aliento especial que le permite superar la reconocida frialdad del género. *Castilla,* por ejemplo, desarrolla un episodio del *Cantar de Mío Cid. Alma* es uno de los poemarios más completos, coherentes y variados de la moderna lírica española. Como ha dicho **Villena**, se trata de un *"libro personalísimo y, a la par, perfectamente acorde con su época"*.

Caprichos (1906) fue considerado en su tiempo un testimonio de la decadencia de **M. Machado**. Es un libro menor cuya imagen está vinculada a los poemas iniciales en que personajes de la *commedia dell'arte* dirimen sus conflictos sentimentales. El verso breve remeda el estilo de Verlaine. La última parte está dominada por otro influjo verleniano. El título de la sección, *La buena canción,* es un homenaje al maestro.

POESÍA DESCRIPTIVA E IMPRESIONISTA

En 1906 se publicó *La fiesta nacional (Rojo y negro),* descripción impresionista de una corrida de toros. **Cossío** ha sentenciado que *"debe considerarse como el mayor acierto que la poesía descriptiva ha logrado en el moderno espectáculo taurino"*.

Museo apareció como apartado en la edición príncipe de *Alma* y, después, sumando poemas ya aparecidos en libros anteriores, alcanzó a formar capítulo independiente en 1907. Los 9 poemas son estampas del pasado. En los motivos del Siglo de Oro la inspiración nace a menudo de la pintura de la época. **López Estrada** ha comentado los poemas dedicados a los primitivos y ha puesto de relieve su solidaridad con tendencias artísticas finiseculares como el Prerrafaelismo.

Apolo. Teatro pictórico (1911) es un intento afortunado de trasponer el mundo del color y la línea a la palabra. Se inspira en veinticinco cuadros célebres ordenados cronológicamente. **Picazo** señala tres influjos: las enseñanzas artísticas recibidas de **Manuel de Cossío** en la Institución, el cultivo de este género por parnasianos y simbolistas y la revalorización de lo plástico por nuestros modernistas. *Apolo* es libro de gratísima lectura, un derroche de habilidad técnica. Su valor lírico tiene las limitaciones propias de la poesía externa y descriptiva.

PROSAÍSMO POÉTICO, CANTARES Y POEMAS ANDALUCISTAS

En 1909 se reúnen en volumen (*El mal poema*) un manojo de poemas que ensayan una fórmula expresiva nueva. El tono es prosaico. La vida prostibularia y nocturna, el cansancio y la tristeza de la bohemia aparecen aquí. No es difícil relacionarlo, desde el título, que nos recuerda *Les fleurs du mal,* con el universo lírico de la miseria urbana descubierto por los poetas malditos.

M. Machado fue un excelente catador del cante flamenco. Desde su prehistoria poética cultivó estos poemas que recogió en volumen en 1912 con el título de *Cante hondo.* Es quizá la faceta más conocida y controvertida de su obra. Unos piensan que aquí está *"el mejor M. Machado, el más fiel a sí mismo y a sus raíces"* (**Ifach**), mientras que otros ponen el acento en la imitación servil del folclore y en la falta de originalidad (**Brotherston**). Las dos posturas se alejan del juicio sereno. **M. Machado** no se propuso crear un arte radicalmente nuevo, sino estilizar la canción popular con absoluta fidelidad a sus orígenes.

En *Cante hondo* hay que distinguir los cantares (soleares, seguidillas, sevillanas) de los poemas más extensos que, con el ritmo de los metros populares, recrean motivos de ese mismo mundo. *Sevilla y otros poemas* (1919) es libro heterogéneo. Dominan tópicos andalucistas: la mujer hogareña, amante y resignada y los símbolos castizos de la España folclórica. Aunque sea un libro menor, no le falta la gracia y la soltura que es rasgo común a toda su lírica.

LIBROS SEMIPÓSTUMOS

Desde la publicación de *El mal poema,* nuestro poeta estuvo anunciando su retirada. Algunos de los libros del período 1910-1936 fueron refundición de obras anteriores o de textos dispersos. Esa procedencia tiene *Dedicatorias,* que apareció en 1915 en el volumen *Canciones y dedicatorias.* Son breves poemas de ocasión.

Los *Poemas varios,* publicados inicialmente junto a *Sevilla,* y como libro independiente en las *Obras completas, son* en efecto variopintos. El tono grave de *La huelga* y la reflexión trascendente de *Ante una joven muerta* anuncian los poemas de *Ars moriendi.* Contrasta con ellos la ligereza frívola de *El couplet.*

En 1921 vio la luz *Ars moriendi* que nos devuelve al más íntimo y original **M. Machado**. Libro con una intensa unidad temática y formal. El título es la clave: un arte de morir, una poesía ganada por la melancolía y por un resignado pesimismo. Quizá gane a todos los libros de **M. Machado** en expresión concentrada y honda.

Dentro de las bellas Ediciones Héroe que dirigía **Manuel Altolaguirre**, apareció, en junio de 1936, *Phoenix. Nuevas canciones.* Volumen heterogéneo en el que renacen de sus cenizas algunos de sus estilos y temas.

Tres libros publicó después de 1936. Son los denostados. Hay para ello razones políticas y poéticas. Son en parte poemas de ocasión a los que la finalidad propagandística ha cercenado la riqueza de perspectivas que hace tan sugerentes otras obras del autor. Los textos de mayor autenticidad, los religiosos, se inclinan más a las estampas pintorescas del santoral que a la introspección íntima. *Horas de oro. Devocionario poético* (1938) está formado por textos patrióticos, poemas religiosos, entre los que debemos destacar *La saeta. Cadencia de cadencias.* *Nuevas dedicatorias* (1943) insiste en los poemas religiosos agrupados con otros de distinto signo, como la interpretación del mito de *Narciso. Horario (poemas religiosos)* (1947) no tiene más novedad que unos ingenuos villancicos al modo de **Lope**.

ESTILO Y SENTIDO

La concisión es uno de los rasgos definidores de **M. Machado**. Su poderosa intuición selecciona el detalle esencial, identificador, y lo expresa con naturalidad. La poesía de **M. Machado** es fácil de leer y difícil de escribir. No abundan las voces exóticas, ni las construcciones retorcidas, ni las imágenes herméticas. Emplea, por lo común, frases muy breves. Esta yuxtaposición inconexa de frases tiene su fuente en el impresionismo: el artista sugiere la escena para que el lector la imagine.

El lenguaje coloquial, con sus diversos matices, tiene carta de naturaleza en su estilo. Uno de los logros de **M. Machado** es el dominio de la imagen degradadora, concorde con la "poesía de germanía" que en algunos momentos se propuso crear. A veces, al empequeñecer, mediante la metáfora, una realidad, no se pretende degradarla sino intensificar uno de sus rasgos: el color, el brillo, la delicadeza... Estamos ante lo que podríamos llamar imagen descendente intensificadora. Así, el mar es *"una oscura / tela de cobalto y grana"*. Realidades naturales de indudable grandeza se reducen a objetos manufacturados.

Los **Machado** son sin disputa los más hondos poetas simbolistas españoles. **Manuel** captó con fina intuición las correspondencias entre paisajes, colores, sensaciones y estados de ánimo. Maneja símbolos ya tópicos del fin de siglo: el parque, la fuente y el agua. El jardín representa el alma melancólica del poeta. La fuente y el agua, lo misterioso e inescrutable del existir.

Uno de sus más altos logros es su maestría en el arte de acabar. Es característico que estos remates retomen algunos motivos o versos del principio, creando una estructura de tipo anular. *Castilla* se cierra con el bellísimo *"-polvo, sudor y hierro- el Cid cabalga"* que habíamos leído al empezar. Otras veces el poeta procura reservarnos para el final una sorpresa. Son poemas que

13

tienen *"el aguijón en la cola"* (**Gayton**), típico del Parnasianismo francés.

M. Machado no ensayó metros nuevos. Hasta su paso por París se ciñó a los que eran comunes en la tradición española. En *Alma* y los poemarios que siguieron empleó los versos que habían autorizado con su ejemplo **Darío** y **Rueda**: alejandrinos, eneasílabos, dodecasílabos, pentasílabos..., sin olvidar los clásicos, insustituibles versos de ocho y once sílabas. Estuvo siempre más atento al ritmo íntimo del poema que a novedades métricas.

Durante muchos años la valoración de **M. Machado** estuvo encerrada en tópicos de espantosa superficialidad. El caer en el bando de los vencedores de 1939 ha proyectado retrospectivamente sobre su obra interpretaciones que la han desfigurado y oscurecido.

Unos han exaltado los aspectos más externos y mostrencos de su arte. Otros se han aplicado con malicia a buscar las presuntas raíces de "la tradición". Durante muchos años pocos juicios se escaparon de estos dos extremos, si exceptuamos los de **D. Alonso** y **G. Diego**. También le han perjudicado las desigualdades de su obra. Como **Lope** y **Espronceda**, no tuvo inconveniente en dar a la luz pública piezas menores, caprichosas y de ocasión, y a veces se avino a ser un mero versificador. Se ha querido encasillarle en un Modernismo de acrítico y superficial. **D. Alonso** ha dejado claro cuánto dolor de España, cuánta rebeldía hay en sus versos. **M. Machado** es uno de los poetas que mejor han logrado conjuntar elegancia y hondura, gracia y autenticidad o, dicho en palabras de **D. Alonso** *"ligereza y gravedad"*.

M. Machado tuvo ángel. Alcanzó un estilo personal aunque variadísimo. Podemos suscribir las palabras de **Emilio Miró**: *"M. Machado, culto y popular, clásico y moderno, hondo y superficial, fue el poeta de los muchos caminos..."*. Junto a su hermano, es el lírico más apasionante de la generación de fin de siglo española.

VALLE INCLÁN: OBRA POÉTICA

La obra lírica de **Valle-Inclán** es breve: 65 poemas recogidos en el tomo IX de la *Opera omnia*, titulado *Claves líricas* (1930). Presenta una evolución pareja a la que se dio en la novela y el teatro. **González López, Kaal** y **Servera** insisten en que empieza apegado a los tópicos predilectos del primitivismo modernista; después pasará por una etapa de gnosticismo y por último desembocará en una poesía funambulesca, distorsionada, grotesca, pareja al mundo del esperpento.

Cada uno de estos períodos tiene su expresión en uno de los libros que integran las *Claves líricas*: *Aromas de leyenda*, *El pasajero* y *La pipa de kif*, publicados respectivamente en 1907, 1920 y 1919. Las fechas de impresión no se corresponden con las de creación. *El pasajero* es por su estética un punto intermedio entre los otros dos. Así parece indicarlo **Valle** al establecer el orden del volumen que había de contener el conjunto de su lírica. **Servera** ha detectado *"una progresiva riqueza del léxico a medida que se van sucediendo los libros de poemas"*. Cada volumen es un peldaño en la búsqueda de la perfección literaria y encierra, al mismo tiempo, un universo poético de perfiles claros y precisos.

Aromas de leyenda es un breve volumen de 14 poemas. De éstos, 11 se rematan con un breve cantarcillo popular gallego que tiene funciones similares a las de las jarchas. Los metros dominantes son los eneasílabos, alejandrinos y dodecasílabos, dispuestos en pareados, en tercetos monorrimos, sextetos... y, los eneasílabos, en forma de romance.

Es una muestra tardía de la moda franciscana y medievalizante que trajo el Prerrafaelismo. El subtítulo, *Versos en loor de un santo ermitaño,* aclara el sentido del poemario. Los poemas aspiran a alcanzar un tono de ingenuidad virginal semejante al que el autor creía percibir en las miniaturas medievales. Hay una nota mística y trascendente en casi todos los textos. Quizá el más logrado sea *Ave serafín.* El paisaje evocado es el de una Galicia juvenil y matinal, agraria y tierna.

El pasajero es el más extenso de los poemarios valleinclanescos (33 poemas). Los ritmos son similares a los de *Aromas de leyenda,* aunque en este caso abundan las series de serventesios y los sonetos. El mundo galaico y primitivo se sustituye por alusiones a la teosofía y a la magia. A pesar de las notas ocultistas, recrea un universo "*humano, secular, más autobiográfico que objetivo*" (**González López**). Los temas dominantes son el pecado y la muerte. Numerosos poemas son unas memorias hiperbólicas, en las que se respiran las delicias simultáneas del remordimiento y del desafío donjuanesco. La vida es un peregrinar y el poeta es el pasajero al que alude el título.

El lenguaje recurre al vocabulario esotérico. Hay también imágenes sorprendentes y caprichosas que oscilan entre la sinestesia, los atrevimientos vanguardistas y el juego degradador del esperpento.

Los 18 poemas de *La pipa de kif* tienen unidad de estilo y de sentido. **Valle-Inclán** se complace en ofrecernos una imagen expresionista de la realidad. Los versos se descoyuntan, pierden su habitual gravedad y se vuelven juguetones y deliberadamente prosaicos y ripiosos. El mismo título nos recuerda los paraísos artificiales de **Baudelaire** y las piruetas gratuitas e insólitas del arte de entreguerras. **Valle-Inclán** saca a plaza su predilección por lo histriónico y grotesco: el carnaval, el circo, las verbenas... Anotemos la coincidencia con los motivos centrales de la obra de **Gómez de la Serna. González López** ha señalado como temas principales la sátira del mundo intelectual español y la tristeza de las diversiones públicas.

ANTONIO MACHADO

UNIDAD, ETAPAS Y EVOLUCIÓN EN SU TRAYECTORIA

La crítica machadiana se divide entre los que subrayan la íntima coherencia de su obra y los que acentúan las trasformaciones que en ella se operaron. **P. Salinas** es, quizá, el más entusiasta paladín de la teoría "continuista". Señala cómo el sistema de ir añadiendo lo nuevo a las sucesivas impresiones de las *Poesías completas* revela la "*una especie de serena complacencia en ser lo que ha sido".* Parecida es la postura de **Gullón**: "*en sentimientos y forma de expresión, Machado permaneció invariable desde el principio hasta el fin".* Son más abundantes estudiosos que opinan, como **Real de la Riva**, que "*Antonio Machado no es poeta sencillo y unitario".*

Cerezo agrupa los períodos bajo los siguientes rótulos: *"intimismo", "realismo dramático", "humanismo trágico"* y *"comunitarismo cordial".* **Ángel González** y **José Olivio** coinciden en señalar tres etapas. La primera está dominada por la "afirmación del *yo",* por la primera persona del singular: *Soledades, galerías, otros poemas. La* segunda entraña la "negación del *yo"* y el predominio de la tercera persona: *Campos de Castilla.* La tercera es síntesis de ambas y su símbolo es la presencia del *nosotros: Nuevas canciones, De un cancionero apócrifo.*

Para nosotros la síntesis sinóptica de esta evolución es: Intimismo simbolista (1899-1907); Castellanismo regeneracionista (1907-1917); Poesía filosófica y folclórica (1917-1926); Prosa filosófica (1926-1936); Escritos de la guerra civil (1936-1939).

Ribbans ha demostrado que la primera edición de *Soledades* encierra el fruto de una etapa de tanteo en la que aparecen elementos parnasianos de los que más tarde se librará. Ya en ese libro hay secciones enteras en las que se encuentra el **Machado** pleno que todos admiramos. Esa perfección, aunque sólo se logre en parte del poemario, es lo que permitió a **Gullón** afirmar que inicia su carrera *"relativamente tarde, pero con pasmosa seguridad de medios y madurez de pensamiento".* Sin embargo, su lírica conocerá una evolución que parte del subjetivismo intimista y busca por caminos distintos establecer un diálogo con la realidad y con el prójimo. Para **Octavio Paz**, *"Machado ha intuido los temas esenciales de la poesía y la filosofía de nuestro tiempo".*

A. Machado creía que el hontanar de la poesía moderna estaba en el Romanticismo. En ese siglo se forma su sensibilidad o, como él diría, su sentimentalidad. Entre los influjos literarios que conforman su primera manera, están **Bécquer** y los simbolistas, incluyendo a **Poe**. Son poetas posrománticos; se proponen sólo interpretar el mundo interior que *"no trasciende de los estrechos límites de su conciencia psicológica".* Esta descripción (1931) de una lírica (la de **Bécquer, Heine, Verlaine**) que no era la suya, podría aplicarse a la primera etapa de su obra.

La favorable acogida de *Soledades* no dejó enteramente satisfecho al autor. Toda su preocupación consistirá en saltar líricamente las *"bardas de su corral",* de su subjetividad. El salto hacia el exterior tuvo una primera manifestación *en Campos de Castilla.* El prólogo explica esa idea obsesiva: *"pensé que la misión del poeta era inventar nuevos poemas de lo eterno humano".* El ideal trazado es una poesía épico-lírica donde poeta y colectividad vivan unidos en el canto.

Pero *Campos de Castilla* no es un punto final. **Machado** siguió buscando otra forma de encuentro entre la personalidad íntima y la realidad exterior. Es lo cierto que el paisaje se convierte con facilidad en símbolo del alma solitaria, y la preocupación regeneracionista deriva hacia el discurso censorio o apologético. No se conseguía el diálogo y la comunión con el otro. **Sánchez Barbudo** señaló la crisis lírica que sobrevino a **Machado** a partir de 1913: *"solitario en Baeza, o en Segovia, estudiaba filosofía y soñaba en una nueva sociedad y con una nueva poesía que no estaba aún en su mano".* **D. Alonso** también habló de una sequedad poética *"que no habría de cesar nunca".*

La obra posterior a 1917 es continuación de esa búsqueda de la realidad exterior. El último producto enteramente en verso son las *Nuevas canciones* de 1924. Para salir de sí mismo el poeta va a precisar una lírica de corte folclórico *(Canciones del Alto Duero)* o de cancioncillas epigramáticas y sentenciosas en las que no cabe la efusión sentimental.

Lázaro Carreter cree que **Machado** se sintió desconcertado por la estética de vanguardia y reaccionó convirtiéndose en apologista de su poesía, escribiendo *"prosas compensadoras"* con las que justificar su creación. Lo cierto es que -son palabras de **D. Alonso**- *"Machado fue gran poeta hasta la muerte"*, aunque en esta penúltima etapa la inspiración exclusivamente lírica llegara en momentáneos chispazos.

"SOLEDADES, GALERÍAS, OTROS POEMAS"

EDICIONES Y CIRCUNSTANCIAS DE SU APARICIÓN

La primera edición de *Soledades* vio la luz en Madrid en 1903. Contenía 42 poemas en cuatro secciones: *Desolaciones y monotonías, Del camino, Salmodias de abril* y *Humorismos.* Había en esta primera colección 13 poemas que cuatro años más tarde no merecieron la aprobación del autor y desaparecieron en el nuevo libro *Soledades, galerías, otros poemas.* El título de *Soledades* no es gratuito. Tiene una larga raigambre literaria que podemos remontar a **Góngora** y de manera más cercana a *La soledad* de **Ferrán**, a las soleares folclóricas, o como quiere **Ferreres**, a *Soledades* de **Eusebio Blasco**. Es obvia su adecuación al tema: la intimidad personal, la indagación en el reino interior, al que no se puede acceder en compañía.

En 1907 rehace el volumen por completo. Rescata 29 poemas y con otros de nuevo cuño da a la imprenta *Soledades, galerías, otros poemas.* En realidad se trata de una obra muy distinta: 95 poemas repartidos en tres unidades: *Soledades* (con cinco secciones: *Del camino, Canciones y coplas, Humorismos, Fantasías, Apuntes), Galerías* y *Varia.* Este libro conoció una segunda edición en 1919 con el título algo cambiado: *Soledades, galerías y otros poemas.* Pasó a las *Poesías completas* bajo el rótulo de *Soledades* (1899-1907).

UNIDAD Y VARIEDAD

Frente a *Soledades, galerías, otros poemas* existen dos posturas críticas contradictorias: **Sesé** y **Cernuda**. Para **Sesé**, *"el conjunto, heterogéneo, carece de armonía; se tiene a menudo la impresión de que aún está en busca de su voz más auténtica".* **Cernuda**, en cambio, cree que *"Machado nace formado enteramente, y el paso del tiempo nada le añadirá, antes le quitará".*

Las diversas vetas no nos impiden adivinar una esencial unidad temática y de tono a la que escapan muy pocos poemas. Esos contados textos "disidentes" son *Orillas del Duero,* más descriptivo y externo que los restantes poemas; el romance *"He andado muchos caminos...",* que parece tener una cierta intención social, y la *Fantasía de una noche de abril,* de brillante andalucismo orientalista. El resto pertenece a la línea esencial de *Soledades* que, en palabras de **Sesé**, es la de *"las emociones íntimas, del dolor de los recuerdos, de la melancolía y de la exploración de los caminos interiores".*

Poesía medularmente simbolista. De ella se ha eliminado lo narrativo. El propio **Machado** escribió años más tarde que aspiraba *"a contar la pura emoción, borrando la totalidad de la historia humana".* **Barbudo** ha subrayado la relación paisaje-alma. A ella atribuye *"la comunicabilidad, y la hondura y la belleza de muchos de los poemas".*

D. Alonso notó la alternancia de paisajes soñados y mágicos con otros reales. Un reducido número de motivos (la fuente, las galerías interiores, la plaza, los mendigos, los espejos, el dédalo de callejuelas, la tarde...) convierten al libro en un auténtico tema con variaciones. Los motivos se reiteran para dar expresión a una idea central: los recuerdos, el amor frustrado y el sueño.

PRINCIPALES TEMAS

La evocación del pasado es una de las formas de escrutar el tejido íntimo de la personalidad. En su poesía perdura obsesivamente el recuerdo de escenas de la infancia. Parte de ellas rememoran la monotonía de la existencia. En algunos poemas la infancia es un paraíso perdido en el que aún alentaba la esperanza. Símbolos de su infancia andaluza son el limonero y el naranjo. Su colorido sugiere el mundo feliz perdido que sólo la memoria puede recuperar. Algunos recuerdos no parecen pertenecer a la infancia o la juventud, sino a la edad adulta. Son quizá los más amargos. En todos los casos el recuerdo sirve de contrapunto al fracaso vital.

Afirma **Aguirre** que *"la más intensa poesía de Machado es radicalmente erótica"*. La ausencia o el fracaso del amor es el gozne sobre el que gira *Soledades*, una elegía, como dirá el propio poeta, a *"mi juventud sin amor"*. En los poemas de amor sólo queda el marco sombrío y misterioso (a menudo una vieja ciudad ruinosa, mendigos en la escalinata de la iglesia, la tarde o la noche) y la expresión neta del impulso erótico reprimido, en contraste con un alma tímida.

La tarde, símbolo de valores múltiples en **Machado**, aparece en los poemas eróticos ligada a la imposibilidad del amor. Así, en *"Yo voy soñando caminos..."*. Como ha comentado **José Luis Tejada**, se trata en realidad de dos poemas fundidos en uno. La primera parte recrea el paisaje al anochecer, la segunda introduce un motivo (la espina clavada en el corazón) de vieja raigambre literaria. La sombra del amor es algo próximo y lejano, cariñoso y esquivo como la virgen del poema XXIX. Quizá por esa dualidad irreductible, **Machado** habla del amor amargo y lo relaciona con la muerte, en poemas intensos como *Cante hondo*.

Para penetrar en el mundo interior el sueño es, sin duda, una de las vías más directas. **Machado** intenta en este primer poemario aprehender su propia verdad y acude a interpretar poéticamente los símbolos oníricos. El sueño tiende a confundirse con el recuerdo, que difumina la realidad exterior y objetiva para iluminar lo misterioso, turbio y lejano.

Es en *Galerías* donde el sueño adquiere un papel más relevante. En el poema con que se abre este apartado se presenta como un espejo profundo, borroso y mágico en el que se encierra una *"verdad divina"*, nuestra propia personalidad. Los motivos que aparecen en estos sueños evocados son casi siempre melancólicos y, a veces, desoladores. La mayor parte de los poemas retratan un paisaje onírico, cuyos elementos tienen valor de símbolos. **Machado** no cultiva el abigarramiento esperpéntico a la manera de **El Bosco** o de **Goya**, sino la escueta enumeración cargada de connotaciones sentimentales. Dios también aparece en ese universo metarreal.

Aunque en muchos poemas la recreación de los símbolos oníricos parece el grado extremo del autoconocimiento, **A. Machado** tuvo siempre ciertas reservas sobre su autenticidad. Estas sospechas pesan siempre sobre esos finales abiertos y vagos que no se atreven a interpretar los elementos del poema.

"CAMPOS DE CASTILLA"

La primera edición apareció en Madrid en junio de 1912. El volumen contenía 54 poemas escritos desde 1907. Gozó de una excelente acogida crítica. **Ortega, Azorín, Unamuno**... expresaron su entusiasmo. Este éxito sirvió de acicate a **A. Machado** que poco tiempo después de ver los primeros ejemplares recibió el durísimo golpe de la muerte de su mujer. Trasladado a Baeza, siguió creando versos que incorporaría a la edición definitiva, incluida en las primeras *Poesías completas* bajo el rótulo de *Campos de Castilla* (1907-1917). Contiene esta nueva versión dos secciones: *Campos de Castilla* y *Elogios.* Consta de 123 poemas.

ACTITUD POÉTICA

El poema que encabeza *Campos de Castilla,* el celebérrimo *Retrato*, es al mismo tiempo una poética. **Machado** sigue fiel a la ideal belleza perseguida por los modernistas. Pero insiste en desdeñar superficialidades. Se propone atender al dictado de la intimidad y ocuparse sólo de lo más auténtico. La novedad teórica de estos serventesios es la dimensión práctica con que concibe ahora la poesía. La segunda novedad de importancia es la sustitución de los paisajes sentimentales de *Soledades* por la descripción de Castilla, sus tierras y sus gentes.

Estos dos ingredientes ponían a **Machado** en la órbita del Regeneracionismo. Hay en *Campos de Castilla* poemas censorios en los que el autor ha sacrificado la complejidad del pensamiento a la exposición clara de un ideal eticopolítico de regeneración social. A esta actitud no le han faltado entusiastas panegiristas (**Tuñón de Lara, Darmangeat, Sesé**) y críticos acervos. Entre los últimos se cuentan **Cernuda** y **Juan Ramón** quien habló con desdén de *"el A. Machado de Castilla con todos los tópicos literarios y poéticos del romanticismo injerto en la generación del 98, a lo Gabriel y Galán".* Sin embargo, en *Campos de Castilla,* aunque agavillados por una misma circunstancia sentimental y biográfica, hay poemas de distinto tono y profundidad.

EL PAISAJE: MEDITACIÓN Y SENTIMIENTO

Al hablar de *Campos de Castilla,* señalaba **Azorín** que *"paisaje y sentimientos son una misma cosa".* Podemos distinguir en el libro un doble valor del paisaje. Hay unos paisajes que sirven a la reflexión y otros que encauzan la efusión sentimental.

Orillas del Duero es buen ejemplo de cómo el poeta injerta la descripción, que se limita a enumerar humildes realidades, y el pensamiento en torno al pasado y el presente de nuestro país. El mismo tipo de reflexión surge cuando contempla el paisanaje. *Por tierras de España* une el retrato expresionista de *"el hombre de estos campos"* con un apunte paisajístico que encierra una terrible premonición. Al mismo universo trágico pertenecen los patéticos cuadros recogidos en *El hospicio, Un loco, Un criminal* y en *La tierra de Alvargonzález.* Sobre el valor de este poema hay opiniones contrapuestas. **Leopoldo de Luis** mantiene que en él se encuentra una síntesis del arte de nuestro poeta. **Valverde** cree que se trata de un ensayo para la creación de un nuevo romancero pero que, *"aun con toda su belleza, no llega a alcanzar plena razón poética de ser".*

Junto a los poemas citados, que encierran una enseñanza o meditación, el paisaje castellano da lugar a la pura efusión sentimental. *Orillas del Duero, Las encinas, En abril, las aguas* mil, *Pascua de resurrección* y, sobre todo, la *suite* de 9 poemas *Campos de Soria* responden a esa intención descriptiva y cordial. Es difícil desvelar el misterio expresivo de estos textos. Quizá no sea otro que la contención. El poeta se limita a enumerar emocionadamente elementos del paisaje que no son brillantes ni atractivos en sí mismos.

Al trasladarse a Baeza, estos paisajes seguirán viviendo en la memoria. En la epístola *A José Mª Palacio* la humilde primavera soriana, ahora imaginada, cobra una singular belleza. **Claudio Guillén** ha analizado los procedimientos evocativos de este poema, que es una conversación a medias. **Machado** ha de preguntar, imaginar... y dejar en suspenso la imposible respuesta. Estamos ante una *"estilística del silencio"*. El venero lírico se seca durante la etapa de felicidad. Y reaparece justamente durante la enfermedad de Leonor en *A un olmo seco*. Después vendrán poemas en torno a la muerte.

EN BAEZA: SÁTIRAS Y MEDITACIONES

En Baeza el poeta intentará recrear el paisaje andaluz tal y como había hecho con el soriano. Sin embargo, el recuerdo de Leonor y los días felices se interpone entre el paisaje y el sentimiento. Así ocurre en *Caminos, Otro viaje*, etc. El poeta se iba agostando por dentro, la experiencia soriana había secado la vena sentimental de su lírica.

Machado buscó salida a este bloqueo en una poesía más externa que la cultivada hasta entonces. Nacen de ahí poemas de inspiración satiricopolítica y filosófica. A los primeros pertenecen *Llanto de las virtudes y coplas por la muerte de don Guido, El pasado efímero, El mañana efímero, Una España joven*... Son sin duda críticas certeras a una corrupta realidad social. Sin embargo, los versos resultan algo toscos y el pensamiento demasiado rectilíneo.

Las Meditaciones rurales combinan, en el ritmo juguetón del pie quebrado, las reflexiones filosóficas y sociopolíticas. **Cernuda** lo elogió: *"su fluir espontáneo de consciencia e inconsciencia es un anticipo de lo que años más tarde se llamará monólogo interior"*.

Proverbios y cantares es una sucesión de pensamientos sueltos. El acento dominante es el de la filosofía moral en un tono y forma que enlazan directamente con **Campoamor** y en la lejanía con **Sem Tob**. Sus apuntes filosóficos y políticos pecan a veces de elementales y prosaicos. Algo similar pasa en *Parábolas*, que es una prolongación y ampliación de *Proverbios y cantares*. Los poemas más jugosos son aquellos en que asoma el escepticismo característico del autor.

"ELOGIOS"

Son 14 poemas de distintas fechas, unidos en las *Poesías completas* como apéndice a *Campos de Castilla*. Dos composiciones están dedicadas a *Una España joven* (en realidad, un homenaje a la generación de fin de siglo) y *España en paz*. Los temas y el tono, hecha alguna excepción, coinciden con los del libro que los acogió. Al problema de España, el paisaje castellano y la preocupación existencial, se suma aquí la pasión literaria, la sincera admiración por los autores homenajeados.

"NUEVAS CANCIONES"

En 1924 se publicó por vez primera este poemario machadiano. Es un conjunto heterogéneo que, en términos generales, no ha contado con el aplauso de la crítica. **Valverde** reconoce que *"parece hecho de ecos y prolongaciones de los dos primeros libros"*. Se intenta recuperar con un nuevo sentido el mundo de los sueños de *Soledades,* se continúan con el mismo título los *Proverbios y cantares* de *Campos de Castilla*. Sin embargo, el conjunto resulta nuevo y extraño. Su variedad y el cripticismo de muchas composiciones desconciertan al lector más avezado. Podemos imaginar que esa impresión nace del propio desconcierto del poeta que, ante las vanguardias y el agotamiento de los filones líricoss, intenta salir del marasmo.

La vieja pasión folclórica de **A. Machado** florece en fieles recreaciones del cantar popular. El mejor exponente son las *Canciones del Alto Duero.* No siempre sigue de cerca los moldes folclóricos. Tiende a estilizarlos y a comprimir la expresión. Junto a los paisajes y motivos andaluces *(Apuntes, Hacia tierra baja* y *Viejas canciones),* reaparecen en la memoria los campos de Soria *(Canciones de tierras altas).*

"PROVERBIOS Y CANTARES". "ELOGIOS"

La fuente de las reflexiones epigramáticas que ya manaba en *Campos de Castilla* se enriquece con nuevas perspectivas. En 1923 la *Revista de Occidente* publicó los ciento tres poemillas de *Proverbios y cantares*. En las ediciones definitivas se redujeron a noventa y nueve. De corte similar son los versos de *Soledades a un maestro* y *De mi cartera.* **Barbudo** ha dicho de *Proverbios y cantares* que *"a menudo son poemillas prosaicos; y a veces resultan en exceso enigmáticos, como si Machado hubiera tratado de ponerse a tono con los 'vanguardistas' de la época buscando rarezas".* Los asuntos predilectos son la filosofía y la literatura.

Un conjunto de poemas de *Nuevas canciones* son continuación de los *Elogios de Campos de Castilla.* La novedad es fundamentalmente métrica. En *Nuevas canciones* abundan los sonetos con dos serventesios de rimas independientes (ABAB CDCD). Estos "medallones" tienen un regusto parnasiano refinado por una sensibilidad más atenta al mundo íntimo que a los perfiles exteriores. El cuidado de los finales, brillantes y sugerentes, nos recuerda el arte soneteril de su hermano. Notable es el dedicado a *Azorín.*

POEMAS AMOROSOS Y METAFÍSICOS

Los poemas amorosos y metafísicos, sonetos en su mayor parte, son de ambigua y difícil interpretación. Parece que el poeta se debate entre el recuerdo de Leonor y las provocaciones de nuevos amores. El amor como tentación y posibilidad nunca afectó tan de lleno a la poesía de **Machado.** Por una vez, proclama, no los ecos del amor en su alma, sino la necesidad de arder en la aventura erótica. El problema del tiempo cobra una dimensión humana y autobiográfica en el soneto *"Esta luz de Sevilla...".* Rememora a su padre en la casa de las Dueñas donde nació y vivió sus primeros años el poeta. En los cuartetos y el primer terceto describe como presentes e inmediatos el marco ambiental y los actos de su padre. **Bousoño** ha desentrañado el misterio expresivo de esa superposición temporal en la que el poeta se siente niño ante el recuerdo de su padre y, al mismo tiempo, viejo y cansado.

"DE UN CANCIONERO APÓCRIFO"

El camino emprendido en *Nuevas canciones* lleva directamente a los apócrifos. Si allí teníamos poesía filosófica, en esta nueva aventura literaria encontramos filosofía poética. Aunque escrito mayoritariamente en prosa, *De un cancionero apócrifo* es la continuación y el luminoso comentario de la lírica machadiana.

Las dos primeras partes *(Abel Martín* y *Juan de Mairena)* intercalan versos y prosas. Las ocho últimas, en cambio, constituyen un apéndice exclusivamente lírico. Bajo la coartada de los apócrifos, **Machado** ensaya una poesía sorprendente y de una oscuridad "filosófica". El influjo de **Dante** propicia el desarrollo de argumentos de ultratumba cuyo punto culminante son los *Recuerdos de sueño, fiebre y duermevela.* Como ha dicho **Rosales,** es este texto *"una de las piezas más importantes, sorprendentes y extrañas de la lírica de Machado".*

Las Canciones a Guiomar parecen escritas casi a modo de diario poético en el que **Machado** anota pensamientos, sensaciones en torno a esta pasión de primavera en otoño. El amor se presenta como elaboración y recuerdo de las experiencias ya pasadas y olvidadas. En la realidad el amor (la búsqueda del otro) es imposible. Sólo puede existir en el taller de la conciencia.

ESCRITOS DE LA GUERRA

La guerra exigió del poeta una literatura al servicio de la causa republicana. Los poemas de esos trágicos años, unos 20 en total, son poesía de urgencia, escrita casi toda ella ante el empuje de las circunstancias. El primero de estos textos, y posiblemente el mejor, *El crimen fue en Granada,* se publicó el 17 de octubre de 1936. Es una patética elegía a **Lorca.**

ESTILO, VALOR Y SENTIDO

No abundan los trabajos dedicados a lo que podríamos llamar las constantes expresivas de **A. Machado. Jauralde Pou** ha explicado las razones de esta laguna: *"No se estudia tradicionalmente el estilo de A. Machado, como no se estudia el de otros poetas que han tenido la gracia de la expresión justa y cabal, porque -se piensa- son productos limpios de aditamentos retóricos".*

Las desviaciones expresivas que dan cuerpo y alcance poético a la obra machadiana no son ostentosas ni provocativas. **Gullón** contrasta el arte de nuestro poeta con el de **Mallarmé** o **Neruda**. Mientras éstos rompen con la norma lingüística y se apartan de la simbología al uso, en **Machado** la *"ruptura con lo uno y con lo otro es tan sutil que apenas se ve".*

Probablemente, **A. Machado** sea, de los grandes poetas de fin de siglo, el más apegado a las formas externas de la tradición. Sus versos son fieles a moldes neoclasicistas, becquerianos, simbolistas y modernistas. Si nos acercamos a su métrica, observaremos una sustancial reducción de medios respecto a sus coetáneos. **Navarro Tomás** ha mostrado el contraste entre esta pobreza aparente y la variedad íntima de sus ritmos. La perfecta adecuación entre la sonoridad y el sentimiento melancólico de la vida se resuelva en un *tempo* lento y cadencioso. En el verso y la prosa machadianos hay dificultad, pero no oscuridad. Si algo se resiste a la comprensión del lector o exige su esfuerzo, es interior e íntimo. Las palabras acostumbran a ser las del lenguaje coloquial.

La concisión es un rasgo que casa bien con el acercamiento a las formas más ágiles y fluidas de la expresión. Abundan en **Machado** las frases breves, de estructura sencilla, sin incisos artificiosos. A veces esa tendencia a lo escueto le lleva a la frase nominal. Son características de nuestro poeta las enumeraciones de objetos y realidades que, con técnica impresionista, evocan en la mente del lector la emoción del paisaje. Es precisamente la economía verbal la que confiere a la palabra machadiana su peculiar intensidad y hondura. **Gullón** ha subrayado que el secreto expresivo consiste en *"dar a la palabra un máximo de irradiación en un mínimo de espacio"*.

Los símbolos se distribuyen de manera irregular en la lírica machadiana. Abundan en los extremos -*Soledades* (símbolos emotivos) y *Nuevas canciones* (símbolos conceptuales)- y su importancia es menor en *Campos de Castilla*. **Aguirre** ha dedicado la mitad de su importante estudio a desentrañar minuciosamente los símbolos de *Soledades*. **Lapesa** analiza la presencia de los más importantes (el espejo, el sueño, el camino, el mar, la luz, el agua, la lira pitagórica...) a lo largo de toda la obra poética. **Bousoño** ha hablado de la *"tiranía de las emociones con respecto al tema"*. Es decir, en la lírica machadiana el tema aparente, lógico y racional, es en realidad sólo la cobertura de otro significado más hondo, subjetivo e irracional. Esto es particularmente cierto en *Soledades*.

A. Machado se encariñó con la ambigua expresión *"palabra en el tiempo"* para definir a la poesía. **Serrano Poncela** y **Barbudo** habían dejado claro que *"temporalidad es emotividad. Poesía temporal quiere decir en último término poesía emotiva. Poesía escrita con una emoción cuya raíz se halla en el sentimiento del tiempo o, si se prefiere, de la nada"*. Nadie puede negar los altos valores, la profunda originalidad de su obra. Su voz se reveló como una de las más auténticas de la lírica modernista. El entusiasmo de **Darío, Juan Ramón, Unamuno, Azorín**, su hermano **Manuel**... no era fruto de un espejismo. Su lírica fue desde el primer momento la epifanía de una honda palpitación del alma, una voz melancólica en soledad.

Machado tuvo luengo parto de discípulos en nuestra posguerra. Cada cual, como dice **Valente**, se creó un **Machado** apócrifo a la medida de sus necesidades. Sólo cabe lamentar que, en general, fijaran la mirada en la parte más externa de su obra y que, más que atender a su enseñanza poética, pusieran sus ojos en el ejemplo humano y político de nuestro autor. Creemos que se ha aprendido muy poco del poeta de *Soledades*, de *Nuevas canciones* y de la obra en prosa. La reacción de los jóvenes poetas -ya no son tan jóvenes- contra **Machado** es en realidad una airada protesta contra la generación precedente, la del realismo social. Al margen de todo ello, **Machado** sigue gozando del favor popular. En parte este entusiasmo está alimentado por su talante vital y su actitud política. Una y otra merece nuestra admiración, pero conviene deslindarlas para no caer en juicios maniqueos. Como poeta, es uno de los más densos y hondos de nuestro siglo.

MIGUEL DE UNAMUNO

INTRODUCCIÓN A SU LÍRICA

Aunque **Unamuno** despotricó contra los poetas simbolistas y modernistas, sus coetáneos, esa desavenencia no es tan radical como parece. Coincide con ellos en la concepción general de la poesía como una realidad trascendente que intenta penetrar en el alma de las cosas. Lo que ocurre es que los simbolistas buscan esa trascendencia por medio de sugerencias sonoras, mientras que **Unamuno** la encomienda a las figuras de pensamiento: paradojas, juegos conceptistas... y a la búsqueda de significados más hondos, basados casi siempre en la raíz etimológica de las palabras.

Coincide también con simbolistas y modernistas en su culto al irracionalismo. Como ellos, busca el valor simbólico de las obras de arte -pensemos en *El Cristo de Velázquez-* y de los paisajes. No yerra **Juan Ramón** cuando en *El Modernismo* considera a **Unamuno** como máximo representante de una corriente *"interior"* de este movimiento.

Unamuno proclama repetidamente su aversión a la brillantez y a la musicalidad que, a su juicio, adormecen las conciencias en vez de sacudirlas. Emite también juicios negativos respecto a la rima. Sin embargo, los aspectos rítmicos y fónicos desempeñan un papel cada vez más importante en su poesía, hasta llegar a su punto culminante en el *Cancionero.* En lo que atañe a la métrica, sus aportaciones son enriquecedoras; reincorpora fórmulas caídas en desuso e introduce variantes en otras habituales. Muy característico es el empleo de la estrofa sáfica; fue, como apunta **Navarro Tomás**, de los poetas de su tiempo, el que la trató con mayor libertad.

Destaca su predilección por el endecasílabo blanco, del que es muestra *El Cristo de Velázquez;* entre sus variantes predominan el enfático y el sáfico. Recordemos asimismo las silvas de pentasílabos, heptasílabos y endecasílabos, la silva arromanzada, el cuarteto de endecasílabos y pentasílabos alternos... Subraya **Cernuda** que la poesía de **Unamuno** gira en torno a tres círculos temáticos: familia, patria y religión, pocos usuales entre los autores de su tiempo. Se le consideró un poeta cívico al estilo de su admirado **Carducci**, pero en él lo nacional va ligado a lo religioso.

El aprecio de su obra lírica ha experimentado notables cambios con el paso del tiempo. Escribe **Barbudo** que en vida se le solía considerar *"un mal o muy deficiente poeta: retórico, conceptual, y con muchos versos duros, prosaicos, de mal gusto".* Después se fueron descubriendo los extraordinarios logros expresivos de su lírica. Así, **Concha Zardoya** afirma que es una poesía *"humanísima, cordial, no cerebral".* En ella todo es vivencia, no circunstancia. El autor trasfiere a cuanto le rodea sus problemas más íntimos, su hambre de inmortalidad. Estamos de acuerdo con **Cernuda** cuando proclama a **Unamuno** como uno de los mayores poetas de nuestro siglo, a pesar de *"la dureza del oído y la tosquedad de expresión",* defectos que no trataba de ocultar, sino que convertía en parte de su poética.

Su producción específicamente poética es abundantísima. Sin embargo, tardó bastante en darla a conocer. En 1899 empiezan a ser publicados en las revistas literarias madrileñas. Su primer libro, *Poesías,* aparece en 1907. Siguen *Rosario de sonetos líricos* (1911), *El Cristo de Velázquez* (1920), *Rimas de dentro* (1923) y *Teresa (Rimas de un poeta desconocido)* (1924). El resto de su producción lírica data del exilio: *De Fuerteventura a París* (1925), *Romancero del destierro* (1928) y *Cancionero (Diario poético)* (1928-1936).

TRAYECTORIA Y OBRA POÉTICA

Unamuno tenía cuarenta y tres años cuando publicó *Poesías,* su primer poemario. Como dice **Alvar**, es un libro que *"encierra ya un mundo logrado de posibilidades"* y contiene el germen de toda su futura poesía. Encontramos ya el sentimiento poético del paisaje y la interpretación del ser de España, de sus tierras, sus ciudades y sus hombres. Son destacables títulos como *El buitre de Prometeo*, poema simbólico, *Elegía en la muerte de un perro*, sobre la que comenta **Manuel Durán** que ese acontecimiento, aparentemente intrascendente, da pie a que surjan casi todos los temas principales de la obra unamuniana: Dios, la muerte, el tiempo, la búsqueda de la eterna paz, la relación entre el creador y su criatura..., *La elegía eterna*, evocación del misterio del tiempo irreparable, y las composiciones de los *Salmos*, muestra de cómo **Unamuno** busca consuelo intentando en vano que la divinidad desvanezca sus dudas.

Rosario de sonetos líricos es un libro desigual que, junto a poemas forzados, contiene otros bellísimos (*A mi buitre, En la mano de Dios, Medina la del Campo...*). Apunta **Morejón** que fueron compuestos *"a raíz de un sentimiento, de un dolor o de la visión de un paisaje"*. No vacila **G. Diego** en proclamar que **Unamuno** es un formidable sonetista, *"el mayor de los españoles modernos, digno sucesor de Lope y Quevedo, si no en perfección sí en riqueza y cultura"*.

El Cristo de Velázquez es un poema agónico y esperanzado. Su inspiración se sitúa cronológicamente (fue iniciado en 1913) entre *Del sentimiento trágico de la vida* y *Niebla*, formando con ellas la trilogía central (ensayo, novela y lírica) de su arte. Estamos ante un extenso poema de 2.539 endecasílabos blancos distribuidos en 89 capítulos que se agrupan en cuatro partes. Quizá, como sugiere **Cernuda**, esta disposición se inspira en la que **Tennyson** dio a su obra *In memoriam*. Es una de las máximas expresiones líricas de la religiosidad unamuniana. **Nina Scott** recuerda el contraste que el propio autor establecía entre el protestantismo, más abstracto y espiritual, y el catolicismo, pegado a lo corporal y físico. La música de **Bach** y el Cristo velazqueño serían las más altas cimas estéticas de las dos concepciones religiosas.

A dos libros intimistas (*Rimas de dentro* y *Teresa*) siguen los poemas del destierro. Durante la amarga experiencia del exilio se dedica fundamentalmente a escribir poesía. Nacen así tres libros que son continuación uno de otro: *De Fuerteventura a París, Romancero del destierro* y *Cancionero (Diario poético)*. El primero lleva el subtítulo de *Diario íntimo de confinamiento y destierro vertido en sonetos*. Lo componen 103 poemas divididos en dos partes y ordenados cronológicamente: *Sonetos de Fuerteventura* y *Sonetos de París*. Domina el tema de España, el dolor por la patria oprimida, que unas veces se vierte por cauces burlescos y otras en tono angustiado.

Pese a su título, el *Romancero del destierro* consta de una primera parte de 37 poesías en metros diversos. La segunda la forman 18 romances. En el prólogo aclara **Unamuno** que la denominación de *"romancero"* sólo podría aplicarse a los octosílabos escritos en Hendaya *"e inspirados en la triste actualidad política de mi pobre España"*, pero que las restantes poesías se nutren de esa misma actualidad. De ahí el título conjunto que da al libro.

El *Cancionero (Diario poético)* es un libro extensísimo, con un total de 1.755 composiciones. Los poemas son muy cortos. La obra se estructura en forma de diario, subdividida en secciones que corresponden a las circunstancias por las que pasó **Unamuno** durante el tiempo en que fue escrito (febrero de 1928 a diciembre de 1936). Apunta **Kock** que el poeta *"se complace en entregar su alma cotidianamente, sin reservas, abandonado al azar, sin querer recordar lo escrito el día anterior y sin preocuparse de lo que dirá mañana"*. Por su parte, escribe **Guillermo de Torre** que *"antes que obra de arte deliberada es un documento íntimo, un legado testamentario donde se suman y refluyen casi todos los motivos esenciales de las más constantes cogitaciones unamunianas"*.

JUAN RAMÓN JIMÉNEZ

TRAYECTORIA POÉTICA

La creación de **Juan Ramón Jiménez** traza un amplísimo arco, trascendental para la poesía española contemporánea. Su evolución ha sido tan notable y coherente, que podemos hablar tanto de varios poetas sucesivos, de estilos no ya variados sino contrapuestos, como de una voz única que se va trasformando a lo largo de los años.

Cuando descubre un motivo o técnica expresiva que se le antoja afortunado, lo repite en numerosos poemas (como el pintor en sus lienzos). El lector paciente se encontrará con que muchos poemarios son esencialmente variaciones sobre un número limitado de temas, motivos y formas.

Juan Ramón dejó constancia de los cambios operados en su poesía. El más célebre de esos testimonios es el poema de *Eternidades*: *Vino, primero, pura...* Sencillez e ingenuidad, ampulosidad y complicación, y desnudez y pureza. Las tres etapas enunciadas comprenden: I) Primeras poesías, *Rimas, Arias tristes, Jardines lejanos, Pastorales.* Predominio del romance y la asonancia; II) Desde, quizá, *Baladas de primavera,* con caprichosos experimentos formales, hasta *Laberinto.* Predominio del alejandrino y la consonancia; III) A partir de *Platero y yo* y de algunos poemarios representados sólo en antologías. Vuelta a la asonancia (con excepción de los *Sonetos espirituales,* de difícil clasificación) y camino hacia la libertad métrica. Todos los críticos (**Gicovate, Díaz Plaja, Cernuda**...), incluso los que reniegan de la fragmentación que supone distinguir épocas y modos líricos, han tratado de fijar los segmentos de la evolución poética juanramoniana.

Al final de su vida el poeta, según **Aurora de Albornoz**, distinguía tres etapas en su obra: *"a la primera la llamaba 'sensitiva'; a la segunda, 'intelectual'; a la tercera solía referirse como 'época suficiente' o 'verdadera'".* No hay inconveniente en poner fechas a estas tres etapas: Época sensitiva (1898-1916), Época intelectual (1916-1923), Época suficiente, verdadera o metafísica (1923-1958).

RASGOS DE ESTILO

Hablar del estilo de **Juan Ramón** es hablar de una sucesión de estilos. **Neddermann, Ulibarri** y **Bousoño** han aislado algunas características generales.

Se destaca en primer lugar la importancia del sustantivo frente a las demás partes de la oración. Quizá, como quiere **Ulibarri**, se deba a que su poesía es una *"búsqueda de esencias".* Los estudiosos de la estilística juanramoniana contrastan el predominio del sustantivo con la parquedad adjetiva: *"Lo adjetival está en conflicto con la búsqueda de Juan Ramón de la realidad eterna y esencial de las cosas"* (**Ulibarri**). Sin embargo, la experiencia de lectores nos convence del uso intencionado del adjetivo. Se utiliza el epíteto de valor cromático y sensorial.

Llaman la atención ciertos usos peculiares. El primero es el desplazamiento de calificativos, que se emparenta con la sinestesia. También es habitual el empleo de metáforas en aposición o del sustantivo utilizado como adjetivo o como complemento nominal. **Neddermann** apuntó la llamada *"comparación vacilante"*, que, sobre todo en la primera época, da a los textos un carácter subjetivo y trasmite una sensación de vaguedad. La indeterminación se vale de fórmulas que empiezan por *no sé,* de las formas impersonales del verbo, los puntos suspensivos, las frases apenas balbuceadas... En la segunda época el tono se vuelve mucho más firme, certero. Las comparaciones y metáforas no acuden, sino excepcionalmente, al aire dubitativo. El uso de los verbos también ha llamado la atención de los estilólogos. Se ha observado el predominio del presente de indicativo, el tiempo lírico por excelencia, ya que canta la eternidad del instante.

La obra poética de **Juan Ramón** se organiza en grandes ciclos que se caracterizan, entre otros factores, por el predominio de determinados metros. En sus primeros libros usa los versos de medida variable y ritmo muy marcado característicos de cierto modernismo (**Darío, José Asunción Silva**...).

La primera manifestación personal y valiosa viene del romance *(Rimas, Arias tristes, Jardines lejanos, Pastorales).* Se intercalan, en menor medida, otras combinaciones octosilábicas aconsonantadas (cuartetas y redondillas), sobre todo en *Jardines lejanos.* Hay también algunos metros muy característicos del Modernismo, pero poco habituales en el conjunto de la poesía en español. Es el caso de los decasílabos dactílicos de *Arias tristes* y *Jardines lejanos.*

Frente a la relativa uniformidad rítmica de los ciclos juanramonianos, *Las hojas verdes* y *Baladas de primavera* constituyen un auténtico muestrario de combinaciones métricas. En algunos de los libros inéditos de la época de Moguer *(Arte menor, Poemas agrestes)* también se ensayan estas formas métricas más variadas y sueltas. Contemporáneamente a este ciclo métrico de juego funambulesco, se desarrolla uno de los que ostenta mayor homogeneidad. De *Elegías* a *Melancolía* y *Laberinto,* de 1908 a 1911, se suceden los poemarios escritos mayoritariamente en alejandrinos.

Antes de llegar al verso libre de su segunda época **Juan Ramón** pasó por la ascesis de los *Sonetos espirituales* y por la iniciación a la libertad que constituye *Estío.* Llega al verso libre a través de la métrica fluctuante de la canción tradicional. En los primeros estadios del *Diario de un poeta recién casado* todavía utiliza silvas asonantadas; sólo después aborda la silva blanca impar, que será su gran hallazgo métrico. A partir de ese momento, salvo excepciones (los *Romances de Coral Gables),* sólo usará tres cauces formales: el verso libre, canción asonantada de versos fluctuantes, y prosa lírica. El estadio final (el poema *Espacio)* es el versículo de ritmo amplio, bíblico, que **Juan Ramón** imprimió definitivamente como prosa

SÍMBOLOS Y TEMAS

Juan Ramón nace a la vida poética dentro del Simbolismo. Más tarde, sin desdeñar los hallazgos de esa corriente (la sinestesia, la vuelta a la naturaleza y, al mismo tiempo, la consideración poética del espacio urbano, el interés por el subconsciente...), adensó su mundo simbólico personal, que está íntimamente ligado a la concepción religiosa del poeta. Nos interesan particularmente los análisis de **Gullón** y **Ulibarri**, que abordan el símbolo con carácter general; los de **Barbudo** y **Predmore** que se ocupan de su segunda época, el de **Azam** que se extiende a la totalidad de la obra juanramoniana desde una perspectiva simbólica; y el de **Santos-Escudero** que plantea cuestiones relacionadas con la simbología religiosa general de nuestro poeta.

Los símbolos utilizados son muchos y polivalentes. **Gullón** estudia *"el sentimiento del tiempo"* a través de los símbolos. Los autumnales atraviesan su obra. El tibio sol de octubre ilumina pálidamente las experiencias y los alejandrinos de *Laberinto, La soledad sonora...* Se convierte en símbolo de la regeneración a través del amor en los *Sonetos espirituales* y llega, como símbolo de plenitud, a *El otoñado* de *La estación total.*

La presencia del otoño sólo es superada por otro símbolo de raíces decadentistas: el crepúsculo. Descrito con una riquísima paleta cromática, se vincula a la incertidumbre angustiosa. Con frecuencia el ocaso se une al otoño para encarnar la nostalgia, el dolor por el bien perdido en el inexorable caminar de la vida. Los tonos dorados tiñen por completo los versos de esa época. **Juan Ramón** logró rescatar un color tradicionalmente repudiado: el amarillo, que perdió su sombra agorera y se redimió a través de las connotaciones suntuosas y melancólicas del oro.

Al volver a Moguer en 1905, la tarde se tornó, ocasionalmente, sinónimo de paz, de quietud. Pero la desorientación vital agria ese simbolismo, que pierde su paz arcádica y se impregna de angustia. Por razones biográficas, no nos sorprende que la muerte aliente obsesivamente en toda su producción.

El símbolo del otoño se liga a otro tópico muy caro a los modernistas: el del ciclo anual. El tratamiento artístico de la sucesión de las estaciones rinde tributo de admiración a la naturaleza. Es una epifanía más del sueño arcádico finisecular. Pero también es, en coherencia con la religiosidad modernista, un símbolo de muerte y resurrección, en cadencia cíclica. El viaje es el trasunto de la muerte. La expresión más lograda la tenemos en *El viaje definitivo.* Numerosos símbolos expresan el miedo a la madurez, la tendencia a refugiarse en la infancia, y el deseo de volver al útero materno. Los paisajes difuminados de la primera época encarnan esta actitud. Después vendría una etapa (la de los poemarios en alejandrinos) en que lucha con un mundo exterior hostil en el que no quiere integrarse; pero ha perdido ya la posibilidad de refugiarse en los valles brumosos. Le queda la naturaleza, unas veces bella, otras agria y dura.

Después del matrimonio encuentra una nueva manera de prolongar el sentimiento infantil de autocomplacencia y de protección frente al medio. Si antes se representaba simbólicamente encerrado en un valle con la naturaleza, ahora es un piso, una biblioteca el marco defensivo y la compañía privilegiada que le permite el juego narcisista con su propia obra. El trabajo poético viene a configurarse como el reino de la voluntad, de la responsabilidad y la madurez, mientras que el mundo del deseo queda relegado al sueño.

Litvak, al estudiar la erotología juanramoniana, apuntaba la paradoja sobre la que se sostiene: la atracción y la repulsión, la exaltación y la vergüenza que simultáneamente despiertan en el poeta la sexualidad y la pureza abstinente. Esta conflictiva ambigüedad es capital en toda la primera época de su poesía. Al conocer a Zenobia, esa tendencia se sublima y se frustra. Se entrega a una pasión idealizadora y ascendente. Parece resuelto el conflicto entre eros y pureza. Pero, enseguida, esta dama cedería el lugar a algo más elevado e íntimo: la poesía.

Pero la primera época, mucho más sensual, se mueve entre la exaltación y el repudio. Baste recordar que los versos más eróticos se agruparon con el rótulo de *Lofeo.* Los símbolos florales se vinculan al sexo. Sin duda, la flor más citada es la rosa. Unas veces aparece como símbolo de la pasión y de la vida. Otras veces son rosas blancas de la amistad. En otros momentos la flor se eleva a símbolo de la perfección y de la propia poesía, y se presenta como imagen emblemática de la eternidad y la belleza. Pero, frente a este encuentro con la perfección a través de la rosa simbólica, tenemos que anotar el cortejo de terrores y remordimientos que acompañan al erotismo juanramoniano. La luna atrae y aterra, calma y excita, en su ambiguo papel femenino.

Por íntima inclinación sicológica y por tendencia de época, **Juan Ramón** participó del misticismo irracionalista que caracteriza al Modernismo hispánico, y que encontró cauce en el deísmo krausista, en la pureza de sus ideales y la tolerancia ideológica. En el caso de **Juan Ramón**, la convivencia con **Jiménez Freud** y los hombres de la Residencia, conformó las bases de su religiosidad y le dio un ideal de vida.

Paraíso llamó la atención sobre la *"religiosidad sin raíces"* del poeta. El cristianismo, que aflora sobre todo en las primeras etapas de su obra, es una religión pintoresca, cuando se queda en lo externo, y autopunitiva, cuando penetra en los estratos íntimos. **Juan Ramón** sintió obsesivamente el temor a la vida y a la muerte. En él fue creciendo un *"ansia de eternidad"*. Esta necesidad sicológica y el *"anhelo creciente de totalidad"* llegó a ser, como ha dicho **Barbudo,** el tema central de toda su obra. Junto al deísmo íntimo y tolerante del krausismo influyó decisivamente el conocimiento del hinduismo a través de las traducciones de **Tagore.** Dios es un símbolo de la propia conciencia de lo hermoso. Es el dios creado, como ha dicho **Paraíso** *"para que le anulase la fealdad del mundo"*. Como ha resumido **Barbudo**, *"todo es un ansia de plenitud, de escape, al contemplarse a sí mismo perdido en ese mundo"*.

PRIMERA ÉPOCA O ÉPOCA SENSITIVA

LA PREHISTORIA LÍRICA

Las Antologías preparadas por el poeta se abren con un presunto poemario inédito: *Anunciación* (1900-1902). **Garfias** recogió los textos que podían adscribirse a este ciclo, pero dejando claro que **Juan Ramón** *"incluye poemas que no son de esta época y que confunden un poco al lector no muy avezado"*. Sus primeros libros se publicaron (1900) en Madrid: *Ninfeas* y *Almas de violeta.* Son libros inmaduros. En *Ninfeas* predomina lo patético, los tonos trascendentes que la protesta modernista había heredado del más superficial romanticismo. En *Almas de violeta* el tono es más recogido y la versificación, más dulce. Encontramos las evocaciones de Moguer, los paisajes melancólicos y los acentos populares que desarrollará en poemarios posteriores.

Los 72 poemas de *Rimas* vieron la luz en 1902. Nace con vocación intimista. Se redactó en gran parte durante la estancia en el sanatorio de Castel y está dominado por un sentimiento de tristeza que tuvo en la realidad biográfica raíces patológicas. Con esos elementos sicológicos el autor creó una poesía en la que se evidencian en exceso los influjos decimonónicos: **Espronceda, Bécquer, Rosalía, Zorrilla, Verdaguer**, etc. En *Rimas* apunta también un tono nuevo, que va a ser característico del primer **Juan Ramón**. Se trata de esos romances melancólicos que narran, por medio del difumino impresionista, unos angustiosos amores adolescentes. El marco de estas efusiones es el pueblo, la aldea. La hora predilecta, el crepúsculo, la noche; las estaciones, el otoño, el invierno... Una iconografía simbólica que repetirá en libros posteriores.

29

En las *Antologías* y en los *Libros inéditos de poesía* encontramos el volumen *Rimas de sombras,* que recupera algunos poemas de *Rimas* y añade, retocados, otros de la primera época.

LA TRILOGÍA DE LOS ROMANCES NOSTÁLGICOS

En 1903 apareció el amplio poemario *Arias tristes* (76 textos) dividido en tres secciones: *Arias otoñales, Nocturnos* y *Recuerdos sentimentales.*

Arias otoñales es una saga lírica de la inseguridad, del temor a la muerte y de la tensión entre el viaje a un nirvana imaginario y la atracción vagarosa del mundo exterior. *Nocturnos* tiene como marco el jardín. La obsesión de la muerte se hace más insistente. *Recuerdos sentimentales* tiene claras raíces biográficas. Su materia extrapoética son las experiencias vividas en los retiros de Burdeos y del sanatorio del Rosario. Es una historia sentimental sincopada con sus escenas de ruptura, reconciliación y despedida. Un motivo que despierta su sensualidad son las monjas que cuidaron de él en el sanatorio. Esas *"novias blancas"* alimentan los amores imposibles, cargados de una voluptuosidad vagamente sacrílega. *Arias tristes* es su primer poemario redondo.

En 1904 vio la luz *Jardines lejanos,* colección de 84 poemas, repartidos en tres secciones: *Jardines galantes, Jardines místicos* y *Jardines dolientes.* Se trata de un romancero en el la inspiración musical es patente. Cada parte se abre con una partitura. Al iniciar la primera encontramos una dedicatoria significativa: *"A la divina memoria de Enrique Heine este libro de penas, de flores y de músicas".* Frente a *Arias tristes,* resalta en *Jardines lejanos* el virtuosismo expresivo, una más clara vocación metafísica, y, sobre todo, la presencia abrumadora de la sensualidad. **Nemes** y **Litvak** han estudiado la simbología erótica. Estas aventuras sensuales se desarrollan en el marco suntuario de un jardín de colores elegantes y decadentes.

Jardines galantes enlaza con el universo temático de *Nocturnos* y *Recuerdos sentimentales.* Afloran anhelos sexuales de adolescencia ante mujeres inalcanzables. El amor sacrílego a las monjas que lo cuidaban se desarrolla, especialmente, en *Jardines místicos;* pertenecen al universo del subconsciente. *Jardines dolientes* tiene como símbolo nuclear el otoño y como tema dominante la sexualidad frustrada e imposible.

Pastorales cierra la trilogía de la primera madurez. Se escribió en 1904 y se inspiró en experiencias personales: una temporada que el poeta pasó en el Guadarrama, la vuelta a Moguer... Sin embargo, no se publicó hasta 1911, excepto unos versos que aparecieron en el volumen *Teatro de ensueño* de **Martínez Sierra** (1907). El libro lo integran 69 composiciones en tres secciones: *La tristeza del campo, El valle* y *La estrella del pastor.* Nueve poemas más vieron la luz en *Teatro de ensueño.* A diferencia de *Jardines lejanos, Pastorales* es todo él un romancero.

La crítica ha visto en *Pastorales* un deseo de acercamiento a la vida del campo. Se ha apuntado el influjo del Krausismo. *Pastorales* cierra el ciclo de los romances melancólicos con poemas que temática y estilísticamente enlazan con *Platero y yo.* Además de la inspiración vivida del ambiente montañés y campesino, hay también una clara ascendencia literaria, cuyos pilares son **Francis Jammes,** leído durante la estancia en Francia, y la tradición bucólica clásica.

CANCIONES Y BALADAS CON MOGUER AL FONDO

Las hojas verdes se publicó en 1909. Lo componen 20 poemas con rimas poco ortodoxas. Hay algo de provocativo en estos *"malabarismos audaces que a veces parecen descuidos"* (**Garfias**). El poemario, aunque escrito en Moguer, es de clara inspiración bordolesa y recoge la influencia de **Verlaine, Laforgue, Samain** y **Jammes**. Abunda la simbología floral ligada a una sensualidad exaltada. Publicado en 1910, *Baladas de primavera* contiene 24 poemas de 1907. Son canciones en las que se adivinan las raíces folclóricas. Con ellas se inicia el camino hacia la sencillez. El vehículo es la canción de tipo tradicional.

El propio autor, en el prologuillo, advierte: *"Estas baladas son un poco exteriores, tienen más música de boca que de alma"*. En efecto, el lector tiene la impresión de que ha salido definitivamente de las nieblas sentimentales de los libros precedentes y se dirige hacia el mundo exterior. La poesía de *Baladas de primavera* tiene una raíz evocativa. Es la expresión lírica del reencuentro del poeta con la naturaleza en que vivió su infancia. **Urrutia** sugiere que asistimos *"a un paso paulatino a la felicidad a través de la aprehensión de la naturaleza"*.

FASTUOSA DE TESOROS

En 1908 **Juan Ramón** compuso un conjunto de 99 poemas breves en serventesios alejandrinos y en tres volúmenes: *Elegías puras, Elegías intermedias* y *Elegías lamentables*. Las series contrastan entre sí por el tono y la expresividad. Podríamos afirmar que cada una de ellas constituye un conjunto de variaciones en torno a unos motivos fijos.

Elegías puras desarrolla un diálogo con algunos elementos de la naturaleza que constituyen metáforas ambiguas de las vivencias del poeta. Abundan los vocativos y exclamaciones como puente entre el yo poético y la realidad simbólica. *Elegías puras* es un canto de desengaño. Un dolor literario, adornado con todas las galas de una exquisita retórica, campea por el libro. Presenta tres aciertos: la tersura del alejandrino, que gracias a encabalgamientos y cesuras sabiamente manejados pierde su soniquete habitual, la brillantez de la adjetivación y el juego de las metáforas que crean imágenes novedosas de la estética decadente y simbolista.

El mismo tema aparece en *Elegías intermedias,* pero el tono es distinto. Un acento desgarrado pone cierta teatralidad en los lamentos del poeta. El recuerdo del pasado placentero es motivo de renovado dolor, que se exprime en la cadencia suave de los alejandrinos. *Elegías lamentables* es un paso más hacia el prosaísmo temático y expresivo. **Juan Ramón** da un nuevo vuelco al incorporar lo cotidiano junto a los tópicos de la guardarropía modernista.

En 1911 apareció *La soledad sonora,* con tres secciones: *La soledad sonora, La flauta y el arroyo* y *Rosas de cada día.* La primera está escrita en serventesios alejandrinos. Excepto el título, tomado del *Cántico espiritual,* nada hay que pueda recordarnos a **San Juan**, aunque **Ruiz Silva** habla del *"talante sanjuanista"* del poemario. En el amor juanramoniano no hay amado al que buscar. Todo se queda entre la naturaleza y un yo poético absorto en la autocontemplación. *La flauta y el arroyo* es un romancero. El acento íntimo se pierde en los ejercicios descriptivos y en el aire conceptuoso que tiene sus modelos en **Góngora, Lope** y **Quevedo**. *Rosas de cada día* vuelve al ritmo suntuoso de los serventesios alejandrinos. Canta la autocomplacencia en la angustia y se desarrolla en el marco exquisito de jardines y salones.

En *Poemas mágicos y dolientes* (1911), **Juan Ramón** abandona la estructura tripartita y presenta seis secciones. En la primera, cuyo título coincide con el del libro, emplea la silva arromanzada o formas métricas próximas. Recrea unas formas y temas que habían tenido fortuna en los **Machado**. *Ruinas* vuelve a los serventesios alejandrinos. El tema es el miedo a lo exterior, encarnado ahora en la mujer, deseada y temida. *Francina en el jardín* utiliza asonantes monorrimos y romances para trascribir las impresiones, cargadas de sensualidad, de los amores en la época del sanatorio bordolés. *Marinas de ensueño* y *Estampas* son un conjunto de poemas descriptivos. La primera en torno al mar onubense, y la segunda sobre el año lírico. *Perfume y nostalgia* es un diálogo sentimental. Tiene un tono cotidiano levemente tocado de una dulce sensualidad. *Poemas mágicos y dolientes* es un poemario en el que la variedad prima sobre la unidad. Sus desigualdades y su acento sentimental y sensual lo han relegado a un cierto olvido.

Melancolía y *Laberinto* son fruto de una etapa de desorientación poética y vital y presentan una notable variedad tanto en sus formas (alternan serventesios alejandrinos con versos asonantes) como en sus temas. Hay, con todo, un elemento nuclear: el laberinto síquico del existir que, como apuntó **Nemes**, es marcadamente carnal y conduce a la melancolía.

Melancolía (1912) está dedicado a **M. Machado** y quizá hubiera sido más apropiado dirigirlo a su hermano, con cuya poesía guarda ciertas afinidades temáticas. Pero no formales: los versos juanramonianos son de una exquisita elaboración.

Laberinto se publicó en 1913. Sus secciones tienen como destinatarios a siete mujeres. En opinión de **Garfias**, *Laberinto* es "*el último escalón hacia la desnudez*". **Nemes**, en cambio, sólo lo valora como "*índice de la psicosis juanramoniana*" y lo considera "*un libro redundante y aptamente titulado*". Es obra en la que el poeta, desorientado, tienta nuevos caminos.

LIBROS INÉDITOS DE POESÍA

Se mostraron parcialmente en las *Antologías* y póstumamente hemos recuperado parte. No alcanzaron un remate adecuado. A cambio, contienen poemas excelentes y nos presentan nuevas vetas de su lírica. Los volúmenes preparados por **Garfias** recogen, al margen de *Anunciación* y *Rimas de sombra,* poemarios de entre 1909 y 1916, que nos muestran el complejo camino hacia la sencillez que pasa por la poesía prosaica y caricaturesca.

Una de las secciones de *Arte menor* (1909), *Cancioncillas,* está dedicada a **Góngora**. Presenta cierta inspiración en la poesía menor del Siglo de Oro. Destacan los poemas de asunto religioso resueltos con fórmulas expresivas y métricas que rezuman un buscado arcaísmo. De *Arte menor* se han dado a conocer nuevos textos con el título de *Veintidós poemas de Arte menor* (1987). El segundo de los libros inéditos de esta época es *Esto* (1908-1911), un ensayo de poesía satírica, prosaica, a veces esperpéntica.

En los *Poemas agrestes* (1910-1911) el tono es otro. Los apuntes paisajísticos se hermanan con los estados de ánimo, dentro de la más ortodoxa retórica del Simbolismo. *Poemas impersonales* (1911) es un poemario misceláneo, con poemas breves que anuncian la poesía pura, y con panegíricos que se acercan al lirismo de dedicatoria. *Historias* (1909-1912) recoge poemas en que priva la anécdota y el patetismo.

El primer tomo de *Libros inéditos de poesía* preparado por **Garfias** nos depara otra sorpresa: un **Juan Ramón** erotómano, pornógrafo atormentado. *Libros de amor* (1911-1912) presenta tres secciones (*Pasión primera, Lo feo, Memoria del corazón*) y constituye una suerte de memorias eróticas. Es un poemario estimable, original, de una desnudez síquica poco habitual.

El proyecto *Apartamiento* comprende tres volúmenes compuestos entre 1911 y 1912 (*Domingos, El corazón en la mano, Bonanza),* que no llegaron a las prensas. *Domingos* es una muestra del posmodernismo español, poesía provinciana que busca el pálpito del terruño. *El corazón en la mano* se abre y se cierra con una exhibición paranoica del yo poético, amarrado a la vida, la soledad. *Bonanza* es un libro de renuncia y de religiosidad.

La frente pensativa (1911-1912) reúne tres secciones. La que da título al poemario gira en torno al amor y su ausencia. Las formas, aconsonantadas en su mayoría, constituyen un notable retroceso. Suenan en ellas ecos decimonónicos. Algo parecido, ocurre en *Ceniza de rosas.* La sección *Canciones* tiene asuntos marineros y populares que anuncian al primer **Alberti**. *Pureza (Amaneceres, Desvelo, Tardes)* es un libro desconcertante: desde silvas casi campoamorinas hasta poemas ultraístas. Se adivina la depuración posterior pero, como señala **Garfias**, todavía falta *"contención lírica, poder sintético".*

El silencio de oro (1911-1913) también presenta una estructura tripartita *(El silencio de oro, Amor de primavera y amor de otoño, Romances indelebles).* Si la primera sección recrea paisajes soñados con técnica impresionista, la segunda es la historia de un amor otoñal. Los romances cantan la comunión con la naturaleza, los placeres y melancolías de la soledad. *Idilios* (1912-1913) son canciones amorosas. **Garfias** sugiere que estamos ante *"un pórtico por donde va a llegar al amor verdadero".*

La crónica lírica del descubrimiento del amor definitivo al lado de Zenobia tendrá diversas manifestaciones; quizá la más inmediata la constituyan los poemas y cartas inéditos que el poeta pensó reunir bajo el título de *Monumento de amor. Epistolario y lira* (1913-1916). Disponemos de textos ligados a ese proyecto en *Poemas y cartas de amor* (1986). El poeta dispuso los poemas iniciales como monólogos y diálogos epistolares. El tono es vehemente, tópicamente sacrílego.

TRANSICIÓN: "Y SE FUE DESNUDANDO..."

Sonetos espirituales (1917) es libro singular en su trayectoria. Es la única ocasión en que emplea esa combinación métrica y lo hace con singular fortuna. Crecieron al compás de los amores con Zenobia, hasta el extremo de que **Chiappini** llega a calificarlos de *"diario lírico".*

Aunque el volumen tiene tres secciones, *Amor, Amistad y Recogimiento, "aparentemente dedicadas a tres núcleos de argumentos, sobre todos predomina el motivo amoroso, en presencia o en ausencia de la amada"* (**Chiappini**).

Los 55 *Sonetos espirituales* son un ejercicio de neoclasicismo. El poeta se ciñe a las limitaciones de la forma para expresar el anhelo ilimitado que en aquel momento lo poseía. Sus modelos son **Garcilaso**, **Lope**, **Góngora**, **Quevedo** y la *Vita nueva* de **Dante**. **Juan Ramón** vive también ese proceso de renacimiento en el amor y traza la imagen de la *donna angelicata,* traída al XX y al marco de la Residencia de estudiantes.

Estío se publicó en 1916 con el rótulo: *Estío (A punta de espina).* Comprende 106 poemas, divididos en dos secciones, *Verde* y *Oro,* con un texto intermedio: *Amanecer de agosto.* En este volumen de transición se estrena una nueva retórica. Utiliza formas métricas muy libres. Los poemas son breves y tienden a prescindir de los lastres narrativos y descriptivos, para concentrar la materia lírica, para captar vivencias y emociones sin otros añadidos. Desde una perspectiva temática, *Estío* recoge una historia de amor problemático y fracasado. **Paraíso** subraya que *"Estío es la primera etapa del amor entre Zenobia y Juan Ramón Jiménez".* Encontramos el viejo vino temático que se ha ido decantando en los tópicos de la poesía amorosa occidental y unos odres nuevos, sorprendentes en su originalidad, pero no ajenos a una tradición que asciende hasta hundir sus raíces en nuestro barroco literario.

SEGUNDA ÉPOCA O ÉPOCA INTELECTUAL

"DIARIO DE UN POETA RECIÉN CASADO"

En 1916, a raíz del viaje que realizó para casarse con Zenobia, nació este poemario, con singular trascendencia en la historia de nuestra lírica. La primera edición de 1917. Es un extenso volumen de 241 textos en verso y prosa, a los que cabría añadir una serie de poemas y estampas que fueron desechados al preparar el original para la imprenta. Como señaló el propio **Juan Ramón**, se trata del único libro suyo escrito de forma unitaria, de un tirón. Existe en él el *"consciente propósito de reproducir vivamente lo realmente sentido por él en un momento y una situación determinada"* (**Barbudo**).

La división externa en seis secciones (*Hacia el mar, Amor en el mar, América del Este, Mar de retorno, España* y *Recuerdos de América del Este escritos en España*) responde a las etapas efectivas del viaje. El *Diario* es la consignación poética de un viaje iniciático que lleva al poeta de su estatus de madurez a sus raíces primeras y de ahí a un nuevo universo (el mar), un nuevo continente (América) y un nuevo estado (el matrimonio), para regresar a la vida anterior al viaje, enriquecido por la experiencia. Se trata de un viaje del alma.

Pocos discuten la legitimidad con que el autor se jactaba del influjo de su libro: "La mitad de la poesía moderna, en España, viene del *Diario.* Trae una nueva voz, cuya manifestación externa más palpable es el verso libre, que se emplea por primera vez en español de forma sistemática. El *Diario* es prolongación y trasformación de los modos líricos de *Estío.* De la mano del verso blanco aparece en nuestro ámbito cultural la poesía abstracta, intelectual. Un cierto ideal de pureza poética encuentra su primera plasmación en el *Diario,* y desde él se difundirá, mezclado con otros influjos, en particular el de Valéry, a la nueva generación de autores.

Barbudo subrayó la importancia del mar, como símbolo portador del tema nuclear de la poesía juanramoniana: *"el ansia de eternidad".*

Predmore ha creído ver un simbolismo trascendente en la relación entre el cielo y la tierra, y el mar y el amor. Los primeros atan al poeta al miedo y la inseguridad del niño, el mar y el amor actúan en sentido contrario.

EL REINO DE LA POESÍA PURA

Entre 1916 y 1917 se compuso *Eternidades* que forma un ciclo con el *Diario* y *Piedra y cielo*. Vio la luz en 1918. Forman el volumen 137 breves poemas blancos o asonantados. Los motivos dominantes se recogen en el dístico que encabeza el volumen: *"Amor y poesía / cada día"*. En una lectura secuencial el tema que primero nos asalta es el de la nueva lírica. En un rosario de poemas el autor va trazando su poética.

Esta preocupación por trasformar y representar la realidad a través del filtro espiritual de la poesía alcanza una formulación precisa en el celebrado *"¡Intelijencia, dame / el nombre esacto de las cosas!"*, magistral síntesis de la nueva poética. La inteligencia invocada por **Juan Ramón** no es la objetiva y racional, sino la intuitiva y poética.

Eternidades es también un complejo poema amoroso. **Paraíso** señaló las densidades y las limitaciones de su poesía erótica: *"Juan Ramón fue incapaz de salir de sí mismo para cantar al tú amado. Cantó, en cambio, y de modo espléndido, el reflejo de la persona amada sobre su espíritu"*. El amor cantado en *Eternidades* es el conyugal de la vida cotidiana, pretendidamente eternizado y reducido a su esencia. El mundo de los sueños tiene una viva presencia. Sorprende la insistencia en el tema del paso del tiempo y en el *carpe diem*.

Piedra y cielo apareció en 1918. Las dos secciones extremas homónimas parecen una prolongación de *Eternidades*. La sección central, *Nostalgia del mar*, recuerda los motivos del *Diario*. Llama la atención el cambio sicológico. Muchos poemas expanden una sensación de paz, de reconciliación con el mundo. Con todo, pervive el ya conocido dualismo de alma y cuerpo, el arrepentimiento y la vergüenza de la carne enfrentado al orgullo demoníaco. Y no se pierde la vieja obsesión de la muerte, pero a los acentos angustiados habituales se une la sorpresa de ver arrostrar con alegría el viejo fantasma. El amor es en *Piedra y cielo* una generosa donación de la persona y del mundo. En el conjunto del libro se respira un sentimiento panteísta que, a través del amor a la poesía, permite al autor ligarse al mundo sin salir de sí mismo.

DOS POEMARIOS PRESUNTAMENTE ANTOLÓGICOS

Poesía y *Belleza* (1917-1923) son dos volúmenes gemelos que acogen unos 15 poemarios nonatos. A pesar de esta presupuesta variedad, los volúmenes tienen un estimable grado de unidad de tono y concepto. *Poesía,* con 129 poemas, tiene como tema esencial la vieja obsesión de la muerte. **Paraíso** ha señalado la aparición de los acentos desamparados de **Quevedo**. Este tema se liga al de su obra poética, de la que se siente cada día más seguro. En *Belleza* los temas dominantes son los mismos: el amor reposado, el embelesamiento con la propia obra y la muerte. **Juan Ramón**, descreído al modo unamuniano, aunque se camufle con el misticismo panteísta que conformará su última etapa, confía su inmortalidad a su obra literaria.

TERCERA ÉPOCA O ÉPOCA METAFÍSICA

La estación total, con las *Canciones de la nueva luz* comprende poemas escritos entre 1923 y 1936; pero no se publicó hasta 1946. Forman el volumen tres secciones: las extremas tituladas *La estación total,* y la central, *Canciones de la nueva luz.*

Aspira a una poesía que permita una *"plenitud fuera de los límites habituales de las estaciones de la naturaleza y de la vida del hombre"* (**Azam**). Cultiva un paisajismo abstracto que constituye un canto a la armonía del mundo. En la sección tercera se encuentran algunos poemas representativos de la renovada concepción lírica. Muy celebrado ha sido *Criatura afortunada*. Los versos se organizan con reiteraciones que recuerdan las que más tarde empleó **Octavio Paz**.

En las *Canciones de la nueva luz* insiste en sus grandes obsesiones: la muerte y la reencarnación, el conflicto con el tiempo, el yo creador, la perfección de lo natural, la compañía perfecta en la soledad. Tiene, sin embargo, una presencia muy pronunciada el tema del amor, que adquiere aires trascendentes, a pesar de expresarse en las formas sencillísimas de la canción de corte tradicional. Es detectable la influencia de **Gil Vicente**.

En 1948, con ocasión de su viaje a Argentina, **Juan Ramón** entregó a la editorial Pleamar el poemario *Animal de fondo,* que se publicó durante el año siguiente. Constaba de 29 poemas. En 1957, la *Tercera antolojía poética* reimprimía los poemas de *Animal de fondo* como primera parte de *Dios deseado y deseante,* a la que seguían 7 poemas como segunda parte, homónima del poemario en que se inserta. Este conjunto poemático del último **Juan Ramón** es un tratado de los nombres y las esencias de la divinidad.

Para **Medel**, se presenta como un tratado místico *per negationem: "ofrece una operación de vaciamiento semántico del concepto y de la realidad de dios"*. En realidad, más que una divinidad exterior, rectora y ejemplar, es una emanación del yo poético. **Laura Onetti**, al comentar *Animal de fondo* en 1949, rotuló su escrito: *Juan Dios Jiménez.* En efecto, *"cualquiera que sea la dirección que Jiménez imprima a su dios, hay un solo punto de partida y de llegada: su propia persona". Dios deseado y deseante* es una *"rapsodia lírica"* unitaria que constituye una autobiografía espiritual, una síntesis del camino hacia la belleza esencial que cree haber seguido con su poesía (**Gullón**).

POEMARIOS PÓSTUMOS

En el otro costado es uno de los proyectos de libro que quedaron sin publicar a su muerte. En 1974 lo preparó **Aurora de Albornoz**. Reúne 5 secciones: *Mar sin caminos, Canciones de la Florida, Espacio, Romances de Coral Gables* y *Caminos sin mar.* Todas son posteriores a 1936 y se compusieron en el otro costado del mar. Tienen en común el predominio de formas sencillas: la canción, el romance, el verso libre y el poema en prosa. Los temas se impregnan de un sentido trascendente. El primer poema, *Réquiem,* es una reflexión sobre la muerte, que aparece simbolizada en el mar. Los aires místicos son patentes en *Canciones de la Florida.*

Espacio, redactado en 1941, tuvo una compleja gestación. Como señaló **Gullón**, a diferencia de otras secciones de *En el otro costado, Espacio* se resiste a los análisis de corte tradicional, porque su estructura fluyente y circular, nos impide aislar núcleos o fórmulas expresivas relevantes. El poema, dividido en tres fragmentos *(Sucesión, Cantada* y *Sucesión),* es una suerte de monólogo interior, dispuesto a modo de prosa rítmica. Se ha asociado a los experimentos narrativos de **Joyce** *(Ulises, Finnegans Wake),* a *La tierra baldía* de **Eliot** y a las técnicas de la escritura automática del Surrealismo; sin embargo, *Espacio,* a pesar de su forma novedosa, parece muy enraizado en las obsesiones ético-estéticas de su autor.

Para **Barbudo, Azam** y **Font**, es una suerte de drama religioso, de acentos unamunianos. **Juliá** insiste en que expresa el desamparo del hombre que *"está solo y abandonado a una fuerza mucho mayor que él, cuyo significado no comprende, que le destruirá".*

Díaz de Castro ha subrayado lo que hay en *Espacio* de metáfora del arte, es decir, *"del inevitable fracaso del artista verdadero frente a sí mismo".* Esta secuencia prosística ofrece *"el derrumbarse de la ciudadela del yo poético erigido una y otra vez desde 1896".* La crítica ha considerado este poema una de las claves de la creación juanramoniana. Además de reunir los temas y símbolos que constituyen el eje de su obra, *"se presenta cual una síntesis autobiográfica, una fuga lírica del subconsciente liberado y un acierto dentro de la renovación del poema en prosa",* que *"sitúa definitivamente a su autor entre los grandes poetas del siglo XX"* (**Azam**).

Los *Romances de Coral Gables,* en número de 20, se imprimieron en Méjico (1948). Se componen de dos secciones *(Yo con ello* y *Ello conmigo)* con un poema intermedio. Tienen en su mayoría un elemento descriptivo, que sirve de pretexto a las disquisiciones metafísicas. Remata *En el otro costado* la sección *Caminos sin mar,* 12 poemas, con silvas blancas o libremente asonantadas, y un soneto *(Y el árbol).* La búsqueda de lo divino, es el broche final.

Tiempo (1941) se trata de un poema en prosa, un lírico monólogo interior que guarda semejanzas con *Espacio.* Se compone de 7 fragmentos. Es una purga del corazón del poeta. Da preponderancia a las inquietudes biográficas sobre los componentes líricos y metafísicos.

De *Una colina meridiana* la *Tercera antología* publicó 19 poemas, que se ampliaron a 38 en *Leyenda.* Se escribieron entre 1942 y 1950, y las dos selecciones los incluyen precediendo a *Dios deseado y deseante.* La inspiración es americana y aflora en ella la conciencia de la vejez.

De *Ríos que se van,* libro póstumo, se publicaron 9 poemas, en verso y prosa, en la *Tercera antología* y se amplió hasta 28 en *Leyenda.* Esta última tiene tres secciones: las extremas, homónimas del volumen, y la central: *Orillas que pasamos.* Es un poemario escrito entre 1951 y 1954, en un trágico momento de la vida del poeta, cuando Zenobia se debatía entre la vida y la muerte. El núcleo temático es la idea de la soledad y la muerte. Desde el punto de vista formal es notable la vuelta al *soneto,* que mezcla su rígida estructura a la de los romances, coplas, versos libres y prosas más o menos rítmicas.

BIBLIOGRAFÍA

AGUIRRE, J.M. *Antonio Machado, poeta simbolista*, Taurus, Madrid, 1975.

ALBORNOZ, A. *La presencia de Miguel de Unamuno en Antonio Machado,* Gredos, Madrid, 1968.

ALBORNOZ, A. *Juan Ramón Jiménez,* Taurus, Madrid, 1980.

ALONSO, D. *Poetas españoles contemporáneos,* Gredos, Madrid, 1969.

ALONSO, M. *Segundo estilo de Bécquer*, Ed. Guadarrama, Madrid, 1972.

AUBRUN, CH. *Baroja y la poesía,* Cuadernos Hispanoamericanos, Madrid, 1972.

AULLÓN DE HARO, P. *La poesía en el siglo XX (hasta 1939),* Taurus, Madrid, 1989.

AZAM, G. *La obra de Juan Ramón Jiménez*, Ed. Nacional, Madrid, 1983.

BARJAU, E. *Antonio Machado: teoría y práctica del apócrifo,* Ariel, Barcelona, 1975.

BLASCO, J. *La poética de Juan Ramón Jiménez,* Universidad de Salamanca, 1982.

BOUSOÑO, C. *El irracionalismo poético*, Gredos, Madrid, 1981.

BROTHERSTON, G. *Manuel Machado,* Taurus, Madrid, 1976.

CAMPOAMOR, A. *Vida y poesía de Juan Ramón Jiménez,* Ed. Sedmay, Madrid, 1976.

CANO, J.L. *Antonio Machado. Su vida, su obra,* Servicio de Publicaciones del **MEC,** Madrid, 1976.

CEREZO, P. *Palabra en el tiempo. Palabra **y** filosofía en Antonio Machado,* Gredos, Madrid, 1975.

CERNUDA, L. *Estudios sobre poesía española contemporánea,* Seix Barral, Barcelona, 1975.

COSSÍO, J.M. *Cincuenta años de poesía española (1850-1900),* Espasa Calpe, Madrid, 1960.

DÍAZ, J.P. *Gustavo Adolfo Bécquer. Vida **y** poesía*, Gredos, Madrid, 1971.

DIEGO, G. *Poesía española contemporánea (1901-1934),* Taurus, Madrid, 1987.

FEDERICI, M. *La imagen del hombre en la poesía de Unamuno,* Ed. Fragua, Madrid, 1974.

FERNÁNDEZ FERRER, A. *Campos de Castilla. Antonio Machado,* Laia, Barcelona, 1983.

FERNÁNDEZ MOLINA, A. *Antología de la poesía modernista*, Ed. Júcar, Madrid, 1981.

FONT, M. *Espacio: Autobiografía lírica de Juan Ramón Jiménez,* Ed. Ínsula, Madrid, 1972.

GICOVATE, B. *La poesía de Juan Ramón Jiménez*, Ariel, Barcelona, 1974.

GONZÁLEZ, A. *Juan Ramón Jiménez,* Ed. Júcar, Madrid, 1973.

GRANJEL, L. *Retrato de Ramón,* Guadarrama, Madrid, 1973.

GULLÓN, R. *Direcciones del Modernismo,* Gredos, Madrid, 1971.

GULLÓN, R. *Una poética para Antonio Machado,* Gredos, Madrid, 1970.

JIMÉNEZ, J.O. *El Simbolismo,* Taurus, Madrid, 1979.

KOCK, J. *Introducción al Cancionero de Miguel de Unamuno,* Gredos, Madrid, 1968.

LITVAK, L. *Exotismo en la literatura española de finales de siglo (1880-1913)*, Taurus, Madrid, 1986.

MACRÍ, O. *Antonio Machado: obras completas,* Espasa Calpe, Madrid, 1988.

MAINER, J.C. *La Edad de Plata. Ensayo de interpretación de un proceso cultural (1901-1939)*, Cátedra, Madrid, 1982.

MARCO, J. *Donde las rosas sueñan. Antología esencial de Antonio Machado (1903-1939)*, Círculo de Lectores, Barcelona, 1999.

MAYORAL, M. *La poesía de Rosalía de Castro*, Gredos, Madrid, 1974.

OROZCO, E. *Antonio Machado en el camino,* Ed. del Centro, Madrid, 1974.

PALAU, G. *Vida y obra de Juan Ramón Jiménez,* Gredos, Madrid, 1974.

PALENQUE, M. *Poesía española (1850-1900),* Universidad de Extremadura, Badajoz, 1991.

PARAÍSO, I. *Juan Ramón Jiménez. Vivencia y palabra*, Alhambra, Madrid, 1976.

PAZ, O. *Los hijos del limo. Del Romanticismo a la vanguardia,* Seix Barral, Barcelona, 1972.

39

PRAT, I. *Poesía modernista española,* Cupsa, Madrid, 1978.

PREDMORE, M. *La poesía hermética de Juan Ramón Jiménez,* Gredos, Madrid, 1971.

PREDMORE, M. *Prólogo y Edición de Diario de un poeta reciencasado,* Cátedra, Madrid, 1998.

RAMONEDA, A. *Antología de la Literatura española del siglo XX,* SGEL, Madrid, 1988.

RIBBANS, G. *Introducción a Soledades. Galerías. Otros poemas,* Cátedra, Madrid, 1988.

SALINAS, P. *La poesía de Rubén Darío,* Seix Barral, Barcelona, 1974.

SALINAS, P. *Literatura española. Siglo XX,* Alianza Editorial, Madrid, 1980.

SÁNCHEZ BARBUDO, A. *La obra poética de Juan Ramón Jiménez,* Cátedra, Madrid, 1981.

SANTOS, C. *Símbolos y Dios en el último Juan Ramón Jiménez (el influjo oriental en Dios deseado y deseante),* Gredos, Madrid, 1975.

SEGRE, C. *Sistema y estructura en las Soledades de Antonio Machado,* Planeta, Barcelona, 1970.

SENABRE, R. *Antonio Machado y Juan Ramón Jiménez, poetas del siglo XX,* Anaya, Madrid, 1991.

SESÉ, B. *Antonio Machado. El hombre, el poeta, el pensador,* Gredos, Madrid, 1980.

SHAW, D. *Machado: el camino hacia el vacío,* Cátedra, Madrid, 1978.

TUÑÓN DE LARA, M. *Antonio Machado, poeta del pueblo,* Laia, Barcelona, 1976.

TUSÓN, V. *Antonio Machado: poesías escogidas,* Castalia, Madrid, 1986.

URRUTIA, J. *Antonio Machado y Juan Ramón Jiménez. La superación del Modernismo,* Cincel, Madrid, 1988.

VARIOS. *En torno a Machado,* Ed. Júcar, Madrid, 1989.

YNDURAIN, D. *Ideas recurrentes en Antonio Machado,* Turner, Madrid, 1975.

ZARDOYA, C. *Poesía española del siglo XX. Estudios temáticos y estilísticos,* Gredos, Madrid, 1974.

OPOSICIONES A ENSEÑANZA SECUNDARIA
LENGUA CASTELLANA Y LITERATURA

TEMA 62:

Las vanguardias literarias
europeas y española. Relaciones.

ÍNDICE SINÓPTICO

EL ARTE DE ENTREGUERRAS: MARCO GENERAL
UNA GENERACIÓN PUENTE
LOS ISMOS Y LA VANGUARDIA

ISMOS INTERNACIONALES DE MAYOR RELIEVE
EL FUTURISMO
EL CUBISMO
EL DADAÍSMO
EL SURREALISMO

MANIFESTACIONES ESPAÑOLAS DE LA ÉPOCA
LA PROMOCIÓN NOVECENTISTA O DE 1914
LOS PADRES DE LA VANGUARDIA

LA GENERACIÓN DE LAS VANGUARDIAS
CONSIDERACIONES PREVIAS
LA GENERACIÓN DE 1927 O DE LA VANGUARDIA
NÓMINA Y EXCEPCIONES
EL ULTRAÍSMO
EL CREACIONISMO
EL SURREALISMO

VALORES DE UNA ÉPOCA
ORIGINALIDAD Y TRADICIÓN
ANTINATURALISMO
EL ARTE COMO PROVOCACIÓN
EL CLASICISMO LITERARIO Y LA TRADICIÓN POPULAR
¿UN ARTE OBJETIVO, RACIONAL, INTELECTUAL?
LA TRAYECTORIA POLÍTICA DE LOS ISMOS

LA LITERATURA ESPAÑOLA: DE LA PUREZA A LA REVOLUCIÓN
LA PROSA DE LA GENERACIÓN DE LA VANGUARDIA
EL VERSO LIBRE, EL VERSO REGULAR Y LA IMAGEN
LA EVOLUCIÓN DE LOS GÉNEROS LITERARIOS
REVISTAS LITERARIAS MÁS SIGNIFICATIVAS

RAMÓN GÓMEZ DE LA SERNA
TRAYECTORIA LITERARIA
RAMÓN Y LAS VANGUARDIAS
EL RAMONISMO

Bibliografía

EL ARTE DE ENTREGUERRAS: MARCO GENERAL

Históricamente resulta fácil aislar el período que se extiende entre 1914, fecha en que se inicia la primera guerra mundial, y 1939, cuando estalla la segunda. Esos hitos bélicos delimitan un marco temporal perfectamente identificable, aunque no homogéneo. **Hauser** afirma que *"el siglo XX comienza después de la primera guerra mundial, es decir, en los años veinte"*. Por lo que respecta al arte, este aserto es sólo parcialmente aceptable. Es verdad que los movimientos que caracterizan a nuestro siglo tienen su pleno desarrollo en el período de entreguerras; pero algunos fenómenos de singular importancia (Futurismo, Cubismo) se adelantan a esas fechas.

Aunque el marco temporal es sumamente limitado, nos encontramos con una vertiginosa sucesión de movimientos artísticos que se enlazan y se oponen entre sí. Los ideales estéticos de 1910 ó 1920 no sólo son distintos, sino radicalmente opuestos a los de 1930 ó 1936. A pesar de ello, la evolución de las diversas corrientes y de los sucesivos hallazgos técnicos guarda una sorprendente coherencia.

En el período 1914-1939 pueden distinguirse dos etapas: una de prosperidad y crecimiento y otra de estancamiento y crisis. La frontera entre ambas se establece en el año 1929, fecha negra en la evolución del capitalismo. El proceso que se desata en todo el mundo occidental a partir de ese momento es una acelerada incubación de los gérmenes que originarán la nueva guerra. De lo anterior no podemos deducir una homogeneidad en todo el panorama occidental, ni una misma reacción del arte. Los horrores de la guerra engendraron en fechas muy tempranas una estética nihilista (Dadaísmo), en la que es difícil separar la pirueta, el juego aparente, del fondo de desesperación y angustia.

Si reducimos a esquema los mil matices que ofrece la realidad, puede decirse que a cada una de las etapas separadas simbólicamente por la crisis de 1929, corresponde una distinta concepción del arte y de la vida. La época de prosperidad reacciona contra el patetismo finisecular y promueve una expresión depurada, intelectual, que da entrada al humor y al perspectivismo, al juego y al capricho, que se proyecta hacia un imaginario futuro y persigue puras formas, desvinculadas de toda intención significativa. Estamos ante lo que podríamos llamar la *"vanguardia alegre y confiada"*. La época de crisis busca su expresión en un arte que va abandonando sus pretensiones de pureza y racionalidad para buscar las raíces humanas e implicarse en la lucha social y política. Es la *"vanguardia angustiada y comprometida"*.

Como los límites temporales son tan estrechos, no ha de sorprendernos que lo que aquí presentamos sintéticamente como evolución, en la realidad apareciera como una simultánea floración de tendencias contradictorias. Dentro de ese cúmulo de corrientes cabe distinguir dos direcciones esenciales (**Jean Paulhan**). Unos, a los que denomina *retóricos,* tienden a estilizar, depurar el lenguaje recibido. Los otros, a los que llama *terroristas,* aspiran a destruir las convenciones que permiten la comunicación, bien para buscar la plasmación radical, intuitiva del mundo íntimo, bien para mostrar la inanidad de la herencia cultural recibida.

Retóricos y terroristas irán trenzando el arte de entreguerras, un arte que en corto espacio de tiempo, al compás de los acontecimientos históricos, será capaz de dar la vuelta sobre sí mismo. Pasará de cultivar la abstracción más hermética a la propaganda política, de exaltar el más quintaesenciado racionalismo a abrir las puertas del subconsciente, de pregonar la asepsia intelectualista a practicar la violencia expresiva.

UNA GENERACIÓN PUENTE

La crítica ha establecido la existencia de una generación artística que se manifiesta en plenitud a finales del siglo pasado y principios de éste. El momento exacto de su eclosión varía según los países y también cambia el rótulo bajo el que se acoge (Impresionismo, Simbolismo, Modernismo...), pero no ofrece duda que hubo un movimiento del arte y la cultura occidental que convencionalmente se adscribe al fin de siglo.

Algo parecido ocurre con lo que podemos llamar la generación de las vanguardias. Se trata de autores que alcanzan la madurez entre 1920 y 1940. Sus fechas de nacimiento se sitúan entre 1890 y los primeros años del presente siglo. Existe, sin embargo, una promoción intermedia, nacida en torno a 1880 y que dará sus mejores frutos entre 1910 y 1930. Es una generación -si tal puede llamarse- que se superpone a las otras dos nítidamente establecidas por la historia artística y literaria.

Al filo del novecientos estos creadores eran muy jóvenes. Quizá por ello se sumaron con ímpetu a la cruzada finisecular contra el racionalismo y el naturalismo decimonónicos. Fueron, más que hijos de los modernistas y simbolistas, los hermanos menores de la generación. Como tales, estaban necesitados de una maduración que, evidentemente, había de suponer una continuidad y, al mismo tiempo, una reacción contra los valores que ellos mismos habían ayudado a forjar en sus creaciones juveniles.

La promoción novecentista ocupa el interregno que media entre la época del Simbolismo y la de las vanguardias. Esa condición de puente ha desdibujado sus perfiles. La crítica no ha fraguado una denominación definitiva que la identifique, ni ha dado una definición clara de lo que fueron y significaron estos artistas en la evolución de la estética occidental. Con frecuencia, según se preste mayor o menor atención a un aspecto u otro de su obra, se les incluye en la generación de fin de siglo o en la de las vanguardias. Se niega así la personalidad de la promoción como tal.

Bowra, no encontrando mejor lazo para unir a algunos poetas aproximadamente coetáneos (**Valéry**, **Rilke**, **George**, **Blok** y **Yeats**), los agrupó como *"herederos del Simbolismo"*. En otros escritos es común hablar de possimbolismo o posimpresionismo. La denominación, claramente epigonal oscurece la originalidad y la variedad de tendencias de esta promoción.

Quizá podría adoptarse el término *Novecentismo,* acuñado por **Eugenio D'Ors.** No obstante, se trata también de un concepto sometido a interpretaciones diversas. Su inventor lo usó para definir el arte de su generación en la medida en que se oponía a los modos artísticos del XIX, incluyendo entre ellos los finiseculares o modernistas. La palabra nació en catalán *(noucentisme).* Su aparición se produjo en 1906 y **D'Ors** la emplea para designar la nueva cultura que representa su promoción. **Díaz-Plaja** entiende el Novecentismo como actitud de ruptura con el Modernismo. De esta actitud participan los autores de que hablamos, muchos representantes del fin de siglo (**A. Machado, Azorín, Baroja, Valle**) que habían ido modificando sus posturas ochocentistas, y los primeros frutos de la tercera generación.

Sin perjuicio de ulteriores matizaciones, usaremos el adjetivo *novecentista* para caracterizar a las obras y autores de la generación puente entre el fin de siglo y las vanguardias. Y *Novecentismo,* para aludir a la época (1910-1925 aproximadamente) en que dan a la luz pública sus obras más características.

La promoción novecentista no tuvo conciencia de grupo. Quizá a ello se deba el que sus líneas sean más dispersas de lo habitual. Ateniéndonos exclusivamente a los creadores de primera fila y a las obras maestras, vamos a establecer las direcciones más representativas.

Permanece y se acentúa el gusto simbolista por una sensualidad morbosa, nutrida en el mundo del recuerdo y la evocación. Los novecentistas depuran esta tendencia de las adherencias sentimentaloides y la dotan de una forma elaboradísima. Ejemplo es la obra de **Rilke** y en particular sus *"Elegías de Duino"* (1922). En el campo de la novela, el lirismo, la morosidad, el detallado análisis de los sentimientos y las sensaciones constituyen una prolongación y una superación del Impresionismo. La pieza representativa de este nuevo enfoque del género es *"En busca del tiempo perdido"* de **Proust**, cuya publicación se inicia en 1913. En la misma órbita, están algunas obras de **Thomas Mann**: *"Muerte en Venecia"* (1911)*, "La montaña mágica"* (1924); y las de **Gabriel Miró**.

Otra derivación de la estética finisecular es el Expresionismo, cuyos creadores literarios más sobresalientes pertenecen a este grupo que hemos dado en llamar novecentista. En los medios de lengua alemana es donde esta tendencia adquiere caracteres de movimiento generalizado. Bajo el impacto de las circunstancias que rodearon a la primera guerra mundial, escribe sus relatos obsesivos **Kafka** y sus dramas **Kaiser**. Guardan evidentes concomitancias con el Expresionismo autores de otras lenguas como el norteamericano **O'Neill**, con su teatro sombríamente realista, y el irlandés **Joyce** con su técnica del monólogo interior, que bucea en el universo de lo preconsciente. Su *"Ulises"* es de 1922.

En las antípodas, a pesar de ser rigurosamente coetáneos, se encuentran los intentos de crear una poesía pura, producto de laboratorio, donde el azar quedaría abolido. El poema sería fruto de una conciencia vigilante que rechazaría cualquier elemento anecdótico, sentimental o patético. **Valéry** y **Juan Ramón** fueron los más influyentes maestros de la nueva generación.

Un hálito intelectualista es propio y característico de esta promoción. De ahí se deriva el intenso cultivo del ensayo y, en algunas literaturas, como la nuestra, el predominio de los ensayistas sobre novelistas, dramaturgos o poetas líricos. Estos rasgos se encontrarán también en los géneros tradicionales. Se crea una novela ensayística, reflexiva, que con frecuencia presenta las varias perspectivas de un mismo hecho. En el ensayo y la lírica ese juego de enfoques múltiples se manifiesta en la utilización de heterónimos o apócrifos, como los creados por **Fernando Pessoa**, o en las diversas voces que afloran en la lírica de **Eliot** o de **Ezra Pound**.

La generación novecentista viene a expresar la inseguridad del hombre moderno, que no puede encastillarse en el refugio romántico del yo, de la individualidad. Puede presentarse este fenómeno bien en el terror subconsciente de las *"Metamorfosis"* de **Kafka** (1912), bien en la intelectualización despersonalizada que pregonaron **Valéry** y **Ortega**, o en los juegos de meras formas, volúmenes y colores que caracterizan al Cubismo. **Proust** dejó muy claro en *"Contra Sainte-Beuve"* que la creación artística es obra de una personalidad distinta a la habitual del autor.

El sentimiento de descomposición de la individualidad romántica es un rasgo de época, no exclusivo de la promoción literaria nacida en torno a 1880. Probablemente, en su exacerbación tuvo mucho que ver el hecho de que las doctrinas freudianas alcanzaran a círculos cada vez más amplios. También debió de influir el ascenso de las masas a protagonistas de la economía y la política. El libro de **Ortega** *"La rebelión de las masas"* es, en este sentido, un agudo diagnóstico. Nacen en esta época novelas como *"El hombre sin atributos"* de **Musil** o *"Locura y muerte de Nadie"* de **Jarnés**.

Incluso el rótulo con que **Einstein** bautizó a sus principios físicos (la teoría de la relatividad) contribuyó a configurar el sentimiento de que había concluido la época histórica del subjetivismo. De este sentimiento participaron todas las promociones literarias que confluyeron en los alrededores de la primera guerra mundial. Recordemos que *"Niebla"*, la sorprendente novela de **Unamuno** sobre la personalidad, es de 1914, y que el teatro de **Pirandello** sobre idéntica problemática surge en esas mismas fechas: *"Seis personajes en busca de autor"* (1921), por ejemplo. La generación vanguardista va a recibir la herencia de ese arte que ya no es expresión del sujeto. Los padres de la vanguardia son artistas y pensadores novecentistas. Con los dos de mayor relieve, **Marinetti** y **Apollinaire**, empieza la vertiginosa carrera de los ismos.

LOS ISMOS Y LA VANGUARDIA

La palabra *ismos* se ha empleado para designar a los movimientos artísticos de carácter experimental que se desarrollaron en las primeras décadas del XX. El término se creó caprichosamente a partir del sufijo que aparece en las denominaciones particulares de cada escuela o tendencia: Futurismo, Expresionismo, Cubismo...

La palabra *vanguardia* designa tanto el conjunto de estos movimientos artísticos como el espíritu que los anima. El término, de origen bélico, nació en torno a la guerra de 1914 y pretendía subrayar el carácter beligerante del nuevo arte. La *vanguardia* debía estar en una actitud de arriesgada exploración, precediendo a los demás en las manifestaciones estéticas y formales, en rebeldía contra los modos anquilosados del arte decimonónico y en lucha con la sociedad burguesa que los sustenta. La necesidad de variación estética se unía a la voluntad juvenil de provocar, escandalizar y ridiculizar al burgués biempensante.

Una peculiaridad de los movimientos de vanguardia fue la tendencia al encuadramiento. Con excepción de alguna tendencia (el Expresionismo), cuya hipotética existencia ha sido postulada por la crítica posterior, la mayor parte de los ismos se formaron en torno a un manifiesto. La preceptiva poética existió en casi todos los casos antes que la práctica y algunos ismos no tuvieron más sustancia que el manifiesto que los creaba. Ya en 1930 **Guillermo de Torre** subrayaba este rasgo: *Los credos de la vanguardia son sus obras teóricas. Lo más representativo de ella está en sus manifiestos, en sus efusiones yoístas. De ahí que la obra de toda vanguardia, en su momento más típico, haya sido esencialmente lírica y teórica.*

Naturalmente, la comunidad de ideas fue siempre cosa de corta duración. La vanguardia sólo podía mantener su pureza frente a un enemigo exterior. Después de la revolución, o se institucionalizan sus principios o se disuelve el grupo revolucionario. El esnobismo provocador de las vanguardias exigía que cada nueva oleada desdeñara a la inmediatamente anterior. Los ismos se devoraron unos a otros con velocidad de vértigo.

Por eso la lista de los ismos es prácticamente ilimitada. En 1929 en *"Documentos internacionales del Espíritu Nuevo"* se publicaba una relación que incluía: futurismo, expresionismo, cubismo, ultraísmo, dadaísmo, superrealismo, purismo, constructivismo, neoplasticismo, abstractivismo, babelismo, zenitismo, simultaneísmo, suprematismo, primitivismo, panlirismo..., sin contar otros ismos (existencialismo, objetivismo, neorrealismo...) incluidos por **Guillermo de Torre** en su *"Historia de las literaturas de vanguardia"*, pero que caen fuera de los límites temporales que hemos fijado y que están al margen del espíritu iconoclasta de la vanguardia.

La barahúnda de nombres no puede llevarnos a medir todos los movimientos por el mismo rasero. La aportación de algunos de ellos (Cubismo, Surrealismo) constituye un positivo enriquecimiento de la estética occidental. Incluso alguna manifestación de corta vida como el Dadaísmo determinó un giro en la concepción del arte. El Expresionismo, sin ser un modo radicalmente nuevo, aportó obras maestras y un estilo sorprendentemente adecuado para plasmar las tensiones de su época. No todos los ismos abarcaron las diversas manifestaciones artísticas. Unos se aplicaron fundamentalmente a las artes plásticas, otros a las musicales, otros a las literarias. De la misma manera existen ismos de alcance general dentro de nuestro universo cultural, y otros circunscritos a un país o a un ámbito lingüístico.

Por lo que hace a nuestros intereses, la nómina de los ismos puede reducirse a cuatro movimientos internacionales (Futurismo, Cubismo, Dadaísmo y Surrealismo) y a dos propios y limitados al mundo hispánico: Ultraísmo y Creacionismo. Hay otras manifestaciones de la época que o no tienen el rótulo con el sufijo caracterizador (la poesía pura) o no pueden incluirse con propiedad en las vanguardias revolucionarias (neopopularismo).

ISMOS INTERNACIONALES DE MAYOR RELIEVE

EL FUTURISMO

Probablemente el primero que usó la palabra *futurismo* para referirse al arte que había de aflorar en el siglo XX fue **Gabriel Alomar** en *"El futurismo"* (1905). Sin embargo, cuando hoy hablamos de Futurismo, nos referimos fundamentalmente al movimiento italiano encabezado por **Marinetti**. Fue una de las escuelas que configuraron en gran medida el espíritu de las vanguardias. Se adelantó en el tiempo: el 20 de enero de 1909 *Le Fígaro* publicó el *Manifiesto* en que su creador exponía los principios fundamentales del nuevo arte.

No es un ismo que pertenezca íntegramente al período de entreguerras. Hay incluso quien afirma que no hubo más Futurismo que el anterior a 1918. Después se limitaría a perpetuar las viejas apelaciones retóricas, impregnadas de latiguillos fascistas.

Retrospectivamente, a la vista de su vinculación con el régimen mussoliniano, se ha desprestigiado la aportación del Futurismo. **Torre** ha dicho de él: *"fue programa y no obra; ademán en el aire y no afincamiento raigal"*. Pero justamente su trascendencia radica en sus gestos, su provocadora ruptura con ciertos valores admitidos, en aras de un vitalismo nietzscheano que quiere colocarse más allá del bien y del mal. **Micheli** subraya las raíces anarquistas de algunos futuristas. El manifiesto de 1909 recoge la extraña mezcla de belicismo, nacionalismo a ultranza, anarquismo y machismo que configuran el perfil del movimiento.

El Futurismo declaró la guerra al pasado próximo o remoto. Proclamó la belleza de las nuevas realidades: las máquinas, los rascacielos, las ciudades, la industria, las masas... Al ideal de serenidad opuso la velocidad, el dinamismo, la fuerza, la violencia, la agresividad, la pirueta... Cantó el riesgo y la rebeldía, la necesidad de aventura. Combinó siempre una vitalista exaltación de la sensualidad con la idolatría de la técnica. Todo esto podía acabar en una *"orgía de irracionalidad"* como denunció **Croce**; pero también abría la puerta a un arte nuevo que rechazaba cualquier influjo clásico y vinculaba la creación artística al mundo que emergía ante sus ojos. Sus palabras en libertad son el antecedente de los experimentos dadaístas y conducen al monólogo interior de **Joyce**.

El Futurismo tuvo ramificaciones en muchos países. La de mayor importancia fue la rusa. Aunque **Marinetti** predicó sus doctrinas en Moscú, el Futurismo ruso tenía sus raíces autóctonas y difirió (mucho en lo político, bastante en lo estético) de su hermano italiano. *"Bofetada al gusto del público"* (1912), manifiesto firmado por **Mayakovsky** y otros, expone los ideales revolucionarios del movimiento y defiende el derecho de los poetas *"a aumentar el volumen del vocabulario con palabras arbitrarias y derivadas"* y a *"alimentar un odio implacable contra el lenguaje que existió antes de nosotros"*. El Futurismo ruso se comprometió con la revolución bolchevique, pero el extraño maridaje duró poco más de una década. Su principal representante, **Mayakovski**, se suicidó en 1930 y dos años después se impuso el realismo socialista como arte oficial del régimen soviético.

EL CUBISMO

El Cubismo es sustancialmente una manifestación de las artes plásticas. Su mismo nombre sugiere la dimensión eminentemente espacial de este movimiento. Aunque se considera que nace en 1907 con *Las señoritas de Avignon* de **Picasso**, no se le bautiza hasta un año más tarde, cuando al criticar unos paisajes de **Braque, Louis Vauxcelles** censura que el pintor descomponga las figuras y las reduzca a cubos, a esquemas geométricos.

Torre desconfía de que en literatura pueda hablarse con propiedad de cubismo y deja reducido este ismo a *"cierto estado de espíritu manifiesto en algunos escritores franceses de modo sincrónico, paralelo, al de los pintores cubistas a partir del segundo decenio del siglo"*. Sólo por aproximación puede admitirse la existencia de un cubismo literario. **Apollinaire** es el nexo más significativo entre el Cubismo y la literatura. En sus *"Meditaciones estéticas. Las pinturas cubistas"* (1913) teoriza sobre el nuevo arte, con especial atención a los elementos abstractos y deshumanizados, más que el credo de una escuela particular. Proponía en sustancia la creación de un arte nuevo que no dependiera de la naturaleza sino que la continuara.

En su obra poética se encuentra el germen de la provocación, desde los relatos pornográficos *("Aventuras de un joven don Juan")* hasta los poemas pictóricos reunidos en *"Caligramas"* (1918), pasando por *"Alcoholes"* (1913). Puso en circulación ciertos signos de la vanguardia: la eliminación de los elementos anecdóticos y descriptivos, el desprecio de la verosimilitud, la yuxtaposición de distintos planos en el poema a modo de *collage,* la supresión de la puntuación... En los caligramas, su creación más característica, quiso dar una dimensión plástica a la palabra e ideó poemas que son al mismo tiempo un dibujo. Este movimiento literario, de dudosa existencia, dejaría, sin embargo, huellas profundas en los ismos posteriores. En el Dadaísmo, el Creacionismo y el Surrealismo podemos identificar la impronta de **Apollinaire** y sus secuaces.

EL DADAÍSMO

Es probablemente la mejor encarnación del espíritu disolvente de un sector de la vanguardia. Nació en medio del desencanto y de la angustia que provocó la primera guerra mundial. El 8 de febrero de 1916 un grupo de exiliados, encabezados por **Tzara**, crearon el nuevo ismo en el café Terrasse de Zurich. La palabra *dadá,* con que lo bautizan, es enteramente caprichosa, sin significado alguno; se trata de las primeras sílabas leídas al abrir al azar un diccionario manual. Pronto llegarían los manifiestos firmados por el caudillo de esta nueva secta. En 1918 apareció el primero, en el que expone los contraprincipios del movimiento: *No reconocemos ninguna teoría. Basta de academias cubistas y futuristas, laboratorios de ideas formales.*

Dadá no se propuso negar sólo el arte anterior, sino el arte en absoluto. Y junto a él la historia, la ética, los valores. Esa voluntad iconoclasta se manifestó con especial virulencia contra el lenguaje. Un humor anarquizante venía a romper la coherencia del discurso y dejaba abierta la puerta del absurdo. Las asociaciones disparatadas provocan la hilaridad y dejan un fondo patético de desazón. Dadá se empeñó, con su actitud bufonesca, en destruir, ridiculizar todos los agarraderos de la cultura. Una de esas bufonadas destructivas son las recomendaciones *Para hacer un poema dadaísta,* de las que se desprende que el género Dadá por excelencia es lo que se podría llamar el *collage* arbitrario.

Las historias del movimiento son rosarios de anécdotas de alumnos de segunda enseñanza que se quieren elevar, en contradicción con el sentido intrínseco de las mismas, a la categoría de principios artísticos. Dadá destapó el fondo destructivo que hay en todo ser humano, hizo de la irreverencia, del sacrilegio, un método de creación. Su destructividad abría nuevos territorios, pero su radical negación de cualquier orden imposibilitaba su exploración.

EL SURREALISMO

Surgió del Dadaísmo, fruto de las divergencias personales entre **Tzara** y **Breton**, y también de la necesidad de superar el callejón sin salida a que llevaba el nihilismo bufo de Dadá.

Si entendiéramos el nombre francés del movimiento (*surréalisme*) en su literalidad: *sobrerrealismo,* habríamos de admitir que se trata de una estética con larga tradición. En todas las épocas han existido artistas deseosos de superar la realidad, de plasmar un mundo que vaya más allá de lo que objetivamente contemplamos. En este sentido son sobrerrealistas, por ejemplo, los sueños quevedescos. Desde el Romanticismo el anhelo de plasmar lo suprarreal es una de las fuerzas capitales del arte occidental.

El nombre, según confesión de su creador, **Breton**, surgió del subtítulo de una pieza teatral de **Apollinaire**: *"Las mamellas de Tiresias. Drama surrealista".*

La traducción española del francés *surréalisme* ha dado lugar a polémicas. Los primeros adaptadores se inclinaron por el calco y tradujeron *suprarrealismo* o *superrealismo,* forma preferida por **Torre**. La lengua común ha preferido el préstamo y ha adoptado y adaptado legítimamente la voz francesa. De esta forma podemos distinguir el ismo encabezado por **Breton** (*Surrealismo*) de la tendencia general a mostrar en el arte aquello que se nos ofrece más allá del mundo objetivo (*suprarrealismo, sobrerrealismo*).

Lo que distingue esencialmente el Surrealismo del Dadaísmo es la voluntad creativa. Para ello descubre un nuevo universo, el subconsciente, entrevisto a través del sueño, y una técnica: la escritura automática. En el primer *Manifiesto* del Surrealismo (1924) **Breton** nos da la definición del mismo: *Es un dictado del pensamiento, sin la intervención reguladora de la razón, ajeno a toda preocupación estética o moral.*

De las cenizas del arbitrarismo dadaísta, el Surrealismo quiere construir una nueva lógica, un nuevo lenguaje que se nutra de las imágenes del subconsciente. La forma de extraer ese mundo interior es la escritura automática. Consiste en alcanzar el estado de trance y dejarse arrastrar por la asociación inconsciente, sin restricciones ni límites. El resultado es un flujo informe de imágenes.

Las doctrinas y técnicas de **Freud** constituyen el sostén del Surrealismo. Sin embargo, el creador del sicoanálisis, no alcanzaba a comprender qué se proponían aquellos artistas al fingir trastornos síquicos que no sufrían, y es que los surrealistas se proponen abrir los portones del subconsciente para dejar paso a cuanto puede perturbar o aterrar al hombre instalado cómodamente en la sociedad. Esta anárquica liberación del *yo,* que pretende sacudir el yugo de todas las represiones sociales, se contrapone a la necesidad, proclamada por los surrealistas, de liberación social e incluso a la militancia del grupo en el Partido comunista, por un tiempo limitado.

El Surrealismo quería ser mucho más que un movimiento literario. Según **Breton,** *"es un medio de liberación total del espíritu"* que debe alcanzar a todo hombre. Llevados estos principios a su extremo, la obra de arte resulta, por un lado, algo trivial y mostrenco: *",¿Por qué aceptar que cualquier transporte o alienación haya de dar origen a una obra estética valedera?"* (**Torre**). Por otro lado, la pregonada irracionalidad lleva indefectiblemente a un hermetismo que en estado puro impide la comunicación. Por eso ha afirmado rotundamente **Carlos Marcial de Onís** que *"el surrealismo que pudiéramos llamar ortodoxo ha sido, como no podía ser menos, un fracaso estético".* Como en otros ismos, se ha producido el fenómeno denunciado por **Torre**: *"la teoría del superrealismo ha ido siempre mucho más lejos que el logro de los textos superrealistas propiamente dichos".*

En pintura, escultura, cine, como en la misma literatura, se abrió pronto paso la idea de un "surrealismo instrumental". El mundo del sueño y la subconsciencia aportan las imágenes, pero éstas se elaboran técnicamente como cualesquiera otras. En literatura ese surrealismo instrumental dio los resultados más notables de la escuela. Poetas como **Lorca** o **Aleixandre** se valen de imágenes surreales, pero las encadedan y estructuran de modo que el conjunto, aunque hermético y escurridizo en sus partes, exprese una visión del mundo. Este Surrealismo atemperado, que trabaja cuidadosamente sus elementos, supone una real ampliación de los horizontes artísticos y es el único que dio obras que hoy siguen vivas y actuantes.

Como balance final, no puede limitarse el Surrealismo a sus formas ortodoxas o dogmáticas, ni tampoco puede reducirse a la capilla parisina (**Breton, Aragon, Eluard...**). Su influjo llegó a todas las artes y modificó en cierto grado la percepción vital y estética de Occidente. Fue el movimiento en el que desembocaron las más atrevidas experiencias de la vanguardia. Digeridas y modificadas por él, llegaron a las generaciones posteriores. En la irradiación del irracionalismo, que muchos consideran el núcleo del arte del siglo XX, influyó decisivamente la experiencia surrealista.

MANIFESTACIONES ESPAÑOLAS DE LA ÉPOCA

LA PROMOCIÓN NOVECENTISTA O DE 1914

Como en el resto del mundo, la generación puente entre fin de siglo y vanguardia carece de un nombre definitivo. Su existencia, en cambio, no ofrece mayores dudas. Ya **Azorín** anunciaba en 1912 la aparición de otro grupo generacional con rasgos contrapuestos al suyo propio: *"este espíritu se plasma y encierra en métodos más científicos, en normas más estudiadas, reflexivas y modernas. Lo que antes era libertad bravía, ahora es libertad sistemática y científica".*

De los nombres que la crítica ha propuesto para designar a este grupo ninguno ha triunfado plenamente. Desde 1906 **D'Ors** venía predicando en Cataluña la nueva etapa cultural (el *Noucentisme),* cuyos rasgos esenciales no difieren de los expuestos por **Azorín.** Subrayaba sólo algunas consecuencias: el entusiasmo por lo universal, el desdén hacia las expresiones locales, y la voluntad declarada de intervenir en la política y utilizarla al servicio de la cultura.

Uno de los rasgos más característicos del grupo es su sólida formación intelectual y científica. Sus miembros han adquirido sus técnicas y conocimientos a través del estudio sistemático y atento. Muchos han cursado sus especialidades en universidades extranjeras y se han constituido en una élite que comparte el papel de profesores universitarios, profesionales eminentes y mentores de la vida cultural y política. Este rasgo dominante de la promoción nacida en torno a la década de 1880 ha dado origen a otro rótulo: "Generación de los intelectuales".

Siguiendo la costumbre de vincular las promociones literarias a un año significativo, **Luzuriaga** propuso denominarla *"Generación de 1914"*, porque en torno a esa fecha se afirman los impulsos ascendentes de esta promoción. Llega entonces el momento de la directa participación del intelectual en la vida colectiva. El 23 de marzo de 1914, **Ortega** pronuncia una conferencia en el teatro de la Comedia titulada significativamente *Vieja y nueva política.* Es el aldabonazo de los intelectuales que alcanzan por esas fechas su primera madurez, entre 30 y 40 años, y que se encuentran con fuerzas para trasformar las estructuras heredadas. También en 1914 aparece el primer libro de **Ortega**: *"Meditaciones del Quijote"*, y un año después se funda el órgano de expresión de la nueva generación literaria: el semanario *España.*

Todos estos datos y otros que se podrían añadir han hecho prosperar el nombre de "Generación de 1914". **Marichal** lo ha empleado en sus escritos en torno a **Azaña,** aunque en otras ocasiones ha preferido el rótulo de "generación de los intelectuales". El estudio de **Robert Wohl** *La generación de 1914* ha asentado esta nomenclatura. **García de la Concha** utiliza como perfectos sinónimos Generación de 1914 y Novecentismo.

Tuñón de Lara habla de *"los hombres de 1914"* para aludir en primera instancia a la generación que ahora nos ocupa, pero extendiendo el alcance de tal denominación a los autores de más edad (**A. Machado, Azorín, Valle**...) que comparten puntos de vista similares en la coyuntura histórica en torno al principio de la primera gran guerra.

Nosotros vamos a emplear el término Novecentismo para denominar la época, el espacio vital de este grupo literario al que llamaremos Generación de 1914 o novecentista.

Los miembros de la Generación novecentista comparten el espacio literario con sus predecesores finiseculares y con los jóvenes de las vanguardias. Recordemos que el límite posterior del Modernismo hispánico podía situarse hacia 1915. Hechos próximos a esta fecha como la muerte de **Darío**, la publicación del *"Diario de un poeta recién casado"* (1916) de **Juan Ramón** y el conjunto de manifestaciones novecentistas en torno a 1914, nos indican que ese hito es relevante.

De 1915 a 1925, aproximadamente, se extiende la época de predominio novecentista. Desde principios de siglo los novecentistas estaban presentes en la vida literaria. Algunos de ellos dieron granados frutos en la primera década posmodernista (1905-1915). Después de 1925, cuando aparece con fuerza la Generación de las vanguardias, seguirán influyendo en los destinos de nuestras letras y aun de nuestra política. Después de la guerra, en la tierra patria o en el exilio, continuarán su fecunda labor hasta cerca de nuestros días.

Casi todos los autores que se afirman entre 1915 y 1925 nacieron en la década de 1880. Hay algunas excepciones como los padres de la novela galante **Pedro Mata** y **Rafael López de Haro**, el dramaturgo **Jacinto Grau**, **Miró** o el crítico **Díez-Canedo**, aunque son diferencias de edad poco significativas. Los hombres más ilustres de la Generación de 1914 son: **Azaña, Pérez de Ayala, Juan Ramón , D'Ors, Ortega, Madariaga, Gómez de la Serna** ... Y lo mismo ocurre con tantos otros: **Muñoz Seca, Camba, Cansinos-Asséns, Tomás Morales, Félix Urabayen, León Felipe, Eugenio**

Noel, Alonso Quesada, Gutiérrez Solana, Luis Araquistáin, Moreno Villa, Corpus Barga, Ramón Basterra, Goy de Silva...

Todos estos creadores forman la generación novecentista. Aunque los rasgos dominantes estén fijados por las figuras cenitales, no puede olvidarse la pluralidad de tendencias y variantes que nos ofrece este abigarrado conjunto.

LOS PADRES DE LA VANGUARDIA

Son los hombres del Novecentismo los que preparan el terreno para la eclosión de las vanguardias en sus diversas manifestaciones. El nombre que enseguida aflora a la mente es **Gómez de la Serna**. En sus obras y con la creación de la greguería abre el camino a la primera vanguardia, que en España adoptará la forma del Ultraísmo. **Cernuda** comentó el influjo renovador de **Gómez de la Serna** sobre la imagen poética y su papel de representante de *"todos o casi todos los intentos renovadores de los movimientos literarios diversos ocurridos por aquellas fechas fuera de España, y eso no por imitación, sino por coincidencia"*.

El caso de **Juan Ramón** es distinto. Su paternidad se limita a la parte de la generación de los vanguardistas más racional y acicalada: la que cultiva la poesía pura. Su ideal de depuración del lirismo modernista influirá decididamente en el grupo poético del 27. Por su peculiar carácter, susceptible, egocéntrico, **Juan Ramón** fue para los nuevos líricos padre y padrastro. Mientras siguieron los modos y principios del maestro, éste les dispensó su protección; pero les negó el pan y la sal en el momento en que fueron afirmando su personalidad o se contagiaron de los mil ismos que circulaban por aquellas fechas.

Cansinos no influyó tanto por su obra como por su actitud de apertura a las nuevas tendencias. Lo que atrajo a los jóvenes vanguardistas hispánicos fue la generosidad y el entusiasmo con que acogió a los nuevos. No fue guía (su estilo nada tiene que ver con la vanguardia), sino apoyo benevolente para los que entonces empezaban.

Ortega no fue ciertamente un vanguardista. Su obra personal es paradigma de la prosa discursiva novecentista. Sin embargo, su interés por el nuevo arte sirvió para afianzar algunas tendencias. Su ensayo *"La deshumanización del arte"* vino a ser la confirmación teórica de la vanguardia, aunque se presentara como análisis riguroso y distante.

La *Revista de Occidente* y la editorial del mismo nombre fueron escaparates de la renovación estética. La editorial publicó en primera edición obras capitales de **Guillén, Salinas, Alberti** y **Lorca**. La colección *"Nova novorum"* se dedicó a publicar la narrativa de vanguardia. Desde su fundación, la revista se hizo eco de las nuevas tendencias artísticas y sirvió para enlazar a los jóvenes creadores españoles con sus coetáneos europeos.

LA GENERACIÓN DE LAS VANGUARDIAS

CONSIDERACIONES PREVIAS

¿Hubo una vanguardia española? La respuesta puede encontrarse en unas palabras de **Joaquín Marco**: *"Los movimientos que integran la vanguardia española constituyen reflejos de otros movimientos europeos. No existe una vanguardia original entre nosotros, lo cual no significa que los movimientos de la vanguardia española carezcan de calidad y relativa originalidad"*.

Si tenemos en cuenta que los ismos no fueron muchas veces más que un manifiesto y un programa estético, la afirmación de **Marco** quiere decir que los escritores españoles fueron poco inclinados o poco afortunados en ese género de literatura programática. Las formulaciones teóricas de nuestra vanguardia fueron un eco de las que circulaban por Europa. No existía una minoría esnob que, como la francesa, estuviera dispuesta a extasiarse ante la mera declaración de intenciones y a alentar, aun con sus críticas, todo tipo de experiencias. **Torre** se lamentaba de esto en la primera redacción de *"Literaturas europeas de vanguardia"* (1925): *"Faltaba la atmósfera previa, en el público no surgía esa anhelada y mínima élite, indispensable para prestarnos su apoyo cordial".*

Faltó también el espíritu militar y jerárquico de la vanguardia y la coherencia y solidaridad de grupo. Una instintiva repugnancia al encuadramiento impidió que los artistas españoles conformaran movimientos que impusieran nuevas corrientes al arte universal. De nuestra vanguardia puede decirse lo que **Videla** dijo del Ultraísmo: *"no es una escuela, sino un haz de direcciones renovadoras"*. Es un movimiento disperso y ecléctico en el que se amalgaman influjos diferentes y con frecuencia contradictorios.

Se da la paradoja de que se admite la existencia de grandes creadores vanguardistas españoles (sobre todo en las artes plásticas) y se niega simultáneamente la existencia de una vanguardia española. La razón quizá estribe en que nuestra vanguardia se presenta como un fenómeno sincrético o, vista desde otra perspectiva, amorfo. Cubismo, Dadá, Surrealismo dejaron huellas en todos nuestros creadores, huellas que se fundieron con las del más depurado clasicismo o el intelectualismo de la poesía pura. Pocos autores de talla se adscribieron voluntariamente a un ismo. Los pintores, muy dependientes de París, sí se declararon cubistas o surrealistas; pero los literatos se resistieron siempre a cualquier intento de encasillamiento. Sólo hubo dos conatos de movimientos más o menos autóctonos (Ultraísmo y Creacionismo), en los que no participaron, con la excepción de **G. Diego**, los autores mejor dotados.

Puede concluirse que la creación literaria española de vanguardia es importante, madura, de gran relieve internacional; nuestros ismos, en cambio, son débiles y de escaso interés.

La Generación de la vanguardia está formada por los autores que crean sus obras significativas entre 1920 y 1939. Todos, con contadísimas excepciones, nacieron en la última década del pasado siglo o en los primeros años de éste.

Para denominar a esta promoción literaria se han propuesto diversos nombres, todos ellos idóneos o inadecuados, según se mire. El mayor problema reside en que la crítica se ha centrado en el primer plano de un reducido aunque importante grupo de poetas **(Salinas, Guillén, Diego, Lorca, Alberti**...) y ha perdido de vista la complejidad de la producción literaria de la época.

A ese grupo poético, más que al conjunto de autores coetáneos, se le ha llamado "Generación de 1924-25" **(Debicki)** y "Generación de 1925" **(Cernuda** y **Gullón)**. Como aclara **Cernuda**, esta última fecha -y lo mismo puede decirse de la anterior-, *"aun cuando nada signifique históricamente, representa al menos un término medio en la aparición de sus primeros libros"*.

También se le ha llamado "Generación de la dictadura", porque maduró precisamente bajo el régimen autocrático de Primo de Rivera, aunque nada tuvo que ver con él. Como réplica al nombre anterior, nació el rótulo de "Generación de la república". Han circulado denominaciones más amplias, como *"Generación de 1920"* **(Cirre)** o *"de los años veinte"* **(Siebenmann)**; más vagas, como *"la pléyade brillante"* **(Morris)**. y la *"generación de la amistad"* **(Cano)**; excesivamente personalizadas: *"la generación Guillén-Lorca"* (**González Muela**)*;* o demasiado limitadas a un fenómeno de época: *"generación de la Revista de Occidente".*

LA GENERACIÓN DE 1927 O DE LA VANGUARDIA

El nombre que ha arraigado con mayor fuerza ha sido el de "Generación del 27", nacido de las celebraciones que tuvieron lugar con ocasión del tricentenario de la muerte de **Góngora**. Lo de más sustancia fue el proyecto de que la editorial Revista de Occidente publicara seis volúmenes con las obras gongorinas y otros seis de homenajes y estudios. La magna empresa sólo se cumplió en parte. Apareció una edición de las *"Soledades",* prologada y vertida en prosa por **D. Alonso**, otra de los *"Romances",* preparada por **Cossío**, y la *"Antología poética en honor de Góngora",* seleccionada por **G. Diego**.

En éstos y otros encuentros se configuró un grupo de escritores, en su mayoría líricos, que vienen siendo estudiados con el título de Generación del 27. Este marbete ha sido discutido por quienes creen que se da excesiva importancia a las celebraciones del centenario de **Góngora**. Sin embargo, no cabe negar que 1927 es uno de los años de plenitud de esta generación y cuenta con la inmensa ventaja de haber arraigado en la tradición crítica y estudiantil.

Más discutible nos parece el que un reducido grupo de poetas se haya adueñado de un título que corresponde al conjunto de sus coetáneos. Para remediar esta usurpación se ha propuesto llamar "grupo poético del 27" al círculo de amigos integrado por **Salinas, Guillén, Diego, Lorca, Alberti** y **D. Alonso**, a los que se añaden **Aleixandre, Cernuda, Prados, Altolaguirre** y, ocasionalmente, **M. Hernández, Hinojosa** y pocos más. A estos mismos autores se les ha dado el nombre de "generación lírica del 27".

Son sustancialmente los antologados por **G. Diego** en la primera versión de su *"Poesía española. Antología (1915-1931)".* **Rozas** ha ampliado esa estrecha nómina con sus derivaciones regionales y ha propuesto que, junto al asentado marbete de Generación del 27, se emplee el de Generación de la vanguardia, más abarcador, aunque en el caso de los hombres del 27 una de las formas de la vanguardia fuera, paradójicamente, la vuelta a la tradición.

A pesar de esta tendencia a considerar el 27 como una compleja generación literaria, el propio Rozas se circunscribe a los líricos en otros libros suyos. Lo mismo hace **Díez de Revenga** en su documentado panorama del grupo. Rozas ha resucito en otras ocasiones esta contradicción empleando para los líricos los rótulos de "generación poética del 27" o "grupo poético del 27".

Nosotros aceptamos la denominación tradicional de Generación del 27, que consideramos estricto sinónimo de Generación de las vanguardias. En este concepto incluimos todos los autores coetáneos con los matices que se señalan a continuación.

NÓMINA Y EXCEPCIONES

En la Generación del 27 o de la vanguardia vamos a incluir todos los autores que alcanzaron su madurez entre 1920 y 1939, aunque con posterioridad escribieran obras de parecido relieve. Se podrá observar que los poetas tienden a afirmarse en fechas tempranas, mientras que novelistas y dramaturgos tardan más en configurar su definitiva personalidad.

Como se ha señalado, los límites convencionales para las fechas de nacimiento son 1890 y 1905. En este período ven la luz poetas como **Salinas, Guillén, Adriano del Valle, Rafael Laffón,**

Larrea, G. Diego, Lorca, Domenchina, Aleixandre, Rafael Porlán, Prados, Torre, Pedro Garfias, Cernuda, Alberti, José de Ciria y Escalante, Juan Rejano, José María Hinojosa, Altolaguirre ...

Un caso especial nos lo presenta **D. Alonso**. Se da en este autor la paradoja de que fue el "inventor" crítico de la generación poética y, sin embargo, él mismo como lírico no se destapó hasta mucho más tarde, cuando en 1944 publicó *"Hijos de la ira"*. Su poemario inicial *"Poemas puros. Poemillas de la ciudad"* (1921) no pasa de ser un libro juvenil. También se ha incluido en este grupo a algún poeta de más edad, pero que publica su obra en el período 1920-1939. Es el caso de **Fernando Villalón**, que edita *"Andalucía la baja"* en 1926, *"La toriada"* en 1928 y *"Romances del 800"* en 1929. El caso contrario es el de los líricos muy jóvenes, que lógicamente deberían incluirse en la Generación de 1936, pero cuya muerte temprana aconseja agrupar junto a la de la vanguardia: **Feliciano Rolán** y **M. Hernández**.

El teatro y la novela presentan otros problemas. Abundan los autores tardíos. **Jarnés** no publica su primera novela hasta 1924. Poco después se inician en la vida literaria **Mario Verdaguer, Ángel Samblancat** o **Isidoro Acevedo**. Existe también una Generación del 27 narrativa y teatral coetánea y paralela a la poética: **Julián Zugazagoitia, Joaquín Arderíus, Antonio Espina, Bartolomé Soler, Agustín Espinosa, José Díaz Fernández, Cesar Arconada, Ledesma Miranda, Andrés Carranque, Mª Teresa León, Samuel Ros** ..., entre los novelistas; e **Sánchez Mejías, Dicenta, hijo, Pemán, Jardiel, Casona**..., entre los dramaturgos.

El lento madurar de estos creadores se prolongará hasta las postguerra e incluso en años posteriores: **Rosa Chacel, Arturo Barea, Rafael Dieste, Esteban Salazar Chapela, Sénder, Max Aub, Francisco Ayala**... Algunos de ellos fueron eximios representantes de la vanguardia, pero su obra ganó mayor densidad y hondura tras la experiencia de la guerra.

Dentro de la literatura más inquieta encontraremos amplias zonas que no entraron en el juego de los ismos. Bastará enumerar cuatro de estas corrientes para que se observe la importancia de la creación literaria que no se presenta como un ismo revolucionario y devastador: poesía pura, neopopularismo, novela experimental y novela social. Ahora vamos a ocuparnos de los movimientos más escandalosamente innovadores que se dieron en España: Ultraísmo, Creacionismo y Surrealismo.

EL ULTRAÍSMO

En España e Hispanoamérica la mayor parte de los movimientos de la vanguardia feliz (Futurismo, Cubismo, Dadá...) vinieron a resumirse bajo el ambiguo nombre de Ultraísmo. Esta palabra fue utilizada por **Onís** para aludir al conjunto de tendencias líricas que siguen al último modernismo. Como ha señalado **Videla**, el Ultraísmo no fue una escuela, sino *"un movimiento de superación de la lírica vigente, una reacción contra el modernismo, una voluntad de renovación, un ir 'más allá', como lo indica su nombre"*.

Su nacimiento se vincula al paso por Madrid de **Huidobro** en 1918. Venía de París, donde se había impregnado de los movimientos vanguardistas. Entre las minorías intelectuales españolas se habían seguido con sumo interés las manifestaciones futuristas, cubistas... La semilla de su buena nueva vino a caer sobre una tierra bien preparada, aunque reducidísima. Este magisterio se unió al que impartía **Cansinos** en la tertulia del café Colonial.

De estas reuniones surgió en otoño de 1918 un morigerado *Manifiesto,* en que un diminuto grupúsculo de jóvenes poetas reconocen como guía a Cansinos, se declaran respetuosos con todas las glorias precedentes y exponen sus intenciones: "*en nuestro credo cabrán todas las tendencias sin distinción, con tal que expresen un anhelo nuevo*".

En el Ultraísmo confluyen impulsos muy variados. Por eso sus perfiles son difíciles de aprehender. El elemento más original ha sido la búsqueda de la imagen múltiple y sorprendente, que recuerda los alambicados conceptos del Barroco, pero sin su carga de trascendencia. Imágenes insólitas se yuxtaponen, dejan que la mente del lector revolotee de una a otra. Externamente, lo más característico es la supresión de la puntuación, que se sustituye por el juego de blancos, y el cultivo del caligrama, que funde imagen lírica y sugerencia plástica.

Si unas veces el Ultraísmo perseguía una cierta ascesis que eliminara las adherencias extraliterarias, otras se lanzó a un anarquismo jovial que se puede ver reflejado en estos aforismos de la revista *Ultra*: "*propugnamos una antiliteratura implacable, devastadora de todas las topificaciones arraigadas, ya hemos afirmado que 'la literatura no existe: el ultraísmo la ha matado'*".

El Ultraísmo vivió en multitud de revistas. En cambio, produjo escasísimos libros. **Torre** da una relación de 19 títulos, aunque la mayoría de los manuales no recuerdan más que uno: *Hélices* (1923) del propio **Torre**. Hoy resulta accesible una antología preparada por **Gullón**, que incluye poemas de **César Comet, Ciria y Escalante, Lucía Sánchez Saornil, Adriano del Valle, Vando-Villar, Pedro Garfias, Cansinos, Rafael Lasso de la Vega, Eugenio Montes, Pedro Raida, José Rivas Panedas, Francisco Vighi, Miguel Ángel Colomar, Jacobo Sureda**...

Tuvo el Ultraísmo una vertiente hispanoamericana que dio frutos múltiples y de alto interés. Sin duda, lo más destacado es la aportación argentina, con **Borges** y la revista *Martín Fierro* a la cabeza.

La duración del Ultraísmo fue limitada. En España **Torre** lo considera extinto en la primavera de 1922. Su obra no pasa de ser una graciosa curiosidad literaria, y su influjo directo no fue excesivo. Sin embargo, abrió caminos, ensayó posibilidades, creó una atmósfera que contribuyó, por vía inconsciente, a configurar la nueva poesía.

EL CREACIONISMO

No están claras las fronteras entre Ultraísmo y Creacionismo. Su origen es el mismo y su impulso inicial se debe al mismo poeta: **Huidobro**. Sin embargo, mientras el Ultraísmo es un aglomerado algo informe de las tendencias de vanguardia, el Creacionismo tiene una poética más clara y precisa.

En las primeras páginas de *Horizonte cuadrado* (publicado en París, 1917, y en Madrid, 1918) se expone el principio fundamental del movimiento: "*crear un poema tomando a la vida sus motivos y transformándolos para darles una vida nueva e independiente. Nada anecdótico ni descriptivo. La emoción ha de nacer de la única virtud creadora. Hacer un poema como la naturaleza hace un árbol*".

Para cumplir tan ambicioso objetivo, el poeta recurre a la imagen múltiple, a la asociación ilógica que rompe el cerco de lo verosímil y esperable. El propio **Huidobro** pone como ejemplo del fenómeno creacionista el título de su poemario: "*Horizonte cuadrado. Un hecho nuevo inventado por mí, creado por mí, que no podría existir sin mí*".

En España el Creacionismo vino a mezclarse con las múltiples direcciones del Ultraísmo. Sin embargo, la producción vanguardista del más interesante de estos poetas, **G. Diego**, se ciñe a los ideales enumerados por **Huidobro**. También puede considerarse dentro de esta dirección parte de la obra de **Larrea,** cuyas atrevidas imágenes vienen a confundirse y a identificarse con las creadas por procedimientos surrealistas.

EL SURREALISMO

La existencia de un Surrealismo español ha sido ampliamente debatida por la crítica. Esta controversia nace de una realidad que **Bodini** supo expresar en los términos justos. Al contemplar *"la poesía española entre 1926 y 1936, veremos en un plano la absoluta carencia teórica e ideológica, la falta del más pequeño gesto o admisión que revele una toma de posición consciente; en el otro plano, tal cantidad de surrealismo realizado poéticamente que tiene poco que envidiar a la poesía francesa correspondiente"*.

Como sostiene **Gullón**, en los surrealistas hispánicos *"faltó unidad de propósito, espíritu de secta y la continuidad en el empeño que en los surrealistas franceses impuso la autocracia ideológica de André Breton"*. Además de no existir proclamas o manifiestos, varios de los autores que podrían incluirse dentro del Surrealismo (**Aleixandre**, **Alberti**) han negado su relación con ese movimiento. A pesar de ello, el Surrealismo español ha sido estudiado desde diversos ángulos por la crítica literaria y hoy la bibliografía sobre el tema es muy crecida. Gran parte de ella gira en torno a una cuestión que se nos antoja secundaria: si puede o no llamarse Surrealismo a las manifestaciones artísticas que presentan rasgos surrealistas, pero no siguen a rajatabla los principios emanados desde París.

Parece aclarado, a pesar de las negativas de algunos protagonistas, que los artistas españoles, sobre todo los pintores y los líricos, conocieron bien y pronto las doctrinas del cenáculo de **Breton**. Recordemos que la *Revista de Occidente* comentó, generalmente con hostilidad, el credo y las actividades surrealistas.

Desde el estudio de **Manuel Durán** *"El superrealismo en la poesía española contemporánea"* (1950) se han sucedido los libros que vienen a insistir en la existencia de un Surrealismo español y a analizar sus vinculaciones con el francés. Se ha estudiado la introducción del Surrealismo en España y la compleja historia del grupo, entendido como movimiento autónomo tan organizado o desorganizado como el francés. Frente a esta corriente crítica existe otra que admite la existencia de rasgos surrealistas en la obra de poetas y pintores españoles, pero niega que hubiera un grupo o escuela que merezca tal nombre.

En realidad, todos están de acuerdo en que las manifestaciones surrealistas en España son de notable importancia, que recibieron el estímulo superrealista que llegaba de París y que dieron a los principios surrealistas un nuevo acento hispánico, inspirado en una larga tradición autóctona de arte visionario, fantástico e irracional.

El Surrealismo español nació en el contexto de las vanguardias como fruto maduro de la evolución del Ultraísmo y el Creacionismo. Es obvio, no obstante, que el grupo parisino influyó y era bien conocido; hasta el extremo de que **Azorín** se propuso coger también el tren de la novedad con obras que, aunque se autotitulaban superrealistas, poco tenían que ver con las técnicas y concepciones expuestas en el *Manifiesto* de **Breton**.

La vía de entrada y el nido en que creció el Surrealismo español fue la Residencia de estudiantes, donde coincidieron algunos de los genios del movimiento: **Buñuel**, **Dalí**, **Lorca**... En abril de 1925 **Louis Aragon** dio una conferencia iconoclasta en la benemérita institución y al año siguiente **Larrea** incluía en el primer número de *"Favorables París Poema"* una suerte de manifiesto titulado *"Presupuesto vital"*.

El Surrealismo apareció en España como una virulenta reacción contra la poesía pura de estirpe juanramoniana y sus frutos son relativamente tempranos. **José Mª Hinojosa** compone su *"Flor de California"* entre 1926 y 1928. **Buñuel**, desde París, sigue incitando e insultando epistolarmente a sus amigos y antiguos compañeros. En 1928 se engendra *"Un perro andaluz"* y en los años inmediatos se produce sin manifiestos, casi en secreto, la floración del movimiento.

Como señala **Sánchez Vidal**, refiriéndose a **Buñuel**, es *"entre 1929 y 1930, bajo el aparente tiempo muerto que afecta a su obra, la de Dalí, Lorca y otros, cuando se opera un profundo cambio de piel que supone el triunfo de sus esfuerzos renovadores y del surrealismo por él propugnado o que, al menos, lo tienen en cuenta en mayor o menor grado"*. Se trata de lo que Aranda ha llamado *"la fecunda crisis del 29"*.

El Surrealismo español alcanzó a diversos artes y géneros. Sus mejores logros se dieron en la lírica (**Lorca**, **Alberti**, **Aleixandre**, **Cernuda**, **Hinojosa**...), la pintura (**Dalí**, **Miró**, **Maruja Mallo**, **José Caballero**...) y el cine (**Buñuel**); pero no faltaron novelas, como *"Crimen"* de **Agustín Espinosa**, o teatro, como las piezas lorquianas (*"Así que pasen cinco años"*, *"El público"*...). Al núcleo surrealista formado en torno a la Residencia hay que añadir otros cenáculos regionales. En Málaga, existió un grupo de fervorosos surrealistas en torno a la revista *Litoral*. En su primera etapa ya aparecían en ella textos creados con las técnicas bretonianas. En la segunda (a partir de mayo de 1929), con **Hinojosa** incorporado a la dirección, se intensificó esa tendencia. El grupo malagueño tenía elementos autóctonos (**Prados**, **Altolaguirre**, **Aleixandre**, **Hinojosa**...) y otros que se acercaban a él desde lugares diversos (**Lorca**, **Alberti**, **Cernuda**).

Hubo otros cenáculos surrealistas, como el de Tenerife, encabezado por el pintor **Óscar Domínguez**; el de Zaragoza, con **Buñuel** como epicentro; y un grupo catalán en cuyo trasfondo se ve siempre la figura de **Dalí**. A los primeros, los más ortodoxos de los surrealistas españoles, se debió la organización de la Segunda exposición mundial surrealista en 1935. Asistió **Breton** y se ofrecieron cuadros de los más conspicuos pintores de la escuela (**Chirico**, **Ernst**, **Domínguez**, **Picasso**, **Dalí**, **Magritte**, **Miró**...). Desde 1931 venían publicando la *Gaceta de arte,* dirigida por **Eduardo Westerdahl**, que se convirtió en órgano de expresión del Surrealismo mundial.

VALORES DE UNA ÉPOCA

El arte finisecular sintió pasión por el pasado, especialmente por una Edad Media de resonancias wagnerianas. Ese mundo pretérito representaba unos valores antiburgueses que los parnasianos, decadentistas, simbolistas... se complacían en rescatar para oponerlos al mundo que los rodeaba. Esa evocación idealizada no dejará de tener proyección a lo largo del primer tercio del XX (teatro histórico y biografía novelada), pero no es uno de los valores característicos de las nuevas promociones. Éstas -al menos los grupos que se manifiestan artísticamente- parecen reconciliadas con su época y gustosas de vivir en un universo que se proyecta hacia el porvenir. En vez de imaginar que existe un paraíso perdido al que referirse nostálgicamente, sienten como un placer el vértigo de la conquista del mundo futuro.

Estos principios, que sufrirán serios vaivenes y contradicciones, tienen con frecuencia unas manifestaciones decididamente iconoclastas. Las más célebres han sido las del *Manifiesto futurista* de 1909. No se apartan de esta dirección los catecismos novecentistas de **D'Ors**.

Con el entusiasmo por el universo urbano novecentistas y vanguardistas ponen fin al sueño arcádico alentado por el arte burgués desde el Romanticismo al Simbolismo. La naturaleza pasa a tener un papel secundario. Si **D'Ors** exaltaba la ciudad frente a la rusticidad como único escenario posible de la cultura, los futuristas manifestaban la necesidad de renovar la arquitectura que, transformada en urbanismo, aspira a renovar por completo los conceptos estéticos. El rascacielos viene a ser el emblema de la nueva civilización y como tal será exaltado en ensayos, poemas, creaciones plásticas y películas.

No fueron los futuristas, sin embargo, quienes plasmaron en obras definitivas la fascinación y el horror de las nuevas ciudades. Probablemente las creaciones que más impresionaron fueron la película *Metrópolis* (1927) de **Fritz Lang** y la novela *"Manhattan Transfer"* (1925) de **Dos Passos**.

Lo moderno, lo actual está indisolublemente ligado a la gran ciudad, con sus edificios, puertas giratorias, ascensores, luces, vías de comunicación. Ese será el escenario predilecto de la novela vanguardista: *"Hermes en la vía pública"* de **Antonio Obregón**, *"La Venus mecánica"* de **José Díaz Fernández** o *"Locura y muerte de Nadie"* de **Jarnés**. También es el estremecimiento ante la ciudad la fuente de inspiración de *"Poeta en Nueva York"*. Los jóvenes creadores se sentían deslumbrados por las nuevas máquinas que estaban trasformando la fisonomía urbana y la vida colectiva. En el primer tercio del XX dieron un paso gigantesco y se convirtieron en protagonistas de la vida cotidiana. Buena parte de ellas habían surgido unas décadas antes, pero es en esta época cuando se difunden en número suficiente para cambiar el ritmo y aun el sentido de la existencia.

Una de las diferencias sustanciales entre la cultura finisecular y la nueva es su concepto del lujo. Los decadentes y simbolistas sueñan con un lujo imposible: palacios, pedrerías... Los novecentistas y vanguardistas ponen sus ojos en objetos que existen en su propio mundo aunque sólo al alcance de algunos privilegiados: automóviles, aviones, teléfonos, ascensores... La fascinación que ejercen las máquinas es indudablemente uno de los signos más determinantes de la época.

Ese entusiasmo industrial es, en efecto, un rasgo de las primeras vanguardias, que se irá perdiendo a medida que se acerca el final de la época. El avance tecnológico presentaría pronto su lado inquietante (**Sánchez Vidal**: *"Mientras el hombre se objetualiza, las cosas pasan a tener un protagonismo inusitado"*). De 1932 es la sombría visión del futuro que nos ofrece **Huxley** en *"Un mundo feliz"*. Sin pretensiones de trascendencia ese deshumanizado mundo por venir se plasma también en el epílogo de *"El hombre que compró un automóvil"* (1932) de **Fernández Flórez**.

El juego y el deporte fueron temas predilectos de una época en que el auge económico era considerable, al menos para una parte del cuerpo social. **D'Ors** avanzó el sentido de la nueva cultura activa y lúdica en *La filosofía del hombre que trabaja y juega* (1914). La actividad física, mirada con desdén durante siglos, cobra un repentino prestigio. Como elemento de higiene fisiológica y mental es un fenómeno aristocrático, que en España estuvo favorecido por la casa real. El soneto de **G. Diego** *"Cuarto de baño"*, incluido en *"Alondra de verdad"*, es todo un documento de época.

El deporte creó una nueva mitología social. La literatura y el arte en general se harán eco de este proceso. En la mente de todos está la célebre oda a Platko, de **Alberti**. El auge del fútbol vino a coincidir y en parte a suceder a la edad de oro del toreo. **Ortega** escribe interesantes páginas ensayísticas sobre el tema, recogidas en *"La caza y los toros"*. De esa actitud de interés participan muchos intelectuales del momento: **Pérez de Ayala, Valle, Sánchez Mejías...** La generación vanguardista heredará y aun incrementará este interés (**Cossío**, *"Los toros. Tratado técnico e histórico"*).

Sin duda uno de los fenómenos más importantes del arte del XX es la aparición del cine. **Hauser** pone todo el arte posterior a la primera guerra mundial *"bajo el signo del cine"*. El cine venía a modificar y contradecir en gran medida la tendencia general del arte a hacerse cada vez más hermético y elitista. Se convirtió en el medio de recreo y expresión de las muchedumbres. Es un arte industrial, creado en colaboración y con frecuencia en serie, lo que venía a conjugarse con las devociones maquinistas de los movimientos de vanguardia.

El cine traía una nueva concepción del tiempo y, sobre todo, del espacio. El espacio se impregna de características temporales y adquiere una sorprendente movilidad, totalmente ajena a las artes plásticas. También el tiempo cobra una ductilidad nueva, sobre todo en el tratamiento de la simultaneidad, plasmada a través de la yuxtaposición y alternancia de secuencias que se desarrollan al mismo tiempo pero en espacios distintos y distantes.

ORIGINALIDAD Y TRADICIÓN

ANTINATURALISMO

Sostiene **Hauser** que el arte de vanguardia representa el más profundo corte en la evolución estética de Occidente. Por primera vez se niega de plano una larga tradición naturalista. Si nos remontamos en esa tradición a que alude **Hauser**, encontraremos algunos modelos de estilización antirrealista (**El Greco, Góngora, Quevedo, El Bosco, Goya**...) que ocasionalmente sirvieron de modelo a determinados movimientos de vanguardia. Pero es verdad que nunca antes el arte tuvo un propósito tan deliberado de alejarse de la realidad y, por consiguiente, del arte precedente.

El concepto de verosimilitud, que ha regido durante siglos la estética occidental, cae en un absoluto descrédito. Se rechaza la imitación de los productos de la naturaleza, con la intención de imitar sus procedimientos creativos y generar una nueva realidad distinta. La obra de arte quiere encerrarse en sí misma y eliminar cualquier referencia a la realidad. De ahí la propensión a prescindir del tema o a recrear el asunto de tal forma que el modelo quede tan lejos de la creación artística que sean en verdad cosas distintas. Es lo que podemos ver en ciertos lienzos de **Mondrian, Gris, Picasso** o **Braque**.

EL ARTE COMO PROVOCACIÓN

La voluntad de ruptura puede sintetizarse en una frase de **Apollinaire** en *La pintura cubista:* *"No se puede llevar a todas partes el cadáver de nuestro propio padre"*. Esta actitud conducía directamente a la destrucción del lenguaje artístico, la más rica y más pesada herencia paterna, y, a veces se reduce a la pura provocación. Aún hoy existe la impresión de que el nuevo arte es fundamentalmente una forma de tomarle el pelo al lector o espectador. Ante ciertos poemas vanguardistas -señala **José Mª Salaverría**- *"a un lector normal sólo se le ocurre vomitar la palabra imbécil sobre el autor. Pero no debe hacerlo. Porque la irritación del lector que estalla de indignados ultrajes sólo conseguirá un resultado opuesto: producir la alegría del autor"*.

A pesar de que la pura provocación era puerta abierta para todo tipo de fraudes, desde nuestra actual perspectiva podemos afirmar que los más notables autores de vanguardia eran sin disputa los más geniales creadores del momento y que lo mismo destacaban en las más osadas aventuras artísticas que en las más ordenadas y clásicas producciones.

EL CLASICISMO LITERARIO Y LA TRADICIÓN POPULAR

Ese eclecticismo tuvo un clarísimo paralelo en la literatura española. Los poetas del 27 se constituyen en grupo en torno al centenario de **Góngora**, un poeta al que entonces consideraban concorde con los ideales de pureza y cuidada elaboración técnica. Pero esos mismos ideales los van a encontrar en otro clásico que constituye en apariencia la antítesis de **Góngora: Fray Luis de León**. Su horacianismo técnico, su contención expresiva puede aliarse con fórmulas de vanguardia en la obra de **G. Diego**, **Guillén** o **Alberti**. Hubo reacciones contra el centenario gongorino, entre ellas las de **Cernuda** y **Buñuel**, metidos en la aventura surrealista, aunque algunos miembros de esa corriente (**Dalí**, **Hinojosa**...) sí participaron activamente en el homenaje.

A raíz de los actos de 1927 se produce una recuperación del Barroco español. Recordemos, por ejemplo, los intentos de recreación del mundo gongorino (*"Soledad tercera"* de **Alberti**, *"Fábula de Equis y Zeda"* de **Diego**...).

El fervor clásico no se detuvo ahí. Al final de sus días, **Lorca** habla con admiración de **Quevedo**. **Garcilaso**, ya cantado por **Alberti** en *Marinero en tierra*, celebrará el centenario de su muerte en 1936. Coincidirá éste con el estallido de la guerra civil y con las ilusiones imperialistas que difundía el fascismo.

En las formas clásicas encontrarán los jóvenes falangistas (**Ridruejo, Rosales, Panero**...) la expresión del nuevo mundo al que aspiran. Al mismo tiempo, los escritores de izquierdas se inclinan hacia las formas populares que también admiraron los grandes poetas barrocos.

La tradición popular tuvo desde muy temprano un influjo notabilísimo en las corrientes de vanguardia. En España esta tendencia neopopular tendrá especial fuerza. A ello contribuiría la obra de **Pidal**, que descubrió toda una apasionante veta olvidada del arte hispánico: la primitiva lírica española. Los villancicos tradicionales que inspiraron a **Juan del Encina, Gil Vicente** o **Lope**, vuelven a ser modelo para **Alberti** y **Lorca**, que crean unos novísimos cancioneros o romanceros en los que se armonizan los ritmos tradicionales y las imágenes y estructuras vanguardistas.

A medida que crece la tensión política y la literatura se convierte en propaganda, se recurre con mayor intensidad a las fórmulas de la tradición popular, familiares al espectador. Este fenómeno, general en todo el mundo, dio lugar a creaciones originalísimas, como la reelaboración de la ópera y del teatro de cabaré por **Brecht** y **Kurt Weill**.

¿UN ARTE OBJETIVO, RACIONAL, INTELECTUAL?

La Generación de fin de siglo puso un particular énfasis en el sentimiento y la subjetividad, de raíces románticas, y convirtió el irracionalismo existencialista en la clave filosófica de la época. Como reacción, los novecentistas desdeñarán estos valores y exaltarán el intelecto y la objetividad.

Hay una corriente, dominante en una primera fase pero contradicha en no pocos casos, que vuelve la mirada hacia el mundo exterior. Se ha podido hablar de una "orientación hacia el objeto". Las cosas son miradas y admiradas en sí mismas, no como símbolo o proyección del alma del autor. Esta tendencia a evitar la confesión romántica, la directa efusión personal, se hace presente, incluso, en obras en que la percepción subjetiva de la realidad es fundamental. **Cano Ballesta** señala cómo *"Sobre los ángeles"* o *"Poeta en Nueva York"* expresan la angustia íntima *"en la percepción y plasmación en el poema de un mundo exterior caótico, desorganizado, en desequilibrio"*.

El imperio de las cosas, la propensión objetivista del arte de vanguardia no siempre tiene relación con el racionalismo. En sus constantes vaivenes se entreveran un arte racional, intelectualista, y la decidida ruptura con la razón en aras de un vitalismo exaltador de lo mecánico y del juego. No deja de ser sorprendente que, al calor de este arte objetivista y lúdico, naciera un renovado interés por la instrospección sicológica. La nueva literatura hará aflorar al mundo de la escritura las pulsiones, las fantasías, las imágenes reprimidas por la moral al uso y las convenciones sociales.

La cultura de entreguerras y sus manifestaciones artísticas siguieron, con zigzagueos, avances, retrocesos y superposiciones, un camino que las llevó desde el más decidido objetivismo al más radical subjetivismo, desde la exaltación de lo racional, abstracto e intelectual hasta la pasión por lo absurdo, lo grotesco y lo subconsciente.

La primera reacción contra los valores románticos de la Generación de fin de siglo consistió en exaltar la inteligencia frente al sentimiento. En el ámbito de la literatura hispánica, **Salinas** cree ver un anticipo del cambio de actitudes en el célebre soneto, escrito en 1911-1915, del mejicano **Enrique González Martínez,** que empieza *"Tuércele el cuello al cisne de engañoso plumaje..."*.

D'Ors concibe el proceso cultural en su sentido etimológico: como cultivo, trabajada elaboración intelectual, opuesta a la manifestación espontánea, irracional, de románticos y simbolistas. Su creación y su propia existencia quisieron ser una "heliomaquia", una incansable persecución de la luz, de la claridad.

La aspiración de los nuevos artistas es mantener la mente despierta, lejos de ensoñaciones. La clave está en la distancia irónica respecto a la obra de arte, que se convierte en objeto con el que no han de identificarse ni creador ni público. La experiencia estética debe ser una mirada sobre el mundo dominada por la razón. De aquí nace el juego de la novela intelectual, cuyo modelo español es **Pérez de Ayala**. En vez de identificarse con un personaje o de mostrarnos un único punto de vista, el narrador se complace en ofrecernos las visiones contrapuestas de varias criaturas, de modo que el lector quede fuera de la ficción, libre de la enajenación emotiva que perseguía el arte romántico. Aunque impregnado por estos valores de ironía y distancia, el arte de la primera vanguardia no siempre se caracteriza por su tendencia racionalista. A menudo lo que se opone es el vitalismo angustiado, agónico, de los románticos y sus epígonos, y el vitalismo entusiasta y volcado hacia los objetos de los futuristas.

La inclinación a cantar la mera actividad, la fuerza, el vértigo de la velocidad y el marco urbano y mecánico en que se desenvuelven es, ciertamente, muy poco intelectual y nada racional. En viva contradicción con su negación del pasado, este entusiasmo irracionalista, su congénita grandilocuencia y un idealismo que raya en lo grotesco, emparentan a los futuristas con los denostados románticos. También los jóvenes de 1830 querían romper violentamente con el racionalismo de sus predecesores, y buscaron refugio en una Edad Media tan violenta y quimérica como el futuro imaginado por **Marinetti.**

Con todo, en las manifestaciones futuristas prevaleció una suerte de deshumanización que pasaría del desprecio del sentimiento y la subjetividad a convertir al hombre en una pieza del magno espectáculo bélico de la historia. Desde el mismo nacimiento de las vanguardias se percibió que el rechazo de lo patético y trascendental llevaba a una exaltación de lo arbitrario, del juego, del capricho. **D'Ors** inventó la palabra *arbitrarismo* para aludir a la estética intelectualizada que iba alumbrando en sus glosas. **Gómez de la Serna** puso en práctica las asociaciones caprichosas, intuitivas, irracionales.

Llevando al extremo esta tendencia, encontramos una literatura cuyo ideal parece ser prescindir de cualquier significado inteligible. Pero, al prescindir del significado, la palabra, fruto de una convención social, no queda depurada. Ése es el camino recorrido por los dadaístas. Así esta poesía, como la creacionista, a pesar de no compartir el principio de la escritura automática ni del subconsciente, *"puede llevar a un arte tan arbitrario y desligado de toda realidad como el surrealista"* (**Debicki**).

Hay otra poesía pura que no aspira a la destrucción del lenguaje, sino a la depuración del proceso creativo, en busca de la expresión abstracta de las esencias, tratando de eliminar las adherencias sentimentales, anecdóticas... y suprimiendo de la expresión los elementos ornamentales. El resultado será una quintaesencia, un precipitado del intelecto que, a pesar de las protestas de sus cultivadores, siempre tenderá a la abstracción filosófica. La rigurosa poda que exige el poeta puro viene a coincidir con ciertas pretensiones del Ultraísmo expuestas por **Borges**: 1. º Reducción de la lírica a su elemento primordial: la metáfora. 2. º Tachadura de las frases medianeras, los nexos y los adjetivos inútiles. 3. º Abolición de los trebejos ornamentales. 4. º Síntesis de dos o más imágenes en una que ensanche de ese modo su facultad de sugerencia.

El énfasis en la metáfora camina sobre el filo que separa lo lógico de lo irracional. Alternativamente dará paso a la metáfora conceptuosa al modo barroco o a la imagen visionaria que enlazará fácilmente con ciertas manifestaciones del Surrealismo. Los dos fenómenos se darán casi simultáneamente. Cuando entre 1923 y 1925 **Ortega** va publicando las entregas de *"La deshumanización del arte"*, diagnostica una situación en la que la metáfora vanguardista es elemento esencial para huir de la realidad y del hombre, y para crear un universo de formas puras, estilizadas, geométricas. La obra literaria había pasado, en su concepto, a ser un fin en sí misma, ajena a la vida.

Dentro del espíritu de deportiva gratuidad que impregna el arte de la época, la obra literaria se presenta como un acertijo múltiple que establece complejas e inéditas relaciones intelectuales para sorpresa y recreo "intrascendente" del lector. Un poema o una novela aspiraban a ser algo tan claro, tan difícil, tan excitante y tan ajeno al sentimiento como un problema matemático. No en vano diagnosticó **Ortega** la pasión juvenil por *"el álgebra superior de las metáforas"*.

Los nuevos autores vieron en **Góngora** una síntesis de sus ideales estéticos y una bandera en la batalla literaria. En sus versos encontraron a un poeta puro, difícil, intelectual y execrado por la tradición crítica. En él se daba ese juego conceptual, esas metáforas de metáforas, esa distancia respecto al sentimiento y la realidad, esa voluntad de estilo... que eran compartidos por los líricos jóvenes. Esta misma corriente se vio reforzada por la publicación en 1930 de los *"Poemas arábigo-andaluces"*, traducidos por **Emilio García Gómez**.

Sin embargo, el mismo grupo generacional que exaltaba el arte gongorino, estaba viviendo una aventura estética y existencial de signo diametralmente opuesto. Las arbitrariedades dadaístas, cuyo eco hemos registrado en el Ultraísmo hispánico, prepararon el campo para un arte de lo irracional. El Surrealismo sustituiría el puro azar, el capricho absurdo, por las leyes extrarracionales que rigen el mundo de los sueños. Con poco tiempo de diferencia los artistas trocaron, cuando no simultanearon, el *"álgebra superior de las metáforas"* y *"aquellas imágenes producidas por el opio"*, incontroladas, de que habla **Breton** en el *Primer manifiesto del surrealismo*.

Lo irracional es también el objeto de la novelística más novedosa de la época. En 1922 se había impreso la primera edición del *"Ulises"* de **Joyce**. El asunto de la novela y su técnica del monólogo interior vienen a recoger también la antorcha de lo irracional, de lo que fluye por debajo de la consciencia. **Joyce**, al igual que los surrealistas y de modo contrario a los dadaístas, rompe con el orden, con la lógica, pero no con el sentido. A pesar de su sorprendente lenguaje, la novela es un retrato "realista" del universo íntimo, de los complejos entresijos sicológicos en los que se amontonan, sin orden aparente, recuerdos, deseos, frustraciones...

En este juego de vaivenes, también hay que incluir en las filas del irracionalismo las corrientes expresionistas que surgen como prolongación del arte finisecular. La deformación grotesca descubre y describe los aspectos menos lógicos de la realidad. A través de ella afloran oscuros temores, conflictos sicológicos que, con frecuencia, pertenecen al mundo de lo subconsciente. Quizá a esta confusión o proximidad se deba el que **Paul Ilie** incluya en su estudio de *"Los surrealistas españoles"* un análisis de los aspectos expresionistas de **Machado**, de **Solana** y del esperpento de **Valle**, que tienen poco de surrealistas y mucho de satíricos y grotescos.

Por este lado, el Expresionismo (tanto el movimiento alemán así llamado como las creaciones que emplean técnicas similares: **El Bosco, Goya**...) se da la mano con el Surrealismo. También coinciden ambas tendencias en pretender que su actitud revolucionaria sobrepase los límites del arte y alcance a la realidad social de su tiempo.

LA TRAYECTORIA POLÍTICA DE LOS ISMOS

Los primeros movimientos de vanguardia nacieron sin una vocación política expresa. Ni el Futurismo ni el Cubismo tuvieron en sus inicios una voluntad clara de influir en la organización de la vida comunitaria; más bien aspiraban a situarse en un plano de renovación estética, alejado del compromiso político. Más complejo es el caso de Dadá y su nihilismo anarquizante, expresión de un radical desacuerdo con las estructuras del sistema.

El tiempo se iría encargando de dar contenido político a estas manifestaciones artísticas. El ascenso del fascismo italiano hallaría en **Marinetti** su mentor estético, mientras cubistas como **Picasso** se afiliaban al Partido comunista y colaboraban decididamente con la república española frente a los militares sublevados.

Desde sus orígenes, los surrealistas aspiraron a conseguir la doble liberación del hombre: la individual y la social. Los instrumentos teóricos para la libertad íntima los proporciona el sicoanálisis de **Freud**; los de la liberación social, el materialismo histórico de **Marx**.

En 1927 los miembros más notables del grupo surrealista se afiliaron al Partido comunista y en 1930 la revista *Revolución surrealista* cambió su título por el de *El surrealismo al servicio de la revolución*. Aunque en 1933 abandonaron el partido la mayor parte de los surrealistas (una excepción sería nuestro **Buñuel**), casi todos mantuvieron la crítica revolucionaria al sistema capitalista. El texto teórico más claro sobre este punto es *Posición política del surrealismo*, 1935, de **Breton**.

LA LITERATURA ESPAÑOLA: DE LA PUREZA A LA REVOLUCIÓN

En España la preocupación política y revolucionaria del arte y de la cultura tomaron cuerpo durante la agonía de la dictadura. Desde 1928 se produjo una aceleración de las publicaciones izquierdistas. Casi de repente, los literatos puros se convirtieron en surrealistas, neorrománticos y activistas políticos. Poco antes de la proclamación de la república y sobre todo a partir de 1931, asistimos a la explosión de la novela social, los poetas se lanzan a la calle en un esfuerzo por sepultar su pasado burgués y apolítico y se suceden los manifiestos que reclaman una literatura comprometida.

Cano Ballesta subraya las opiniones vertidas en 1930 por **José Carlos Mariátegui** en *Bolívar,* revista madrileña: *"En el mundo contemporáneo coexisten dos almas: las de la revolución y la decadencia".* El arte deshumanizado de la primera vanguardia pertenece a los ámbitos de la decadencia. En épocas de crisis, como la que entonces se vivía, la política ocupa el primer plano y no hay lugar para un arte independiente de ella. Esta crítica la repetirán por las mismas fechas escritores que militaban en bandos contrarios: **César Vallejo, Alberti, Ledesma Ramos**...

Desde 1930 los "escritores de avanzada" -el término *vanguardia* había quedado desprestigiado- se reúnen en torno a la revista *Nueva España,* en respuesta a *La gaceta literaria,* cada vez más escorada hacia un esteticismo fascistoide.

A partir de 1932, con Hitler tomando el poder en Alemania, se empiezan a preparar en los dominios intelectuales los frentes que habrán de luchar en los conflictos bélicos inmediatos. **Alberti** y **Mª Teresa León** impulsan la Asociación de escritores y artistas revolucionarios, a imagen de la creada por **Barbusse** en Francia.

El órgano de expresión de este grupo será la revista *Octubre*. En el otro bando podemos observar un proceso de concienciación y una belicosidad similares.

A pesar de la marca surrealista y social, pervivió la poesía pura y en el sexenio republicano se desarrolló una intensa polémica sobre estos temas. Sin duda el documento de mayor importancia fue el manifiesto *"Sobre una poesía sin pureza",* de **Neruda**, aparecido en la revista *Caballo verde para la poesía* (octubre de 1935).

LA PROSA DE LA GENERACIÓN DE LA VANGUARDIA

Lo más característico de la prosa vanguardista sigue las huellas de **Gómez de la Serna**. Se vuelve a la frase breve, a la ligazón caprichosa, que segmenta y desarticula el discurso lógico. Se cultiva una suerte de nuevo impresionismo hecho para captar el mundo urbano, salpicado de apuntes irónicos o humorísticos.

Los jóvenes prosistas de la generación de las vanguardias ensayaron otras fórmulas, que van desde la frase cervantina, magníficamente trabada, del joven **Francisco Ayala**, hasta los ensayos surrealistas de **Hinojosa** o de **Agustín Espinosa**.

Existió paralelamente la tendencia realista de la novela social. En su prosa vamos a encontrar ingredientes diversos: la herencia estilística del nuevo arte, el esfuerzo para reproducir con fidelidad la lengua coloquial y ciertos tintes expresionistas que tratan de intensificar lo narrado. Hay en estas obras, por contraste con las de la vanguardia feliz y confiada, una voluntad de dar prioridad al tema sobre el estilo. Entre sus modelos declarados está **Galdós**. Pero no caen en el realismo a la antigua usanza: su reacción se dirige más contra la deshumanización temática de la vanguardia que contra sus hallazgos estilísticos. Hubo -eso sí- un deseo de crear una prosa accesible al hombre del pueblo. En el resultado último vamos a encontrar el lirismo experimental vanguardista, el reflejo de la llaneza conversacional y una retórica política en la que no faltan ciertos latiguillos panfletarios.

EL VERSO LIBRE, EL VERSO REGULAR Y LA IMAGEN

La Generación de fin de siglo dio los primeros pasos en la conquista de un nuevo espacio lírico: el verso libre. Bajo el rótulo de verso libre se acogen dos subespecies fácilmente identificables, aunque no falten ejemplares híbridos. Por un lado, se encuentra lo que paradójicamente se ha dado en llamar versículos, largos versos, a imitación de los bíblicos, cuyo ritmo se basa en el juego semántico de paralelismos y antítesis; por otro, formas más breves y ceñidas en las que predomina el ritmo de versos conocidos, en una suerte de silva blanca libre. La fijación de la última modalidad, la de más difusión en el período de entreguerras, se debe a **Juan Ramón** y en especial a su *"Diario de un poeta recién casado"* (1917), y será uno de los instrumentos predilectos de la poesía pura.

El versículo de largo aliento tiene sus orígenes próximos en la obra de **Whitman**, poeta muy querido de **Darío** y otros modernistas, a través de los cuales se introdujo en la tradición hispánica. En la década de los treinta esta modalidad se convirtió en el cauce predilecto de los poetas próximos al Surrealismo. **Alberti** cultivó dos tipos de versículo que tienen en común el ritmo irregular y difuminado y el ser soporte de imágenes absurdas. Uno de ellos es el que Paraíso llama "versículo mayor", cuya diferencia con la prosa es, a veces, inaprehensible. Es la variedad en que se escribe *"Sermones y moradas"* (1929-1930). El segundo tipo es el verso libre de imágenes, más breve, que aparece en *"Yo era un tonto y lo que he visto me ha hecho dos tontos"* (1929). **Aleixandre** sigue ese camino en *"Espadas como labios"*. El poeta más próximo al estilo y espíritu de **Whitman** es **León Felipe** con *"Drop a star" (1933)*.

A veces el verso libre viene a confundirse con la polimetría, que combina varias secuencias rítmicas conocidas en un mismo poema. Ese fenómeno puede observarse claramente en *"Alma ausente"* de *"Llanto por Ignacio Sánchez Mejías"*, o *"La aurora"* de *"Poeta en Nueva York"*. En otras ocasiones parece aprovechar la falta de sujeción de la métrica fluctuante que es propia de la lírica tradicional. **Alberti** jugará con las posibilidades que le ofrecen estas formas de métrica irregular y rima asonantada tanto en *"Marinero en tierra"* o *"La amante"* como en *"Sobre los ángeles"*.

Los experimentos ultraístas no siempre se pueden clasificar como versos. A menudo son imágenes sueltas, palabras en libertad, que no aspiran a encadenarse por medios sonoros. A veces la misma disposición plástica, formando figuras y estableciendo saltos tipográficos entre los elementos de la frase, impide que analicemos éstos como constitutivos de un verso. No obstante, tanto en las más atrevidas piruetas gráficas como en textos más próximos a lo que comúnmente se entiende por versos, abundan las estructuras sonoras que pueden aislarse como heptasílabos, endecasílabos, alejandrinos y otros metros tradicionales.

En lo que se refiere a las formas métricas regulares, la promoción novecentista partió del Modernismo. **Juan Ramón** fue maestro del romance, del serventesio alejandrino y endecasílabo, cultivó con fortuna el soneto y, en un proceso de desnudamiento, fue creando poemas asonantados, como los recogidos en *"Estío"* (1915), que serían el preámbulo a sus versos libres.

La Generación de las vanguardias desarrolló un innegable virtuosismo en el manejo de todas las formas métricas, tanto las innovadoras como las clásicas. Cultivaron con maestría las formas tradicionales o populares, sobre todo el romance. Los de **Lorca** o **G. Diego** forman hoy parte del acervo poético del español de mediana cultura. Resucitaron toda una serie de metros que habían caído en desuso: el zéjel, el villancico, canciones paralelísticas de estribillos alternados, seguidillas y coplas...

No menos ricas son las variedades de la métrica culta empleadas por los poetas del 27. Entre ellos contamos a uno de los mejores sonetistas de nuestra historia: **G. Diego**; pero son también notabilísimos los sonetos de **Alberti**, **M. Hernández** y los *"Sonetos del amor oscuro"* de **Lorca**. La décima en su forma tradicional o en otras variantes de cinco rimas (ababccdeed) ha sido cultivada felizmente por **Guillén** y **Diego**. Se usaron profusamente otras muchas formas métricas, como tercetos encadenados, liras, sextinas, octavas, serventesios, redondillas, cuartetos...

Parte de la literatura de entreguerras centró su poética en torno a la metáfora y la imagen, confundidas con frecuencia como una única realidad. Se pretendió aislar la metáfora, presentarla en estado puro, desligada de cualquier relación con elementos argumentales, dramáticos o sicológicos. De la lírica saltó a otros géneros y se convirtió en la característica dominante del lenguaje literario de la época. **Cernuda** señaló la seducción que ejerce sobre el lector español lo que en la metáfora hay de ingenioso.

La metáfora tradicional, expresión elíptica de una comparación racional, enteramente comprensible y explicable, fue desplazada por otro tipo de imágenes en las que la correspondencia entre el sustituyente y el sustituido no es tan mecánica ni tan clara.

Desde el Simbolismo venía intensificándose el gusto por nuevos tropos nacidos de asociaciones que surgían del lado más subjetivo de la sensibilidad. La sinestesia fue un primer paso del camino que nos alejaba de la metáfora tradicional. En la imagen vanguardista la distancia entre sustituyente y sustituido se agranda y se pierden los asideros lógicos.

Bousoño ha analizado el tipo de imágenes que ahora nos ocupan. Señalemos su eficaz distinción entre las imágenes tradicionales y las visionarias. Estas últimas se caracterizan por destacar cualidades que sólo se perciben por vía emotiva y que no aparecen clara y distintamente a la consideración de nuestro intelecto.

Los surrealistas se valdrán de este tipo de asociaciones en las que sustituyente y sustituido nada tienen en común, salvo la reacción subconsciente que provocan en el poeta y en el lector. Pero no siempre es la emoción sentimental el lazo que une los dos elementos de la imagen. Los novecentistas y vanguardistas se aficionaron a la pirueta mental, a las extrañas correspondencias que el intelecto era capaz de descubrir entre las cosas. De estos paralelismos tácitos resulta un sentimiento del absurdo que provoca un cosquilleo de hilaridad. De ahí nace la greguería de **Gómez de la Serna**.

Existe, sin embargo, en la poesía pura un tipo de imagen en la que resalta el componente abstracto, filosófico, intelectual. Es lo que **Blanch** llama *imagen de conocimiento, "formada por una repentina coincidencia en el alma del poeta de dos conocimientos plenos e inmediatos: el más espiritual de la imagen mental y el más sensual y alegre del objeto concreto"*. Los ejemplos son de **Jorge Guillén**: el vaso de agua es "sencillez / última del universo", la rosa es "clausura / primera de la armonía"...

Lo que hay de común en las nuevas imágenes, ya sean las oníricas del Surrealismo, las humorísticas del Ultraísmo y las greguerías o las conceptuales de la poesía pura, es la enorme distancia que separa a los dos elementos que las componen.

LA EVOLUCIÓN DE LOS GÉNEROS LITERARIOS

Los géneros literarios presentan gran diversidad de orientaciones. Las formas innovadoras características de la época conviven con los moldes ya consagrados que, pese a su desgaste, se resisten a desaparecer.

Durante la época novecentista la novela cede el protagonismo literario al ensayo, pero no por eso deja de tener una enorme importancia en sus dos vertientes fundamentales: intelectual y popular. La novela intelectual, encarnada en **Pérez de Ayala**, se caracteriza por fundir la acción novelesca con reflexiones ensayísticas de signo filosófico o estético. De este modo el género popular por excelencia pasa a ser un producto culturalista destinado a la élite. Esa evolución se origina por el desgaste paulatino de las dos formas novelísticas que le precedieron: la naturalista y la impresionista.

Uno de los esfuerzos para superar el relato impresionista consistió en intensificar sus rasgos, acentuar su lirismo y exacerbar las percepciones sensoriales subjetivas. En esa línea se mueve **Miró**.

La novela con pretensiones, no destinada en exclusiva al inmediato consumo, irá acentuando la importancia del lenguaje y el juego de perspectivas sobre los elementos temáticos y argumentales. Un hito trascendental en ese camino es la obra de **Gómez de la Serna**. En sus relatos cobran un relieve inusitado las greguerías. Los demás elementos ocupan un segundo plano y, a veces, parecen ser una mera excusa para ensartar estos rasgos de ingenio.

Los escritores vanguardistas seguirán esa labor de experimentación formal. Buscan un tipo de relato construido con técnicas sorprendentes. **Ortega** ya señaló en *"Ideas sobre la novela"* (1925) el agotamiento de la vieja narrativa. La nueva aspira a crear un universo autónomo, hermético, desligado del mundo real y regido por sus propias leyes. No es la referencia a la realidad lo que le da valor, sino su coherencia interna lingüística y estructural. La originalidad, la fantasía, los alardes de ingenio, la presencia de la vida urbana moderna serán los signos de la nueva novela. La aparición del Surrealismo da ocasión a un tipo de relato irracional, absurdo, donde las imágenes oníricas se encadenan, sin que lleguen a dar forma a un argumento inteligible.

Frente a este tipo de relato subsistió una corriente más apegada a las convenciones establecidas, aunque no carente de originalidad en algunos casos. Así, **Fernández Flórez** crea un tipo de novela humorística, escéptica, caricaturesca que, pese a no ser formalmente revolucionaria, tiene una personalidad bien clara y definida.

Partiendo de **Felipe Trigo** y **Zamacois**, se desarrolla, con enorme éxito popular, la novela erótica y galante. Los moldes realistas sobreviven también en tres tipos de obras cultivadas por los novecentistas: el relato costumbrista, la novela de tesis y la novela regeneracionista. Esta última especie cuenta con **Félix Urabayen, Eugenio Noel** y **José Gutiérrez Solana**. Ni siquiera en pleno apogeo de las vanguardias desaparece la tendencia realista. Cobra nuevos vuelos cuando se enriquece con las nuevas técnicas y da origen a la novela social. La aportación vanguardista enriquece las limitadas variantes estructurales del relato tradicional y da nuevo brillo al lenguaje narrativo.

La lírica es el género que consigue en esta época frutos más granados. Hay que remontarse al Siglo de Oro para encontrar un plantel de poetas tan variado y tan rico. Tengamos en cuenta además que entre 1915 y 1939 coinciden los grandes líricos finiseculares (**Manuel** y **A. Machado, Unamuno, Valle, Villaespesa**), los novecentistas (**Juan Ramón, Pérez de Ayala, León Felipe, Moreno Villa**...) y los vanguardistas (**Salinas, Guillén, Diego, Lorca, Alberti, Aleixandre, Cernuda, Prados**...).

Nacen las nuevas tendencias de los rescoldos del Modernismo. Los novecentistas y aun los mismos vanguardistas se nutrieron en sus primeras etapas del humus modernista. En la lenta trasformación de esas formas y valores jugó un papel trascendental **Juan Ramón**. En él alcanza plena madurez la estética finisecular y con él se abre la nueva época lírica.

Dentro de la corriente poética posmodernista, que puede identificarse en cierta medida con el Novecentismo, **Onís** señala varias reacciones frente a las manifestaciones finiseculares: hacia la sencillez lírica, hacia la tradición clásica, hacia el romanticismo, hacia el prosaísmo sentimental, hacia la ironía sentimental. Todas ellas se dan en los líricos de esta época. Lo que resulta más discutible es clasificar a cada poeta en una de estas categorías, habida cuenta de que la mayor parte de ellos participan de varias y no se verán libres de los influjos de las nuevas tendencias de vanguardia. En algunos (**Tomás Morales**, por ejemplo) el lenguaje más característico del Modernismo brillante y ampuloso sigue viviendo con fuerza; mientras que otros (**Alonso Quesada** o **Díez-Canedo**) adoptan muy pronto unas formas más sobrias.

Juan Ramón introduce la poesía pura, que habrá de dominar todo el período de entreguerras, aunque comparta su cetro con otras tendencias y movimientos. Prácticamente todos los poetas del 27 habrán de pasar por una etapa de pureza poética. En algunos de ellos (**Guillén, Salinas, Domenchina**...) esa línea será fundamental dentro de su obra.

La juventud lírica recorrerá un complejo camino. En sus primeros pasos es aún patente la impronta modernista. Enseguida empezarán las aventuras vanguardistas y la pasión por la novedad y la imagen. Su mejor exponente serán los caligramas ultraístas y los intentos de poesía absoluta del Creacionismo. Estas corrientes convivirán y se fundirán con otras direcciones aparentemente antagónicas, como el neopopularismo, inspirado en la lírica tradicional del Siglo de Oro y en los cantares decimonónicos que llegan a través de los folcloristas y de los hermanos **Machado**.

El influjo clásico (**Góngora, Garcilaso, fray Luis, Lope, Quevedo**) se funde con el de las vanguardias en la poesía abstracta y hermética (**Guillén**), en la búsqueda de una lírica deshumanizada y experimental *("Cal y canto"* de **Alberti**) y en la recuperación del acento humano *("Versos humanos"* de **G. Diego**).

En el paso de los felices veinte a los duros treinta llega la inundación surrealista, que alcanza sus mejores logros en la lírica de **Lorca, Alberti, Aleixandre, Cernuda**... Al mismo tiempo aparece la corriente social y política, que rompe con la pretendida pureza anterior.

A partir de 1914 en España se generaliza la idea de que el teatro está en crisis. Eso no impide que haya muchos teatros y compañías, y que se estrenen gran número de piezas. Lo que se plantea es un problema de calidad. Mientras los intentos renovadores tropiezan con mil obstáculos, dramaturgos ya instalados en los circuitos comerciales, como **Benavente, Arniches** o **Muñoz Seca**, tienen asegurado el éxito.

Perviven con fortuna algunos géneros de la etapa anterior, como el teatro poético de tema histórico, la comedia burguesa benaventina y el teatro social. El extinguido género chico deja su herencia en la revista y en la zarzuela grande. Otra ramificación del sainete es el astracán (**Muñoz Seca**).

El teatro innovador no llega a formular propuestas que arraiguen en el público. A pesar de sus valores literarios, como espectáculo fracasan las tragedias míticas y las farsas de **Jacinto Grau**, las piezas deshilvanadas y sumamente originales de **Gómez de la Serna**, y las diversas experiencias vanguardistas. El único autor de estas promociones que triunfó en las tablas fue **Lorca**, pero lo hizo cultivando los géneros ya asentados del drama poético y la tragedia rural, no con sus creaciones vanguardistas y surreales.

Jardiel creó un teatro nuevo en el que fundió rasgos del arte de vanguardia (inverosimilitud, fantasía desbocada, piruetas mentales, imágenes sorprendentes...) y de la comedia convencional. Fue un renovador del género humorístico. Otro aporte individual para la dignificación dramática fue el de **Casona.**

El ensayo y el artículo periodístico, tan afín a él, son los géneros que caracterizan a la promoción novecentista, constituida por intelectuales universitarios (**Ortega, D'Ors, Azaña, Araquistáin, Pidal, Camba, Víctor de la Serna**...) que asumen el papel de formadores de la sociedad. Dentro de este espléndido plantel de ensayistas de todas las materias se distinguen dos cuyo estilo tiene vuelos propiamente literarios. Son **Bergamín**, que emprende el análisis del ser español en una peculiarísima prosa impregnada de trascendencia poética y hace del aforismo un instrumento de meditación filosófica, y **Giménez Caballero**, que sigue una trayectoria desde la vanguardia al fascismo, siempre dentro de una exacerbada subjetividad.

REVISTAS LITERARIAS MÁS SIGNIFICATIVAS

En torno a los jóvenes autores de vanguardia nace en los años veinte una nutrida serie de revistas literarias que constituyen una de sus marcas más características. A través de sus páginas puede seguirse la evolución poética que va del Posmodernismo al Ultraísmo y al movimiento generacional del 27.

Pionera en la introducción de la vanguardia fue *Prometeo* de **Gómez de la Serna**. El primer conjunto importante de revistas (*Cervantes, Grecia*...) se gesta en torno al Ultraísmo.En ellas aparecen los poemas y los manifiestos teóricos de los jóvenes rebeldes.

El primer impulso se debe a *Índice,* creada por **Juan Ramón** en 1921. **Cossío** no vacila en considerarla como "la inicial de la nueva poesía". La gran eclosión de revistas del grupo no se inicia hasta 1926 con *Mediodía* de Sevilla y *Litoral* de Málaga. No abundan las exposiciones teóricas sobre el movimiento; todo lo ocupa la obra.

Cervantes era al principio una publicación posmodernista de ámbito hispánico dirigida por **Villaespesa**; pero cuando en 1919 se puso al frente de ella **Cansinos**, pasó a ser ultraísta. *Grecia* fue la primera en acoger los intentos de renovación poética. La fundó en Sevilla **Vando-Villar**. En un principio se adscribía a la estética rubeniana; después, fue evolucionando del modernismo a la vanguardia.

La más interesante de estas revistas es *Ultra*. Se trata de una típica publicación vanguardista en la que, según reza en el manifiesto, "sólo lo nuevo hallará acogida". La dirige **Humberto Rivas**.

Afirma **Videla** que *Ultra* " *es la revista donde mejor concreción alcanzan los móviles ultraístas"*. La más duradera de todas fue *Alfar.* Apareció en La Coruña en 1921 a impulsos del poeta **Julio Casal.**

La *Gaceta literaria* de **Giménez Caballero** es indispensable para conocer el panorama de las letras españolas entre 1927 y 1932. En ella se da noticia de todos los libros publicados y contiene abundantes disertaciones sobre las orientaciones estéticas de la época. **Torre** afirma: *"su espíritu dominante era el que se ha calificado como vanguardista"*. Junto a los nombres de **Baroja, Azorín, Ortega, Juan Ramón**..., aparecen los de **Jarnés, Espina, Chabás**..., es decir, los prosistas del 27.

Muy destacado es el papel orientador que desempeña *Índice* de **Juan Ramón.** En sus páginas aparece la nómina casi completa del 27. La presencia de la poesía clásica junto a la moderna, apunta hacia lo que será una constante en estos autores.

En la década de los treinta encontramos revistas como *Héroe*, que reúne a la élite poética del 27. Nace en la tertulia que se celebra en casa de **Altolaguirre**, con la intención de ser portavoz de la actividad literaria del grupo. En ella desempeña un papel muy activo **Lorca**.

Los cuatro vientos es muy representativa del quehacer de estos autores. En sus páginas aparece *"El público"* de **Lorca**. *Caballo verde para la poesía*, de signo surrealista, dirigida por **Neruda,** reúne a varios poetas del grupo: **Alberti, Cernuda, Prados**... *Mediodía* de Sevilla es fundada por **Alejandro Collantes, Joaquín Romero** y **Rafael Laffon**. Aunque en el manifiesto *Nuestras normas* se proclama su filiación al "arte puro", no se limita a ese campo.

Litoral (Málaga, 1926) es obra de **Prados** y **Altolaguirre**. Alcanza su mayor índice de calidad con ocasión del centenario gongorino. En 1928, asume la dirección **Hinojosa**, que le imprime una orientación surrealista. Tiene una colección poética paralela, *"Suplementos de Litoral"*, en la que se editan *"Canciones"* de **Lorca**, *"La amante"* de **Alberti**...

Verso y prosa (Murcia, 1927-1928) tiene su origen en el *Suplemento literario* del diario *La verdad,* dirigido por **Juan Guerrero**. Se convierte pronto en una de las revistas más representativas del grupo. Tiene una actuación destacada **Jorge Guillén**, uno de sus fundadores. **Cossío** elogia la flexibilidad e imparcialidad que hacen de *Verso y prosa "el mejor espejo de la situación de la nueva poesía"*. *Sudeste* (1930), también murciana, tiene menos relevancia. Sin embargo, cuenta con una editorial paralela, que desarrolla una interesante labor hasta 1936. En ella aparece *"Perito en lunas"* de **M. Hernández**.

Extraordinario relieve tiene *Carmen* (Gijón 1927-1928), dirigida por **G. Diego**. **Cossío** la considera la "más exigente". Su más asiduo colaborador es **Larrea**. *Meseta* (Valladolid, 1928) es la más importante de las revistas castellanas que se abren a la nueva poesía.

También en Barcelona hay una intensa actividad vanguardista que cristaliza en revistas como *L'amic de les arts*, a cargo de **Dalí** y **Sebastià Gasch**. *Noreste* (Zaragoza, 1932-1935) tiene entre sus fundadores a **Ildefonso-Manuel Gil**. Estas inquietudes llegan también a Canarias. En Santa Cruz de Tenerife aparecen *La rosa de los vientos* de **Juan Manuel Trujillo** y *Gaceta de arte*, que fue *"la única revista netamente surrealista publicada en España"* (**Geist**).

GÓMEZ DE LA SERNA

TRAYECTORIA LITERARIA

Cronológicamente pertenece (junto con **Miró, Pérez de Ayala, Ortega**...) al grupo novecentista, pero su singularidad es tal que, con razón, se ha llegado a hablar de la "generación unipersonal de **Gómez de la Serna**" (**Fernández Almagro**). Fue un escritor extraordinariamente prolífico, que dio a las prensas más de un centenar de obras mayores y abundantísimos artículos y greguerías. Pueden distinguirse en su obra tres etapas claramente delimitadas.

Hasta 1912 atraviesa un período de formación que se caracteriza por una tendencia filosófica, reformista y social. Domina en sus obras un exacerbado pansexualismo, del que nunca llegará a desprenderse. En sus viajes por Europa entra ya en contacto con las vanguardias.

Tras la publicación de dos obras primerizas, *"Entrando en fuego"* (1905) y *"Morbideces"* (1908), comienza la época de la revista *Prometeo,* fundada por su padre con una intencionalidad más social que literaria. Entre 1908 y 1912 publica en ella numerosos artículos y piezas teatrales. Afloran claramente las bases de la revolución estética que va a traer consigo el Ramonismo. Su discurso *"El concepto de la nueva literatura"*, pronunciado en el Ateneo en 1909, origina un gran escándalo.

Desde 1910 organiza en el café Sevilla unos *"Diálogos triviales"*, que serán publicados en *Prometeo.* En 1912 comienza su trayectoria periodística en el diario conservador *La tribuna.*

Entra **Ramón** en una nueva etapa de progresiva madurez. Se incrementa su actividad periodística en publicaciones como *El liberal, El sol, La voz, Gil Blas*... Vuelve a *La tribuna.* Con *"Ruskin el apasionado"* y *"El ruso"*, publicados ambos en 1913, inicia el cultivo de la biografía y de la narración, respectivamente, géneros en los que alcanzará sus mayores logros. De su tertulia provisional en la casa de **Rafael Calleja** pasa a la "sagrada cripta" de **Pombo**.

La fama de nuestro autor se va cimentando. El Ramonismo se convierte en piedra angular de la nueva literatura. Muy positivo para él es el año 1917, en que publica tres libros: *"Greguerías"*, *"El circo"* y *"Senos"*. En la década de los veinte alcanza su definitiva consagración, no sólo en España sino también en los países europeos con los que permanece en estrecho contacto. Con el ruidoso estreno de *"Los medios seres"* en 1929 lleva a la escena sus ímpetus renovadores.

Señala **Gaspar Gómez de la Serna** que la publicación de la biografía de *"El Greco"* (1935) *"es la primera señal de una nueva época, ya no jovial, como hasta entonces, sino patética, en la que va a pasar de la 'deshumanización" a la 'rehumanización' de su arte literario"*. Sus obras se llenan de inquietudes trascendentes. Domina la preocupación por la muerte. Con las "novelas de la nebulosa" se sume en el ensueño, *"en una quinta dimensión absurda abierta entre el sueño y la realidad, la lógica y la nada"* (**G. Gómez de la Serna**).

RAMÓN Y LAS VANGUARDIAS

Su afán renovador se formula en proclamas y manifiestos que salen a la luz cuando aún prevalece la estética modernista. El ya mencionado discurso *El concepto de la nueva literatura* puede considerarse como el primer manifiesto del vanguardismo literario español. Esta actitud de desafío se reafirma en *"Mis siete palabras"* (1910).

En París asiste a la proclama del manifiesto futurista, que él traduce y glosa en el nº. 6 de *Prometeo* (abril, 1909). Consigue que **Marinetti** escriba para esta publicación una *Proclama futurista a los españoles* (1910), en la que propone un programa de cambio político y de actividad revolucionaria. Sale a la luz precedida de otra de **Gómez de la Serna**, que en sus planteamientos preludia los posteriores manifiestos ultraístas.

Ramón crea una vanguardia autóctona. Se adelanta a otras corrientes pues sus primeras greguerías son de 1910. Está claro, sin embargo, que en la formulación de su original concepto del arte recibe el influjo de los ismos europeos. En su viaje a París entra en contacto con el Cubismo, tanto literario como pictórico. Asiste también al nacimiento del Dadaísmo, al que se había anticipado con sus greguerías. Dada la esencial coincidencia entre la concepción ramoniana del arte y los caminos explorados por las vanguardias, no es extraño que labore por introducir en España estas nuevas corrientes.

Son evidentes los puntos de contacto entre **Gómez de la Serna** y la poesía española de vanguardia, de la que puede considerarse precursor, aunque él no se expresara a través del verso. En especial coincide con los ultraístas en la búsqueda de imágenes nuevas y originales. Colaboró con asiduidad en las revistas del Ultraísmo *(Grecia, Ultra, Tableros)*.

Cernuda ha subrayado los lazos que unen a los poetas de la Generación del 27 con el arte de **Gómez de la Serna**, *"tanto por la predilección común por la metáfora como por la otra de la evasión y el juego"*. En muchas de las imágenes que emplean hay ecos de las greguerías.

Señala **Umbral** que, aunque a veces el propio **Ramón** lo haya aceptado, no está muy claro su parentesco con el Surrealismo. Sin duda, aprende de él *"mayores libertades asociativas"*, pero está lejos de la escritura automática. El Surrealismo opera con asociaciones poéticas de carácter onírico, en cambio nuestro autor *"mantiene siempre una última coherencia, una lógica plástica, una explicación hipotética, en el fondo de todo lo que dice"*; no llega al absurdo total.

EL RAMONISMO

Pese a su contacto con los grupos vanguardistas, el individualismo de **Gómez de la Serna** le impidió adscribirse a ninguno de ellos. Prefirió crear su propio *ismo,* el Ramonismo, que tiene la greguería como piedra angular. Esta estética ya aparece claramente definida en su edición de *"Greguerías"* (1914), en la *"Primera proclama de Pombo"* (1915) y en *"El Rastro" (1915).*

Lógicamente, el Ramonismo comparte con las restantes vanguardias una serie de principios comunes: *"la capacidad subversiva, el arbitrario informalismo, la elección de la realidad artística como forma autónoma de la realidad, la utilización de otras vías que la inteligencia discursiva y lógica para la creación artística, la dinamicidad expresiva, la instantaneidad espontánea, etc."*, pero todo desde su peculiar óptica personal (**G. Gómez de la Serna**).

En un principio **Ramón** parte de una absoluta disconformidad con el entorno social, pero pronto inicia la retirada *"y la actitud subversiva se confina a lo estético"* (**Torre**). Repudia sus escritos primerizos. En su época de madurez cultiva lo intrascendente y trivial; emplea su ingenio en gratuitos juegos de artificio y malabarismos intelectuales. Huye del patetismo y de lo sentimental. Como ha dicho **Ángel del Río**, su cualidad dominante es la imaginación. Se ha vinculado a nuestro autor con la tradición barroca, y en concreto con el conceptismo, por el juego de ingenio que sustenta su obra. Sin embargo, **Ynduráin** matiza que lo separa de los conceptistas *"la falta de formalismo y de esquemas retóricos"*.

Bibliografía

ALBERES, R. *Panorama de las literaturas europeas*, Ed. Al-Borak, Madrid, 1972.

ALBORNOZ, A. *Juan Ramón Jiménez,* Taurus, Madrid, 1980.

ALONSO, D. *Poetas españoles contemporáneos,* Gredos, Madrid, 1969.

AULLÓN DE HARO, P. *La poesía en el siglo XX (hasta 1939),* Taurus, Madrid, 1989.

AULLÓN DE HARO, P. *La teoría poética del Creacionismo,* Cuadernos Hispano-americanos, 1986.

BLASCO, F. *La poética de Juan Ramón: desarrollo, contexto y sistema,* Universidad de Salamanca, 1981.

BRIHUEGA, J. *Las vanguardias artísticas en España,* Cátedra, Madrid, 1979.

BOZAL, V. *La construcción de la vanguardia: 1850-1939,* Edicusa, Madrid, 1978.

BUCKLEY, R. *Los vanguardistas españoles (1925-1935),* Alianza, Madrid, 1973.

BÜRGER, P. *Teoría de la vanguardia*, Ediciones 62, Barcelona, 1987.

CAMPOAMOR, A. *Vida y poesía de Juan Ramón Jiménez,* Ed. Sedmay, Madrid, 1976.

COSTA, R. *Vicente Huidobro y el Creacionismo,* Taurus, Madrid, 1975.

DÍAZ-PLAJA, G. *Estructura y sentido del Novencentismo español,* Alianza Universidad, Madrid, 1975.

DIEGO, G. *Poesía de creación,* Seix Barral, Barcelona, 1974.

FRIEDRICH, H. *Estructura de la lírica moderna,* Seix Barral, Barcelona, 1974.

FUENTES, F. *Poesías y poética del Ultraísmo (antología),* Ed. Mitre, Barcelona, 1989.

GARCÍA DE LA CONCHA, V. *El Surrealismo,* Taurus, Madrid, 1982.

GEIST, A. *La poética de la Generación del 27 y las revistas literarias: de la vanguardia al compromiso (1918-1936),* Guadarrama, Madrid, 1980.

GICOGATE, B. *La poesía de Juan Ramón Jiménez. Obra en marcha,* Ariel, Barcelona, 1974.

GRANJEL, L. *Retrato de Ramón,* Guadarrama, Madrid, 1973.

GUERRERO RUIZ, J. *Juan Ramón de viva voz,* Ínsula, Madrid, 1961.

GULLÓN, R. *Estudios sobre Juan Ramón Jiménez,* Losada, Buenos Aires, 1960.

GULLÓN, R. *Poesía de la vanguardia española,* Taurus, Madrid, 1981.

LARREA, J. *Versión celeste,* Cátedra, Madrid, 1989.

MICHELI, M. *Las vanguardias artísticas en el siglo XX,* Alianza, Madrid, 1979.

ORTEGA Y GASSET, J. *La deshumanización del arte,* RBA, Barcelona, 1985.

PALAU, G. *Vida y obra de Juan Ramón Jiménez,* Gredos, Madrid, 1974.

PARAÍSO, I. *Juan Ramón Jiménez. Vivencia y palabra,* Alhambra, Madrid, 1976.

PAZ, O. *La búsqueda del comienzo. Escritos sobre el Surrealismo,* Ed. Fundamentos, Barcelona, 1980.

PAZ, O. *Los hijos del limo. Del Romanticismo a la vanguardia,* Seix Barral, Barcelona, 1994.

POGGIOLI, R. *Teoría del arte de vanguardia,* Revista de Occidente, Madrid, 1964.

PREDMORE, M. *La poesía hermética de Juan Ramón Jiménez,* Gredos, Madrid, 1971.

SÁNCHEZ BARBUDO, A. *La segunda época de Juan Ramón Jiménez,* Gredos, Madrid, 1962.

SENABRE, R. *Sobre la técnica de la greguería,* Papeles de Son Armadans, 1967.

SENABRE, R. *Antonio Machado y Juan Ramón Jiménez en la poesía del siglo XX,* Ed. Diego Marín, Murcia, 1994.

SORIA, A. *Vanguardismo y crítica literaria en España,* Ed. Istmo, Madrid, 1988.

TORRE, G. *Historia de las literaturas de vanguardia,* Guadarrama, Madrid, 1965.

TZARA, T. *Siete manifiestos Dadá,* Tusquets, Barcelona, 1972.

UMBRAL, F. *Ramón y las vanguardias,* Espasa Calpe, Madrid, 1978.

URRUTIA, J. *El Novecentismo y la renovación vanguardista,* Cincel, Madrid, 1988.

URRUTIA, J. *Antonio Machado y Juan Ramón. La superación del Modernismo,* Cincel, Madrid, 1988.

VIDELA, G. *El Ultraísmo,* Gredos, Madrid, 1971.

ZARDOYA, C. *Poesía española contemporánea,* Guadarrama, Madrid, 1961.

OPOSICIONES A ENSEÑANZA SECUNDARIA
LENGUA CASTELLANA Y LITERATURA

TEMA 63:

La lírica en el grupo poético del 27

ÍNDICE SINÓPTICO

UN PROBLEMA CONCEPTUAL: ¿GENERACIÓN O GRUPO?
LA VIDA DEL GRUPO
AFINIDADES ESTÉTICAS. TRADICIÓN Y RENOVACIÓN
EVOLUCIÓN CONJUNTA
PEDRO SALINAS

    TRAYECTORIA Y EVOLUCIÓN POÉTICA

    POESÍA CONCEPTUAL Y ESENCIALIZADORA. EL DIÁLOGO AMOROSO

    FORMA MÉTRICA. LENGUA Y ESTILO

    LIBROS DE LA PRIMERA ÉPOCA

    POESÍA AMOROSA

    POEMAS DEL EXILIO

JORGE GUILLÉN

    TRAYECTORIA LITERARIA. UNIDAD Y EVOLUCIÓN

    INFLUJOS EXTERNOS

    POESÍA CONCEPTUAL Y ESENCIALIZADORA. PRESENCIA DE LA REALIDAD

    VERSIFICACIÓN. LENGUA Y ESTILO

    EL CICLO DE "CÁNTICO"

    EL CICLO DE "CLAMOR"

    ÚLTIMOS LIBROS

GERARDO DIEGO

    TRAYECTORIA LITERARIA Y MODALIDADES

    ENTRE TRADICIÓN Y MODERNIDAD

    RASGOS GENERALES DE SU PRODUCCIÓN VANGUARDISTA

    RASGOS GENERALES DE SU POESÍA TRADICIONAL

    FORMA MÉTRICA. LENGUA Y ESTILO

    LIBROS PRIMERIZOS

    POESÍA DE VANGUARDIA

    POESÍA TRADICIONAL

DÁMASO ALONSO

    ADSCRIPCIÓN GENERACIONAL Y TRAYECTORIA POÉTICA

    POESÍA INICIAL

    "HIJOS DE LA IRA"

    POESÍA POSTERIOR

GARCÍA LORCA

ENTRE TRADICIÓN Y MODERNIDAD

EL SURREALISMO LORQUIANO. POESÍA MÍTICA Y SIMBÓLICA

DIMENSIÓN TRÁGICA. AMOR Y SEXO. PREOCUPACIÓN SOCIAL

FORMA MÉTRICA. LENGUA Y ESTILO

PRIMEROS VERSOS

POESÍA NEOPOPULAR

"POETA EN NUEVA YORK"

ÚLTIMOS POEMAS. POEMAS SUELTOS

RAFAEL ALBERTI

TRAYECTORIA Y EVOLUCIÓN POÉTICA

FORMA MÉTRICA. LENGUA Y ESTILO

LIBROS DE LA PRIMERA ÉPOCA. POESÍA NEOPOPULAR

GONGORISMO Y VANGUARDIA: "CAL Y CANTO"

POESÍA SURREALISTA

POESÍA DE CIRCUNSTANCIAS (1930-1939)

LIBROS DE LA ETAPA DEL EXILIO

ULTIMAS OBRAS

VICENTE ALEIXANDRE

TRAYECTORIA Y EVOLUCIÓN POÉTICA

FUSIÓN CON EL COSMOS. UNA AVENTURA HACIA EL CONOCIMIENTO FILIACIÓN

SURREALISTA

LENGUA POÉTICA. FORMA MÉTRICA

POEMARIOS DEL PRIMER CICLO

EL CICLO DE "HISTORIA DEL CORAZÓN". ÚLTIMOS POEMARIOS

LUIS CERNUDA

TRAYECTORIA Y EVOLUCIÓN POÉTICA

RASGOS GENERALES DE SU POESÍA. EL SURREALISMO

POESÍA DE DESTIERRO

FORMA MÉTRICA. LENGUA Y ESTILO

PRIMEROS POEMARIOS

ETAPA SURREALISTA

POESÍA DE CORTE ROMÁNTICO

POESÍA DE POSGUERRA

EMILIO PRADOS

RASGOS GENERALES DE SU POESÍA. MÉTRICA. LENGUA Y ESTILO TRAYECTORIA Y EVOLUCIÓN POÉTICA

PRIMERA ETAPA. PRIMERA MADUREZ

SEGUNDA ETAPA: POESÍA SOCIAL Y POESÍA DE GUERRA

ETAPA FINAL: POESÍA DEL EXILIO

MANUEL ALTOLAGUIRRE

LAS REVISTAS E IMPRENTAS

ETAPAS POÉTICAS. RASGOS GENERALES DE SU POESÍA

TEMAS DOMINANTES. LENGUA Y ESTILO. MÉTRICA

POEMARIOS DE LA PRIMERA ÉPOCA

POEMARIOS DE POSGUERRA

MIGUEL HERNÁNDEZ

TRAYECTORIA Y EVOLUCIÓN POÉTICA

EL SENTIMIENTO TRÁGICO DE LA VIDA

EL SENTIMIENTO DEL AMOR Y DE LA TIERRA. EL COMPROMISO

FORMA MÉTRICA. LENGUA Y ESTILO. SÍMBOLOS E IMÁGENES

PRIMERA ETAPA. POEMAS VARIOS DE 1933-1934

DE "EL SILBO VULNERADO" A "EL RAYO QUE NO CESA"

POESÍA COMPROMETIDA. HACIA UNA POESÍA IMPURA

"CANCIONERO Y ROMANCERO DE AUSENCIAS"

LOS OTROS POETAS DEL 27

FERNANDO VILLALÓN Y RAFAEL LAFFÓN

JUAN LARREA Y JOSÉ MARÍA HINOJOSA

JUAN JOSÉ DOMENCHINA. ANTONIO OLIVER Y MIGUEL VALDIVIESO

JOSÉ BERGAMÍN. OTROS POETAS DEL 27

UN PROBLEMA CONCEPTUAL: ¿GENERACIÓN O GRUPO?

En 1927, el Ateneo de Sevilla organiza un acto para conmemorar el tercer centenario de la muerte de **Góngora**. Una fotografía recoge a **Alberti, Lorca, Guillén, D. Alonso, G. Diego**... En 1945, **Salinas**, en *Nueve o diez poetas*, recuerda a quienes, con él, protagonizaron uno de los más altos momentos de la poesía española. Junto a los citados, habla de **Aleixandre, Cernuda, Altolaguirre, Prados**. Estos son los poetas que constituyen la "Generación de 1927" (o "de 1925", para otros).

Sin embargo, los poetas del 27 no son una generación, sino un grupo dentro de una generación (histórica) a la que, por edad, pertenecen también otros poetas, además de dramaturgos y novelistas. **D. Alonso**, en *Poetas españoles contemporáneos*, dice: *"¿Se trata de una generación? ¿De un grupo? No intento definir"*. Y aunque emplea el término *"generación"*, nota que faltan varios de los requisitos exigidos por *"sabios varones"* (**Julius Petersen**, por ejemplo). En efecto: *"Ningún hecho nacional o internacional los trae a la vida"* (no es cierto que el centenario de **Góngora** los uniera: casi todos se hallaban ya muy unidos antes); *"Caudillo no lo hubo"* (no lo fue **Juan Ramón**, pese a su influencia); *"No se alza contra nada"* (veremos su respeto por la tradición); *"Tampoco hay comunidad de técnica o de inspiración"* (si bien les anima la misma ansia de renovar el lenguaje poético, cada poeta destaca con voz personalísima).

Sus nacimientos se sitúan en una *"zona de fechas"* que va de 1891 (**Salinas**) a 1905 (**Altolaguirre**), pero ya hemos apuntado que en esos años nacen otros autores que nunca han sido incluidos en el grupo. En fin, la *"formación intelectual semejante"* (universitarios, profesores) sólo es cierta para algunos de ellos. Sin embargo, es evidente que nos hallamos ante un grupo compacto, cuya nómina ha sido establecida por ellos mismos en ensayos como los citados. Ello revela una conciencia de grupo nacida de una amistad y una experiencia comunes.

LA VIDA DEL GRUPO

"Generación de la amistad", se ha dicho. **D. Alonso** ha recordado los *"contactos personales que pronto fraguan en amistad duradera"* (Residencia de Estudiantes, Centro de Estudios Históricos).

Entre los actos comunes, destacan los del centenario de **Góngora**. **D. Alonso** recuerda que *"fue una explosión de entusiasmo juvenil; todos hablábamos de Góngora, discutíamos pasajes"*. Colaboran en las mismas revistas: *Revista de Occidente, La Gaceta Literaria, Litoral,* de Málaga, *Verso y prosa* de Murcia, *Mediodía* de Sevilla, *Meseta* de Valladolid, *Carmen* de Santander, todas de 1927. Algo posteriores serán *Cruz y Raya* (1933) y *Caballo Verde para la Poesía* (1935), de Madrid.

Rotunda fe de vida del grupo fue la *Antología* de **G. Diego** (1932). Junto a unos pocos *"maestros"* anteriores -**Unamuno**, los **Machado, Juan Ramón**...-, incluye un significativo muestrario de la obra realizada hasta la fecha por los poetas del 27. En suma, hay una apretada convivencia entre 1920 y 1936. *"Sabe Dios -diría* **J. Guillén**- *cuánto habría durado aquella comunidad si una catástrofe no le hubiera puesto un brusco fin de drama o tragedia"*.

AFINIDADES ESTÉTICAS. TRADICIÓN Y RENOVACIÓN

Anticipemos unas palabras de **J. Guillén**: *"frente a la página blanca, cada uno va a revelarse con pluma distinta"*. Pero, si no un estilo común, cabe observar afirmaciones estéticas comunes. Tienden a una original síntesis entre ciertos polos:

a) Entre lo intelectual y lo sentimental. Se les acusó de "intelectualismo" (**Machado** decía que eran *"más ricos de conceptos que de intuiciones"*). **Jarnés** veía en ellos *"emociones estranguladas"*, pero también *"un soterrado patetismo"*.

b) Entre una concepción romántica y clásica de la poesía. **Lorca** confesaba que si era poeta *"por la gracia de Dios (o del demonio)"*, no lo era menos *"por la gracia de la técnica y del esfuerzo"*.

c) Entre la pureza estética y la autenticidad humana. **Salinas** decía: *"Estimo en poesía, sobre todo, la autenticidad. Luego, la belleza..."*. Con los años, la preocupación por lo humano irá en aumento, pero no se abandonará -salvo "urgencias" pasajeras- la exigencia estética.

d) Entre lo minoritario y la "inmensa mayoría". Un anhelo de selección acerca su poesía a un "arte de minorías", pero ninguno llegará al lema de **Juan Ramón** ("A la minoría, siempre"). En sus trayectorias, alternan hermetismo y claridad. Aspecto particular es cómo conviven lo culto y lo popular en **Lorca, Alberti, G. Diego**... Decía **Salinas** que el poema está *"en esa zona fronteriza entre insobornable soledad e inmensa compañía"*. **Aleixandre** pasará del hermetismo a afirmar que *"el poeta canta por todos"*.

e) Entre lo universal y lo español. Para **D. Alonso** la poesía del 27, *"aunque abierta a muchos influjos exteriores, está profundamente arraigada en la entraña nacional y literaria española"*. Esto último nos lleva al aspecto quizá más significativo que los une: su original posición ante el binomio tradición / renovación.

Por una parte, están a tono con los movimientos de vanguardia. Sin embargo, tienden a cribar las innovaciones, no son "iconoclastas". **J. Guillén** dijo: *"Una generación tan innovadora no necesitó negar a sus antepasados remotos o próximos para afirmarse"*. En cuanto a la generación anterior, conocemos el magisterio de **Juan Ramón** y de **Gómez de la Serna**. Más atrás apunta su admiración por **Unamuno**, los **Machado** y **Darío**. Del XIX les llega la influencia de **Bécquer**. Su amor por los clásicos fue inmenso: **Góngora, Manrique, Garcilaso, Fray Luis, San Juan de la Cruz, Quevedo, Lope**... Junto a su estética cultísima, hay en ellos una honda veneración por las formas populares: el Romancero, el Cancionero tradicional, **Gil Vicente, Encina**...

EVOLUCIÓN CONJUNTA

Desde **D. Alonso** y **Cernuda** se han señalado varias fases en la evolución del grupo. Nosotros las reduciremos a tres.

Primera etapa: hasta 1927, aproximadamente: entre los tanteos iniciales, se nota la presencia de tonos becquerianos, junto a resabios postmodernistas, y pronto se deja sentir el influjo de las primeras vanguardias. El Futurismo de **Marinetti** aparece ocasionalmente en su temática: por ejemplo, **Salinas** escribe poemas a la bombilla eléctrica. El Dadaísmo de **Tzara** no dejó huella, aunque su importancia estriba en que preparó el camino del Surrealismo. El Ultraísmo influyó en dos poetas paralelos al 27: **Larrea** y **Guillermo de Torre** (*Hélices*, 1923). El Creacionismo, una variante del Ultraísmo e iniciado en París por **Huidobro** y **Reverdy**, tuvo su máximo cultivador en **G. Diego**.

A la vez, el magisterio de **Juan Ramón** los orienta hacia la "poesía pura". Decía **J. Guillén**, recordando palabras de **Valéry**, que *"poesía pura es todo lo que permanece en el poema después de haber eliminado de él todo lo que no es poesía"*. El gran instrumento de este arte "puro" es la metáfora, con audacias nuevas que han aprendido de **Ramón** o de otros vanguardistas. No extraña que se les tildara de "herméticos", de "deshumanizados" (recordemos cómo sintonizaron algunos con **Ortega**).

Pero no se debe exagerar tal deshumanización. Lo "humano" había entrado por múltiples puertas (**Bécquer**, por ejemplo). Influjo esencial fue el de la lírica popular en **Lorca, Alberti**...

Paralelamente, la sed de perfección formal lleva hacia los clásicos. A ello responde el cultivo de estrofas tradicionales en **G. Diego** (*Versos humanos*), **Alberti** (*Cal y canto*), **Cernuda** (*Égloga, elegía y oda*). Así se desemboca en el fervor por **Góngora**. **D. Alonso** señala que **Góngora** *"venía a favorecer el culto por la imagen, nuestros anhelos de arte y el enorme intervalo que queríamos poner entre poesía y realidad"*.

Segunda etapa: de 1927 a la guerra civil: el culto a **Góngora** marca la cima y el descenso del esteticismo. Comienza a notarse cierto cansancio del puro formalismo. Se inicia así el proceso de rehumanización. Coincide con la influencia del Surrealismo, movimiento iniciado por **Breton** (*Manifiesto del Surrealismo*, 1920). Mientras que la "poesía pura" desdeñaba lo sentimental y aspiraba a simples perfecciones técnicas, el Surrealismo hace entrar en la poesía del 27 las pasiones que habitan en el subconsciente.

"Ha comenzado -dice **D. Alonso**- *una época de poesía trascendente, humana y apasionada".* Recordemos dos fechas: 1930, en que se publica el ensayo de **Díaz Fernández** *El nuevo Romanticismo,* propugnando *"una arte para la vida"*, y 1935, en que **Neruda** funda *Caballo verde para la Poesía,* donde aparece el *Manifiesto por una poesía sin pureza.* Los tiempos han traído nuevas inquietudes. **Lorca** había dicho: "Con Poeta en Nueva York, un acento social se incorpora a mi obra". Más aún: **Alberti, Cernuda** o **Prados** adoptarán una concreta militancia política; y, de forma más o menos activa, todos se mostrarían partidarios de la República al estallar la guerra.

Tercera etapa: después de la guerra: **Lorca** muere en 1936; los demás -salvo **Aleixandre, D. Alonso** y **G. Diego**- parten al exilio. Cada cual sigue su rumbo, pero ninguno abandonará ya una poesía entrañablemente humana.

En el exilio, **J. Guillén** -tenido por poeta "puro"- iniciará en 1950, con *Clamor,* un nuevo ciclo poético, atento al dolor humano. En él y en otros poetas hay imprecaciones contra los vencedores. Con el tiempo, la nota dominante será la nostalgia de la patria perdida (recordemos, por ejemplo, *Es lástima que fuera mi tierra*, de **Cernuda**, y *Baladas y canciones del Paraná*, de **Alberti**). En España, la poesía deriva hacia un humanismo angustiado, cuya muestra más intensa es *Hijos de la ira* de **D. Alonso**, de 1944. Poco después, **Aleixandre** comienza a escribir *Historia del corazón,* notable giro hacia una concepción del poeta como *"una conciencia puesta en pie hasta el fin".* Todos han seguido en plenitud creadora hasta avanzada edad. La concesión del Nobel 1977 a **Aleixandre** fue la confirmación de un grupo que ha dado a la lírica española una nueva Edad de Oro.

PEDRO SALINAS

TRAYECTORIA Y EVOLUCIÓN POÉTICA

Desde *Presagios* (1924), suele establecerse una división en tres etapas. La primera incluye, además del ya citado, *Seguro azar* (1929) y *Fábula y signo* (1931). Esta producción se sitúa dentro de la órbita de las vanguardias, con esa característica inclinación hacia lo urbano y sus adelantos técnicos. El autor bucea en su propio yo en un intento de expresar su afectividad. Pero ésta queda encubierta porque a menudo se dirige a seres inanimados. Afirma **Zubizarreta** que esta primera etapa se caracteriza por *"un trato directo con las cosas".*

Su poesía alcanza su cima con *La voz a ti debida* (1933), *Razón de amor* (1936) y *Largo lamento*

(1936-1939), libros en los que ha encontrado ya su auténtica expresión personal dentro del tema amoroso. A raíz del exilio, **Salinas** sale de su ámbito íntimo, para reflexionar sobre los problemas de los hombres de su tiempo. Se percibe la comunión con el mundo natural y la búsqueda de una realidad trascendente. Nacen así *El contemplado* (1946)*, Todo más claro* (1949) y *Confianza* (1955).

POESÍA CONCEPTUAL Y ESENCIALIZADORA. EL DIÁLOGO AMOROSO

Se ha caracterizado la poesía de **Salinas** por su "conceptismo interior", es decir, un arte intelectual en el que domina el puro concepto y que se mueve siempre en un ámbito íntimo. Es evidente que el núcleo central de su obra lo constituye una experiencia íntima; de ahí que prescinda de anécdotas ajenas a la reflexión sobre esa experiencia. Pero no es menos verdad que como cauce de expresión se utiliza el diálogo con las cosas y con la amada.

Para **Salinas** la poesía es una forma de conocimiento que penetra en la esencia de los seres. Algunos críticos (**Spitzer**) han subrayado este intelectualismo. **Gullón** afirma que en la concepción de su mundo se aúnan el pensamiento y la percepción sensorial. **Salinas** tiende a mostrarnos los objetos y la propia amada fuera de su circunstancia, convirtiéndolos en pura esencia. "*Pero la fluidez y cotidianidad del lenguaje, tiende a reducir la tensión intelectual, acercando el poema a nuestra sensibilidad*" (**Gullón**). Por eso sus versos no resultan inaccesibles. A pesar de su aire conceptuoso, nos hablan de experiencias comunes a todos.

Salinas es el poeta del amor por antonomasia, que se presenta como algo que da sentido y plenitud a la vida. La mujer de carne y hueso que está detrás de los versos, aparece idealizada. Señala **Gilman** que este tópico de la amada como criatura divina debe interpretarse como una forma metafórica de expresar las profundas trasformaciones que la presencia de ella opera en la intimidad del amante. **Spitzer** opina que *"la mujer es una noción más bien abstracta para nuestro poeta"*. **Guillén** no admite que la amada sea un puro concepto. Aunque idealizada, se sustenta en una experiencia vivida, que se somete al proceso de estilización propio de la actividad artística. No se limita a mostrarnos la experiencia erótica en su plenitud. También nos habla de la inevitable ruptura.

Hay continuas referencias al entorno natural y al mundo urbano, como *"asideros en que el amor adquiere concreción"* (**Marías**). De ese modo se nos sitúa en un mundo tangible. En una curiosa mezcla de lo material y lo abstracto, *"nos ha hecho sentir la riqueza del mundo que nos rodea, las múltiples posibilidades que éste ofrece a la visión creadora"* (**Debicki**).

FORMA MÉTRICA. LENGUA Y ESTILO

En perfecta armonía con su mundo lírico, prefiere el verso corto, especialmente el heptasílabo, por su mayor ductilidad. A menudo prescinde de la rima. El verso libre es una pieza fundamental de su sistema métrico. **Paraíso** estudia cómo en los primeros poemarios conviven la isometría y a la heteroetría. Predominan los octosílabos y la asonancia. A partir de *Fábula y signo* el metro y el ritmo acentual darán forma al poema.

El verso libre se impone en *La voz a ti debida.* Los metros más frecuentes son heptasílabos y octosílabos. Encontramos bastantes silvas libres. El uso de este esquema se intensifica en *Razón de amor.* Frente a la primera parte, en que domina el metro corto, la segunda tiene como pieza fundamental el endecasílabo. Vuelve a aparecer la rima asonante, tendencia que se continúa en *Largo lamento* y *El contemplado.* En este último se inicia el retroceso del verso libre, que se acentúa aún más en los siguientes. **Cirre** destaca que **Salinas** sacrifica siempre el ritmo exterior al interno, lo que le permite obtener una mayor flexibilidad expresiva.

Su poesía no tiene otra dificultad que la sutileza de los conceptos. Por eso es para ser leída despacio. Recurre con frecuencia a las frases cortas, que condensan enfáticamente una idea. Las construcciones nominales son pieza importante en esta concentración. Otras veces su estilo es más discursivo. En ocasiones se acumulan los sustantivos, cargados de significado, para expresar con pocas palabras un contenido más denso. Recurre a la interrogación como fórmula dinámica para ahondar en su pensamiento. También las exclamaciones se insertan en el diálogo.

No abundan los adjetivos, lo que no es esencial; pero, como afirma **Almela** *"los pocos que emplea los escoge con finalidades indiscutiblemente connotativas"*. No renuncia a la imagen: a través de ella *"busca en la realidad circundante significados más profundos"* (**Debicki**). Como resumen, esta poesía *"busca ser aceptada más por las esencias que por los recursos de tipo formal"* (**Almela**).

LIBROS DE LA PRIMERA ÉPOCA

En *Presagios,* 1924, encontramos la huella de **Bécquer**, **Machado**, **Unamuno** y **Juan Ramón**. **Cernuda** distingue en él tres grupos: poemas de tono prosaico y realista; poemas de cierta riqueza expresiva gongorina; y poemas de tono intelectual e ingenioso. Inicia ya el diálogo con el tú, la amada.

Seguro azar (1929) y *Fábula y signo* (1931) se escriben en plena época de las vanguardias. Muestran una clara influencia del Ultraísmo. Algunos críticos sólo han visto un simple juego esteticista de ingenio (**Cernuda**). Otros advierten el deseo de buscar una realidad más profunda (**Zardoya**). No sólo nos muestra los nuevos adelantos, sino también las vivencias del hombre en relación a ellos.

POESÍA AMOROSA

Con *La voz a ti debida* (1933) comienza su trilogía amorosa. Es un libro de hálito neorromántico, dedicado a una única experiencia erótica que da unidad al conjunto. **González Muela** detecta *"una línea que va desde el nacimiento de la pasión (con tiempos verbales de futuro y presente) hasta la despedida, con dominio de los pretéritos, o de futuros que anhelan un deseo de otra vivencia"*. Existe, pues, una progresión climática, pero no rectilínea. Las dudas se alternan con el cántico de la posesión gozosa. A menudo se deja arrastrar por la tentación del idealismo. Pero el cuerpo impone su presencia. Esa realidad física, insoslayable, de la amada se refleja también a través de la voz, verdadero *leit motiv* del libro. Destacan en él *"las precisiones minuciosas de su realismo psicológico"* (**Vivanco**).

En *Razón de amor* (1936) *"el puro entusiasmo se ha cargado de conciencia reflexiva"* (**Vivanco**). En la primera parte el poeta mezcla en sus evocaciones las formas de pasado y de presente, como si en su intimidad no existiesen esas barreras temporales. La segunda parte exalta el encuentro de los cuerpos. Pero no nos hallamos ante un erotismo puramente carnal: *"los límites corporales se adelgazan hasta borrarse, hasta confundirse con los del alma"* (**Zardoya**). La unión de los amantes tiene resonancias cósmicas. Se mueven libres en un mundo virginal recién creado para ellos. El amor es plenitud; a través de él se percibe la gran verdad del universo que antes sólo se revelaba a medias.

Parte de *Largo lamento* se publicó póstumamente con el título de *Volverse sombra y otros poemas* (1957). Fue escrito entre 1936 y 1939. Reaparece ese tú que establece un puente de unión entre los amantes. Las escenas de plenitud pertenecen al pasado. Abundan las imágenes invernales como símbolo de la pérdida de las ilusiones. Las sombras y el sueño, tan habituales en su poesía, reaparecen insistentemente. A través del amor ha conocido el rostro de un sueño, pero también lo ha visto sangrar y morir, cuando ella ha vuelto su mirada hacia otro lado.

POEMAS DEL EXILIO

En Puerto Rico escribe *El contemplado* (1946), que se inspira en la visión del mar. Es un canto gozoso, sereno, en comunión con el mundo natural. El mar se presenta como la salvación, la vida eterna. En esa percepción intelectual y sensitiva a la vez se funden verdad poética y verdad religiosa, que trasfiguran al hombre y lo trasportan más allá del mundo perecedero. En el poema *Civitas Dei* hallamos el primer reflejo de su desasosiego ante el pragmatismo norteamericano.

Todo más claro (1949) refleja una actitud solidaria con los semejantes. Como afirma **Young**, *"su crítica no va solamente contra los Estados Unidos y su comercialización, sino contra toda la vida moderna y la angustia y debilidad del hombre medio del siglo XX"*. Especialmente significativo es el poema *Cero*. Refleja la angustia y la protesta de **Salinas** frente a la amenaza atómica. A pesar de todo, no se deja arrastrar por la desesperación. Buena muestra de ello es *Confianza* (1955). La salvación está en lo natural, en la búsqueda de valores que resistan el paso del tiempo, en la vida contemplativa.

JORGE GUILLÉN

TRAYECTORIA LITERARIA. UNIDAD Y EVOLUCIÓN

Guillén no empezó a escribir hasta 1918, en que inició su carrera de crítico literario, actividad que se intensificó a partir de 1925 y fue abandonada casi por completo cuando el éxito de *Cántico* (1928), lo consagró como poeta.

Con *Cántico* se abre el primer gran ciclo de su poesía. Es un único libro que se va ampliando de forma armónica en sucesivas ediciones (1928, 1936, 1945, 1950). Agotada la primera, abre **Guillén** una nueva serie, *Clamor,* en tres tiempos: *Maremágnum* (1957)...*Que van a dar en la mar* (1960) y *A la altura de las circunstancias* (1963). Cuando ya parece que ha dado sus principales frutos, aparece otro gran libro: *Homenaje* (1967). **Guillén** reúne el conjunto de su obra en una bellísima edición milanesa: *Aire nuestro* (1968). Sin cambios sustanciales, ofrece la versión definitiva de los libros anteriores: *"una obra cíclica, un mundo poético completo, una respuesta general al mundo en que vivimos"* (**Rozas**). Con posterioridad escribe *Guirnalda civil* (1970), que luego se incluye en *Y otros poemas* (1973) y *Final* (1982), ampliado y remodelado hasta el límite de su vida.

Se ha subrayado en su obra la evolución desde la poesía pura y conceptual de *Cántico* al arte humanizado de *Clamor*. Desde la preocupación formal y el canto a la armonía cósmica, hasta la inquietud por los problemas del mundo actual y la lucha contra el caos. Sin embargo, como afirma **Blecua**, *"los cambios que se pueden notar en temas, sentimientos o recuerdos responden a toda una trayectoria vital y no suponen una ruptura absoluta con su peculiar estilo poético"*. Afirma **Zardoya** que *Clamor* no se alza contra *Cántico* sino que *"ensancha o abre su temática hacia la historia del hombre. Si Cántico es 'Fe de Vida', Clamor es 'Tiempo de Historia'"*. Pasan a un primer plano los aspectos dolorosos de la vida, antes sólo insinuados. Se revela la existencia del sufrimiento, la injusticia, el desorden, la muerte; pero *"esas fuerzas, precisamente por opuestas al ser, al vivir pleno, van unidas a él y las dos juntas dan su dimensión humana"* (**Forradellas**). A pesar de las dificultades, la vida, más feroz que la muerte, sigue afirmándose.

Siguiendo la estructura circular característica en él, *Homenaje* viene a enlazar con *Cántico*. Se desechan las preocupaciones sociales para volver al espíritu de antaño, ahora en el marco de las grandes obras literarias de todos los tiempos. Los libros posteriores a *Aire nuestro* (*Y otros poemas* y *Final)* son prolongación y síntesis de los precedentes.

INFLUJOS EXTERNOS

Parte de la crítica ha proclamado el influjo de **Valéry** y **Mallarmé**. Afirma **Blecua** que a la poesía de **Guillén** y a la de **Valéry** *"sólo las une el amor por la obra perfecta, geométrica, pero nada más"*. **Vigée** cree que comparte con **Valéry** y **Mallarmé** *"la obsesión por el poema organizado y concreto"*, pero que *"aplicó su instinto de claridad y de rigor geométrico a los materiales sensuales de la existencia humana, en lugar de proyectarlos al espacio vacío de la idea pura"*. **Zardoya** opina que *Clamor* *"acalla para siempre la delgada y sutil resonancia de la voz poética de Valéry"*.

D. Alonso apunta que la poesía de **Valéry** fue *"un acicate inicial"* y percibe el influjo del Cubismo, *"con sus limpios estudios y análisis de la forma"*. **Guillén** negó cualquier relación consciente con el Cubismo. Forjador de un mundo poético propio, no se incorporó a ninguno de los ismos que dominaron en esos años. Sí reconoció que le había fascinado la construcción rígida de *Las flores del mal* de **Baudelaire**.

POESÍA CONCEPTUAL Y ESENCIALIZADORA. PRESENCIA DE LA REALIDAD

La idea que ha prevalecido es que se trata de una poesía conceptual, que se interesa más por las esencias que percibe el intelecto que por los aspectos contingentes de la realidad que nos llegan a través de los sentidos. En palabras de **Amado Alonso**, uno de los rasgos que le caracterizan es el *"afán de perseguir en lo real efímero y azaroso su significación extratemporal y exacta"*.

Esa tendencia intelectualizadora se ha relacionado con el concepto de deshumanización del arte que describió **Ortega**. Se ha hablado también del carácter elitista de sus versos. Sin embargo, **Gullón** considera su poesía *"lúcida y gobernada por una cabeza exigente, pero nunca fría"*. **D. Alonso** ha reivindicado, junto al artista exacerbador de lo intelectual, al **Guillén** humanísimo. Es evidente que nos hallamos ante una poesía intelectual, que obliga al lector a hacer un esfuerzo para captar las abstracciones. Así se explica que, paradójicamente, **Guillén**, que es el poeta de la claridad, haya sido tachado de oscuro. En todo caso, en sus abstracciones late el temblor de la vida.

Su poesía es la búsqueda de una adecuación entre el yo y el mundo real. Como afirma **Correa**, *"el poeta quiere ser un testigo en profundidad de la realidad que se encuentra a su alrededor"*. Podemos distinguir cuatro momentos en la evolución de esta poética de la realidad: I) asombro ante la realidad; 2) ordenamiento y profundización de la realidad; 3) ruptura de la realidad, y 4) reconstrucción de la realidad. Un aspecto capital es la presencia constante de los objetos, que se le muestran como *"enigmas corteses"* en los que él intenta penetrar *"para sorprender su secreto sentido, su alma escondida"* (**A. Alonso**).

VERSIFICACIÓN. LENGUA Y ESTILO

Muestra preferencia por las formas métricas tradicionales y no el verso libre. Utiliza una gran variedad de combinaciones estróficas, algunas originales, como las redondillas asonantadas o los pareados de tetrasílabos y alejandrinos y los de endecasílabos y pentasílabos. **Navarro Tomás** alaba su variedad, maestría y equilibrio. En *Cántico* los versos más frecuentes son los endecasílabos, octosílabos, heptasílabos y hexasílabos.

En *Clamor* desaparecen casi por completo los poemas de hexasílabos y heptasílabos y se reduce el número de sonetos y décimas. Una novedad es la introducción de lo que llama *tréboles,* tercetos y redondillas en octosílabos o eneasílabos. En general prefiere las formas poéticas breves y los versos de arte menor. Su estrofa más característica es la décima. Se adecua muy bien a su gusto por la concisión y la redondez. Se sirve con frecuencia del romance. A veces divide el poema en estrofas. En ocasiones juega con los espacios en blanco para resaltar los bloques temáticos.

Su estilo peculiar viene dado por un lenguaje conciso. Abundan las oraciones nominales y las exclamaciones, que condensan aún más la expresión. El predominio de los elementos nominales sobre los verbales es absoluto, clara consecuencia de su afán de esencializar. La sintaxis no puede ser más simple. Escasean los artículos y partículas; predomina la yuxtaposición. Las ideas se suceden de forma entrecortada, como una serie de ráfagas instantáneas; es lo que **García Berrio** califica de fragmentación cubista. Puede observarse fácilmente la tendencia a encerrar muchas de las frases entre paréntesis o guiones. Sirven para marcar diferentes tonos en la voz monologante. Hallamos también, sobre todo en *Clamor* y *Homenaje,* una lengua coloquial. El recurso fundamental es la personificación. Las cosas aparecen dotadas de alma y elevadas a un plano trascendente. Como subraya **Blecua**, alienta en él un *"singular anhelo de perfección".* Ha pulido sus versos *"con verdadera paciencia horaciana".*

EL CICLO DE "CÁNTICO"

El cuidado que siempre puso en la arquitectura de sus poemas se refleja en este libro, por una parte, en la estructura circular de muchos textos y la disposición simétrica de estrofas y, por otra, en la armónica organización del conjunto.

El primer *Cántico* (1928) constaba de siete secciones; a partir de la segunda edición (1936) se reagrupó en cinco: *Al aire de tu vuelo, Las horas situadas, El pájaro en la mano, Aquí mismo* y *Pleno ser.* Cada parte constituye un ciclo que va desde el amanecer hasta el anochecer y se sigue en cierta medida el curso de las estaciones. Como afirma **González Muela** *"cada ciclo es una variación del mismo tema: la vida".* **Blecua** afirma que este libro es *"el cántico más jubiloso que conoce la poesía española de todos los tiempos".* No en vano desde la tercera edición se subtituló *Fe de vida.* **Frutos** ve en él la encarnación de un existencialismo objetivo y jubiloso, frente al subjetivo y angustiado.

Juega un papel muy destacado la luz, la claridad que se contrapone a la sombra, al caos. Otra constante es el aire, que adquiere un valor simbólico; *Aire nuestro* llamará al conjunto de su obra. Sólo respirar *"es saber, es amor, es alegría".* Esos prodigios de la vida diaria aparecen inmersos en un tiempo eterno; de ahí que dominen las formas de presente, que **González Muela** llama "ácrono" porque su misión es eternizar el instante. El equilibrio y armonía cósmicos se hallan ligados a las formas geométricas, representación de lo exacto. El círculo, lo redondo, encarna la perfección. El amor refleja esa visión armoniosa del mundo. Sin embargo, se observan alusiones a las sombras, la muerte, la nada. Es un aspecto de la realidad que no se ignora del todo, pero se presenta como algo frente a lo que no se puede sucumbir: *"Muerte: para ti no vivo".*

EL CICLO DE "CLAMOR"

Maremágnum (1957) inicia un nuevo ciclo. El título alude a la confusión que percibe en un mundo antaño armónico. Este nuevo enfoque de la realidad viene determinado por las vivencias de la guerra civil española, la segunda guerra mundial, la guerra fría, la amenaza del "Satán atómico" y los regímenes totalitarios. ... *Que van a dar en la mar* (1960): su título, eminentemente elegíaco, procede de **Manrique**. Frente al historicismo de *Maremágnum,* este nuevo poemario trata *"los temas eternos de la muerte y del tiempo pasajero, vejez y juventud, enfermedad y amor, memoria y olvido"* (**Macrí**).

A la altura de las circunstancias (1963), como afirma **Macrí**, *"señala una vuelta a la temática objetiva-negativa de Maremágnum".* Asistimos al mismo tiempo, como apunta **Debicki**, a una afirmación del valor y la dignidad humana. Participa de la angustia del hombre actual en un momento en que la bomba atómica amenaza con el desequilibrio definitivo. Frente a tanto terror, clama por una humanización de la vida.

Homenaje. Reunión de vidas (1967) consta de más de 650 poemas, agrupados en seis partes: *Al margen, Atenciones, El centro, Alrededor, Variaciones* y *Fin. Al margen,* contiene poemas inspirados en las grandes obras y creadores de la literatura universal. En *Atenciones* dedica sus versos a poetas españoles clásicos y modernos. En *El centro* y *Alrededor* hay poemas de diversos temas, entre los que domina el amoroso. *Variaciones* contiene numerosas versiones castellanas de muy variados poetas. *Fin* recoge diversas experiencias personales y colectivas para acabar haciendo balance de su vida y su producción literaria. Como apunta **Debicki**: *"en Homenaje se subraya el significado de la vida, tal como lo descubre y preserva la creación artística del hombre"*.

ÚLTIMOS LIBROS

La producción de 1966-1972 se reúne en *Y otros poemas* (1973), libro de temática variada. Tiene cinco secciones: *Estudios, Sátiras, Glosas, Epigramas y Despedidas.* Se acentúa el prosaísmo y se desarrolla la veta humorística, especialmente irónica, y la sátira política. En algunos poemas vuelve a dar testimonio de la armonía del universo y de su fe en la vida. En otros se impone el desorden, el azar, la amenaza contra el ser. Su voz más personal se deja oír en la sección *Reviviscencias,* de *Despedidas.* Vienen a ser unas memorias en verso.

Final (1982) es un libro de vejez enteramente coherente con la obra anterior, de la que viene a ser síntesis. Son variaciones sobre los temas que constituyen su universo poético. La exaltación de lo armónico se mezcla con la protesta frente a los factores de destrucción. El poeta se encuentra en la antesala de la muerte; acepta su destino con resignación y melancolía.

GERARDO DIEGO

TRAYECTORIA LITERARIA Y MODALIDADES

Uno de sus principales rasgos distintivos es la variedad. Fue uno de los que más cultivó el arte de las vanguardias y, a la vez, un excelente poeta de corte clásico. La vena popular también tiene en él momentos afortunados. Las diversas modalidades no se dan en etapas cronológicas sucesivas, sino que se superponen y enriquecen mutuamente. Sus tres primeros libros son: *Iniciales,* que no se publicará hasta 1943; *El romancero de la novia* (1920); y *Nocturnos de Chopin,* que aparece por vez primera en 1963. En ellos se percibe un fuerte influjo romántico, parnasiano-simbolista y modernista, así como la huella de **Juan Ramón**.

A partir de 1919 entra en contacto con las nuevas tendencias artísticas y se convierte en fervoroso ultraísta y creacionista. Se inaugura así una fecunda veta de su obra que él denominará "poesía absoluta". El influjo ultraísta es efímero; bajo este signo escribe *Evasión,* que luego se incorpora a *Imagen.* Se advierten simultáneamente las ataduras con la poesía tradicional y el afán de romper viejos moldes en busca de una nueva estética. Después entra de lleno en la corriente creacionista bajo el influjo de **Huidobro**. El resultado son *Imagen* (1922), *Manual de espumas* (1924) y *Limbo,* que se escribió por las mismas fechas aunque tardó treinta años en ver la luz. Al calor del centenario gongorino, de la simbiosis entre poesía barroca y vanguardista, nacen *Fábula de Equis y Zeda* y *Poemas adrede,* publicados ambos en 1932. No abandonará está tendencia renovadora después de su etapa de eclosión, sino que la irá compaginando con la lírica de corte clásico. En los años veinte comienza el libro creacionista *Biografía incompleta,* que no se cerrará hasta 1967 y aún se verá prolongado en *Biografía continuada.*

Su lírica tradicional, la que él denomina "relativa", empieza a desarrollarse en el momento de apogeo de la vanguardia. En los años veinte se alternan los poemarios de uno y otro signo. En 1923 publica *Soria,* libro sobre el que irá volviendo a lo largo de los años. Los poemas incluidos en *Versos humanos* (1925) fueron escritos entre 1918 y 1924. También se inicia tempranamente, en 1924, la veta de la poesía religiosa, con *Viacrucis,* que se publicará en 1931.

Son años de gran intensidad creadora que conducen a la etapa de plenitud, representada por sus obras maestras, culminación de la poesía neoclasici*sta: Ángeles de Compostela* (1940) y *Alondra de verdad* (1941). En los años cincuenta publica varios poemarios amorosos: *Amazona* (1955), *Amor solo* (1958), *Canciones a Violante* (1959), *Glosa a Villamediana* (1961) y *Sonetos a Violante* (1962). La lírica religiosa aparece recopilada en *Versos divinos* (1971).

El grupo de libros dedicados a los paisajes y tierras de España, que se inauguró con *Soria,* se amplía ahora considerablemente: *Paisaje con figuras* (1956), *Mi Santander, mi cuna, mi palabra* (1961), *El jándalo (Sevilla y Cádiz)* (1964), *Vuelta del peregrino* (1966) y *Soria sucedida* (1977). En la última etapa su poesía se enriquece con otra de sus principales temáticas: el arte del toreo, en *La suerte o la muerte* (1963) y *"El Cordobés" dilucidado* (1966).

ENTRE TRADICIÓN Y MODERNIDAD

G. Diego es quien mejor representa esta doble vertiente. Al tiempo que promueve el redescubrimiento de **Góngora**, hace suyos los recursos expresivos del creacionismo y participa en las sesiones ultraístas y en las principales publicaciones del momento: *Reflector, Grecia, Cervantes...* Su gran papel histórico ha consistido en servir de puente entre las vanguardias europeas y la tradición española. Muchos de sus poemas "relativos" se enriquecen con recursos procedentes de las vanguardias, ya depurados. Como dice **Leopoldo de Luis**, no hay dos Gerardos, sino uno solo, que nunca abandonó del todo las vanguardias.

RASGOS GENERALES DE SU PRODUCCIÓN VANGUARDISTA

Su trascendencia en la introducción del Creacionismo en España es indiscutible. Asumió perfectamente las aspiraciones de **Huidobro** a construir un poema autónomo, mezcla de audacia y de precisión. Sus versos creacionistas están llenos de imágenes plásticas, sugerentes, que estimulan nuestra imaginación y constituyen una realidad puramente verbal. Además de la plasticidad, otro elemento clave es la musicalidad. El poeta prescinde de la carga sentimental y de las preocupaciones trascendentes; lo que prevalece es la destreza lingüística y la complacencia en lo lúdico.

RASGOS GENERALES DE SU POESÍA TRADICIONAL

Su poesía "relativa" constituye el núcleo más abundante de su producción. Sin abandonar el culto a la imagen, deja el puro alarde estilístico para expresar emociones personales. Nos trasmite recuerdos ligados a un paisaje o una persona, y sentimientos religiosos; de ahí que pueda hablarse de versos "humanos" y "divinos". **D'Arrigo** distingue dentro de esta faceta tres grandes bloques temáticos: el paisaje, el amor y los temas "minori" (la música y los toros). A ellos habría que añadir la inspiración religiosa.

G. Diego es uno de nuestros grandes líricos amorosos. Se colocaba bajo la advocación de **Lope**. Muchas de sus más composiciones rezuman un erotismo contenido. Otras veces esta poesía adquiere un tono metafísico y existencial, como en la *Glosa a Villamediana.*

Encontramos también poemas menos trascendentes, que se insertan en la cotidianidad con un acento más galante que apasionado: *Sonetos* y *Canciones a Violante*. Hay, a su vez, poemas desprovistos de toda anécdota, en los que se produce una abstracción del sentimiento; se aproximan al tipo de poesía que cultiva **Juan Ramón** en su *Diario de un poeta recién casado*.

Los paisajes y temas españoles ocupan un lugar de honor. No es un paisaje simplemente visto sino interiorizado y a menudo simbólico. La realidad externa puede dar pie a una reflexión trascendente (por ejemplo, *El ciprés de Silos*). Dos son los espacios vitales predilectos: Santander, ligado a la infancia, a los ensueños juveniles y al mar; y esa Soria "fría y pura" que tantos versos le inspiró.

Su poesía religiosa es reflejo de una fe sin fisuras. De la ligereza popular pasa a los temas teológicos y dogmáticos, que alcanzan su más alto vuelo en *Ángeles de Compostela*. Es el único de los grandes poetas de su generación que escribe una poesía de sentido católico. La música fue una de sus grandes aficiones. Algunos poemas, como los de *Nocturnos de Chopin,* son paráfrasis de piezas musicales. También tiene versos dedicados a los grandes creadores. Pueden considerarse modélicos los cinco sonetos que se incluyen en *Alondra de verdad*. Otro de sus grandes motivos de inspiración es el toreo. Merecen destacarse la neogongorina *Oda a Belmonte*, y las seguidillas de *Torerillo de Triana*.

FORMA MÉTRICA. LENGUA Y ESTILO

Es inevitable insistir en su variedad y en el dominio de las formas clásicas, tanto cultas como populares. Nadie le disputa el puesto de máximo sonetista de su generación. Su preferencia por los metros heredados alterna con el uso del verso libre y las combinaciones inventadas en su poesía vanguardista. En su afán de mezclar lo nuevo con lo antiguo busca el compromiso entre la forma métrica tradicional y la estética creacionista.

Su dedicación a la música influye en la creación de un ritmo poético peculiar. Aunque se hace aún más patente en las obras vinculadas a la experiencia vanguardista, alcanza también a la poesía tradicional. En su poesía tiene gran importancia lo que **Vivanco** llama *"palabra imaginativa"*, que sobrepasa los límites de su obra creacionista. Su expresión resulta incompatible *"con las fórmulas repetidas de un lenguaje establecido de antemano"*.

Ya hemos visto que no se puede establecer una división tajante entre el **G. Diego** vanguardista y el poeta de corte clásico. Las mejores composiciones de este tipo conservan rasgos de la vanguardia. Es en las imágenes donde esta influencia resulta más palpable. En su práctica creacionista tiene que buscar imágenes totalmente nuevas que constituyan en sí mismas una realidad; esa inquietud influye en los poemas de línea clásica, en los que también hace gala de un metaforismo complejo y atrevido.

No es ajeno a esta pasión por la imagen el influjo gongorino y el de **Lope**. De él procede esa poetización de la realidad por medio de un lenguaje conversacional que caracteriza al **G. Diego** de los últimos años. Otro rasgo de su lengua poética es el humor, burlón y sin hiel. Si tuviéramos que definir en pocas palabras su estilo, serían éstas: acabada perfección, brillantez, dominio absoluto de las formas.

LIBROS PRIMERIZOS

Lo que él califica de *"Pregerardo Antediego"* se reúne en el libro *Iniciales,* que no fue publicado hasta 1943. Presenta variedad métrica y temática. Junto al influjo romántico y de **Juan Ramón**, hay ecos modernistas.

El primer libro que publicó fue *El romancero de la novia* (1920). Los modelos son *El romancero de una aldeana* de **Enrique Menéndez Pelayo** y los romances del primer **Juan Ramón**. Es poesía sencilla, de un sentimentalismo becqueriano. Otro de sus libros juveniles es *Nocturnos de Chopin,* que fue desarrollándose hasta 1963, fecha en que se publicó; habrá una edición posterior definitiva con el título de *Ofrenda a Chopin* (1969). Lo más interesante es *"la disolución de los límites entre poesía, música y pintura"*, heredada de parnasianos y simbolistas (**Hernández Valcárcel**).

POESÍA DE VANGUARDIA

Como señala **D. Alonso**, en los dos primeros libros, *Imagen y Limbo,* las imágenes, aunque desgranadas, están unidas por un leve hilo temático. Las frases se ligan de forma caprichosa, pero con una sintaxis correcta que se apoya en el ritmo musical.

Imagen se publica en 1922. La primera parte, *Evasión,* fue concebida antes como un libro independiente. El autor lo califica de ultraísta por su deseo de ir más allá, de romper con lo establecido. No se publicó hasta 1958; pero muchas de sus composiciones pasaron a formar la primera parte de *Imagen.* El poeta percibe una clara diferencia entre esta sección y las dos siguientes, *Imagen múltiple y Estribillo,* incluso en algo tan externo como los signos de puntuación, de los que prescindirá por completo. A partir de ese momento logrará una gran eficacia visual jugando con la disposición de los versos. Los veinticuatro poemas de *Limbo* no vieron la luz hasta 1951. Son un apéndice de *Imagen.* A pesar de las piruetas vanguardistas, es un intento de profundizar en las emociones, más allá del puro artificio.

Su poesía creacionista culmina en *Manual de espumas* (1924). Domina la imaginación creadora. El poeta *"se distancia de la realidad aparente y construye palabras en imágenes válidas porque establecen en sí mismas una red compleja de sugerencias sin referentes inmediatos"* (**Arizmendi**).

La *Fábula de Equis y Zeda* (1932) no es una mera imitación de **Góngora**, sino una síntesis de elementos barrocos y vanguardistas. Escrita en sextinas reales, puede parangonarse con *Poemas adrede,* libro en el que luego se incluyó y que se publicó también en 1932. En ambos se busca el compromiso entre la retórica tradicional y la poética creacionista.

La poesía creacionista posterior está recogida en *Biografía incompleta* (1953). Como su título dejaba entrever que no era un ciclo cerrado, apareció una segunda edición con nuevos poemas en 1967. En la misma línea está *Biografía continuada,* otro proyecto abierto que abarca textos escritos entre 1971 y 1982. Como afirma **March**, **G. Diego** mantiene en sus *Biografías* el tono juguetón y juvenil en forma de imágenes arbitrarias o saltos temáticos, pero *"también se permite deslizarlo hacia unos sentimientos más serios, nostálgicos e irónicos"*.

POESÍA TRADICIONAL

Versos humanos (1925) representa el punto de partida de la poesía de corte clásico. Es un libro inconexo y desigual en el que recogió poesías sueltas para presentarse al Premio nacional de literatura. Es muestra de un neoclasicismo vivificado con experiencias personales y de la renovación de los moldes antiguos con una sustancia nueva.

Con *Alondra de verdad,* (1926-1936) y publicado en 1941, se consagra como sonetista. Representa la cumbre de su poesía neoclásica. El título obedece al deseo de crear una *"poesía luminosa y alada -alondra- y a la vez auténtica y vivida -de verdad-".* Centran nuestra atención los espléndidos sonetos amorosos. *Insomnio* es, como apunta **D. Alonso**, uno de los *"más intensamente emocionados* *que se hayan escrito en lengua castellana".* Otros poemas nacen de la contemplación de un paisaje o un monumento: *Ante las torres de Compostela*, de resonancias espiritual*es* y *Cumbre de Urbión*, considerado por **D. Alonso** como *"el más bello soneto de un libro de sonetos admirables".*

Ángeles de Compostela es el más ambicioso en su arquitectura. Tuvo una primera edición en 1940, que se enriqueció con otros muchos elementos hasta formar la definitiva de 1961. Se trata de un volumen de tema monográfico inspirado en las cuatro figuras esculpidas en los ángulos del Pórtico de la Gloria de la catedral de Compostela. En este complejo entramado barroco, que gira en torno al dogma de la resurrección de la carne, prevalece el simbolismo religioso.

Explica el poeta que en la primavera de 1924 sintió, por primera vez, la necesidad no de cantar sino de rezar en verso. Nació así *Viacrucis* (1931). El tono sencillo refleja una devoción popular. Para evitar las tentaciones de la retórica y el patetismo, se sometió a la estrecha disciplina de la décima. Este libro y todos los poemas religiosos que fue escribiendo se reunieron en *Versos divinos* (1971). Tienen una inspiración varia que va de lo popular a lo culto.

En la línea abierta por **Machado**, comienzan las evocaciones sorianas en *Soria. Galería de estampas y efusiones* (1923). Una segunda fase es el *Nuevo cuaderno de Soria,* incluido en *Versos humanos* (1925). La nueva edición de *Soria* (1948) agrupa todos los versos sobre el tema publicados hasta el momento y otros muchos nuevos. Este corpus se continúa en *Soria sucedida* (1977), cuya segunda y definitiva edición, en 1980, reúne la totalidad de poemas dedicados a estas tierras. Como él mismo dice, nos muestra una *"Soria arbitraria"*, no copiada de la realidad, sino fruto de una recreación subjetiva.

Mi Santander, mi cuna, mi palabra (1961) agrupa 150 composiciones que recrean con entrañable cariño costumbres, tipos y paisajes. Además de estos libros, hay otros que contienen también evocaciones de los hombres y las tierras de España: *Paisaje con figuras* (1956), *El jándalo (Sevilla y Cádiz)* (1964) y *Vuelta del peregrino* (1966).

Amor solo (1958) es un cancionero amoroso. *Canciones a Violante* (1959) y *Sonetos a Violante* (1962) son dos libros complementarios. El homenaje a **Lope** es patente. En *Glosa a Villamediana* (1961) lo más interesante es el ejercicio poético que llena la primera parte. El amor conyugal y familiar es el alma de otros poemarios menores: *La sorpresa. Cancionero de Sentaraille* (1944) y *La Fundación del Querer* (1970).

La suerte o la muerte. Poema del toreo (1963) pretende mostrar lo vistoso y lo trágico de la fiesta nacional. *"El Cordobés" dilucidado* es un apéndice del anterior. Una sección menos definida la constituyen algunos volúmenes misceláneos sin unidad temática: *Hasta siempre* (1948), prolongación de *Versos humanos; La luna en el desierto y otros poemas* (1949), que recibe su título de una extensa composición inspirada en **Leopardi**; *La rama* (1961); *Cementerio civil* (1972), que dedica muchas reflexiones a la muerte. En *Carmen jubilar* (1975) domina un tono humorístico.

Al final de las poesías completas se incluye una amplia sección titulada *Hojas,* con 324 composiciones. Se ofrece así una visión total de la obra de **G. Diego**. Antes de que apareciese esta edición, en el libro *Cometa errante* (1985) daba a conocer por adelantado algunos de esos textos inéditos. Son poesías "de creación y expresión" que forman un corpus plural y muy significativo.

DÁMASO ALONSO

ADSCRIPCIÓN GENERACIONAL Y TRAYECTORIA POÉTICA

Aunque las fechas de publicación de sus libros poéticos más importantes no coincidan estrictamente con los años áureos del 27, ya que aparecen en 1944 *Oscura noticia* e *Hijos de la ira,* **D. Alonso** debe ser considerado como uno de sus más activos componentes. Por edad y por su participación activa en las distintas conmemoraciones y concurrencias bibliográficas de los años veinte, **D. Alonso** queda vinculado a este grupo. Su adscripción generacional ha sido defendida, tanto por **Ricord** como por **Debicki**, quien descubre en su actitud literaria similares impulsos a los de sus compañeros: búsqueda de una expresión poética "pura", respeto y conocimiento de la tradición, asimilación de las más recientes corrientes literarias, uso de la metáfora y, finalmente, poesía inmediata y social.

No son muchos sus libros poéticos, cuyo itinerario básico trazó **Gaos**, aunque estén extendidos en un largo período de más de sesenta años que va desde 1921, fecha de la aparición de *Poemas puros. Poemillas de la ciudad* hasta 1985 con *Duda y amor sobre el Ser Supremo,* quedando entre ellos los libros de 1944 -*Oscura noticia* e *Hijos de la ira*-; *Hombre y Dios* -1955- y *Gozos de la vista* -1981-. La construcción de tales libros revela una sencilla complejidad, ya que unos poemas publicados en 1925 (*El viento y el verso*) se incorporarán en 1944 a *Oscura noticia,* que aparecerá junto a *Hombre y Dios* en 1959. *Gozos de la vista,* que será dado a conocer por completo en 1981, aparecerá junto a la segunda edición de *Poemas puros. Poemillas de la ciudad* y con *Otros poemas,* entre los que se incluyen los *Tres sonetos de la lengua castellana,* cuya primera versión se había publicado en 1958. Aparecen ahora sus *Canciones a pito solo.* Su último libro -el de 1985- se completará en volumen con una *Antología de nuestro monstruoso mundo.*

POESÍA INICIAL

Así titula **Ferreres** la que considera etapa primera en su poesía y que se cierra con *Poemas puros. Poemillas de la ciudad.* En este libro, se reúne una poesía en la que se revela, una vez superado **Darío**, una decidida influencia de **Juan Ramón** y de **A. Machado**, tal como advierte **Vivanco**, que le considera entonces el poeta *"más machadiano de su generación".* **Ferreres** destaca en como temas esenciales Madrid, el amor y la novia, junto con una atracción hacia lo popular (**Lope** y **Gil Vicente**). **Debicki** ha visto en *Poemas puros* una anticipación de *Hijos de la ira:* "*El conflicto entre una visión idealizada de la vida y otra visión ásperamente realista, prefigura el choque entre un concepto religioso y un concepto existencial de la vida".*

La construcción de *Oscura noticia,* revela al que **Ferreres** ha denominado *"poeta a rachas",* ya que se incluyen tanto poemas publicados con anterioridad a la guerra civil como los reunidos en *El viento y el verso* (1924), *Estampas de primavera* (1919-1924) y *Dos poemas* (1926-1927), aunque la mayor parte del libro está escrita entre 1933 y 1943. La crítica se ha detenido en los poemas primeros, observando el parentesco con *Poemas puros. Poemillas de la ciudad* y su vinculación a **Juan Ramón** sobre todo en *El viento y el verso,* aunque **Ferreres** haya discutido tal filiación: "*No es un poeta que se sujete estrictamente a modas literarias. Su poesía desde 1923-1924, se orientará con lo que los acontecimientos de su vivir le deparen".*

El resto de los poemas de *Oscura noticia* responde a impulsos diferentes a los de las tres series de los años veinte. En el núcleo principal intensifica la presencia del propio poeta de signo unamuniano, que -como aprecia **Ferreres**- lucha "*por acabar los misterios esenciales que tiene el humano ante sí",* tales como el destino de nuestra vida y la muerte. El propio título, extraído de **San Juan**, hace referencia a esa dificultad de conocer el destino humano. **Debicki** ha observado en esta actitud una continuación y al mismo tiempo un cambio respecto a la poesía anterior, ya que si bien se centra en el conflicto realismo-prosaísmo, ahora lo refiere *"más explícitamente a las situaciones y problemas particulares de la vida humana, al tiempo, a la muerte, al amor"*.

Oscura noticia ha de considerarse por todo ello un libro misceláneo o *"libro de aluvión"*, como lo llama **Vivanco**, compuesto por poemas de diferentes épocas, lo que hace que se resienta su unidad. Como bien señala **Alvarado**, en el libro *"se encuentran representados los diversos estratos de esta producción, grande no por su abundancia, sino por su consistencia esencial, por su empuje artístico y por su clara originalidad"*.

"HIJOS DE LA IRA"

Es su obra más importante, tanto por sus propias cualidades intrínsecas como por la extraordinaria trascendencia que supuso su aparición, paralela por sus consecuencias a la publicación de *Sombra del paraíso,* tal como ha destacado **Alvar**: *"Hijos de la ira es el resultado de una personalísima experiencia como lo son -a distancia histórica de siglos- otros poemas de Fray Luis de León y de San Juan que han podido converger en la obra de D. Alonso"*. Y **Alarcos** recuerda: *"al fin teníamos un libro poético intenso y penetrante"*.

La crítica ha observado ante todo la originalidad de una actitud que cambia en tres aspectos, señalados por **Debicki** y que revelan su condición de angustiada: imágenes grotescas, lenguaje cotidiano prosaico y tono fuertemente expresivo mediante la utilización del verso libre. Tales aspectos han sido valorados por **Zardoya**, como un *"punto de partida de toda una corriente anti-retórica, existencial, libre, doloridamente humana"*. Lleva el subtítulo de *"Diario íntimo"*. Una de las notas de mayor originalidad es la condición de mundo *"poético personal"*, alejado, como señala **García de la Concha**, tanto de la poesía social como de los nuevos intentos neoclasicistas.

Debicki ha hecho referencia al contexto histórico que provoca este nuevo mundo poético: la posguerra española coincidente con la Segunda Guerra Mundial, cuyos horrores influyen en la visión pesimista y en el tono directo que llegase al corazón y a la inteligencia de todos. En este sentido, el aspecto lingüístico es fundamental. **Nebrera** se ha referido a las novedades de la escritura poética de **D. Alonso**: tendencia al prosaismo y su libertad con *"residuos de un talante surrealista"*. **Bousoño** observó que la introducción del lenguaje cotidiano marcaba ya el final de los vocabularios "poéticos", mientras que **Flys** y **Rivers** han visto en la nueva versificación libre una intención de acercamiento al lenguaje conversacional, ya que la supresión de los alambiques estróficos representa una liberación y al mismo tiempo un deseo de claridad y normalización, como ha observado **Ballesteros**.

En definitiva, la gran novedad radica en el cambio sustancial y en el acierto de los nuevos hallazgos expresivos. Para **Zardoya** *"el canto de D. Alonso, antes "puro" y bello, se ha vuelto patético, increpador, casi ensangrentado y, al mismo tiempo, lleno de ternura"*.

POESÍA POSTERIOR

Una etapa final parte de 1955 con la aparición de *Hombre y Dios,* con el que, **Nebrera**, *"asistimos a una especie de reconciliación del poeta con su angustia"*. También se ha visto en su nueva actitud una fusión de lo divino y de lo humano de su poesía, borrando, como ha señalado **Flys**, los límites entre lo de aquí y lo de allá.

Toda la crítica coincide, desde **Sobejano** y **Macrí** hasta **Nebrera**, en la presencia de **Unamuno** en la base, tanto temática como expresiva, de este poemario. Que se produce una variación relativa respecto a *Hijos de la ira* ya lo vio **Sobejano**, quien asegura que *Hombre y Dios "es una obra que no proyecta sombra. Emana luz, despide gracia intelectual"*. Es posible que este sentido de claridad sea percibido sobre todo por la cuidada configuración del libro, el *"más laboriosamente estructurado y meditado de este poeta"*, según señala **Varela**. Para **Bousoño**, el cambio es perceptible también en el lenguaje poético con la presencia de expresiones filosóficas y un más concentrado conceptualismo.

La publicación en 1981 del contenido completo de *Gozos de la vista* permitió conocer en su conjunto las diez composiciones publicadas en distintas revistas entre 1955 y 1957, y que hay que poner en relación con *Hombre y Dios* por cuanto se configura, a través del tema de la vista, en una meditación del hombre frente a su destino, frente a Dios. La presencia del gozo como fundamento de la perspectiva vital del libro concede una dimensión que, sin embargo, pone al descubierto la fugacidad de esa existencia. Tanto **Bousoño** como **Debicki** estudian aspectos variados de esta obra que, para el crítico norteamericano, *"supone un tratamiento individualizado, más esencial, del tema de la doble índole de nuestra existencia, de sus valores y de sus defectos"*.

Otras obras poéticas, reunidas en el volumen de 1981, son los *Tres sonetos sobre la lengua castellana* y *Canciones a pito solo*; pero su último libro, *Duda y amor sobre el Ser Supremo,* ha revelado la vitalidad del poeta al presentarnos un poemario inédito, cuidadosamente estructurado, en el que se percibe de nuevo la influencia de **Unamuno** junto a la de la mejor tradición clásica ascético-mística: **fray Luis de León** y **San Juan**.

D. Alonso enfrenta en este nuevo libro el deseo del hombre frente a Dios de creer en él, sin que sea posible someter este anhelo a los límites de nuestra humana razón. La brillantez de su expresión angustiada, poblada de interrogaciones y nutrida de reiteraciones que revelan la duda, la vacilación constante, marcan el sentido de un estilo directo y desnudo para expresar un mundo poético "final", lleno de complejidad.

GARCÍA LORCA

ENTRE TRADICIÓN Y MODERNIDAD

La obra de **Lorca** es una feliz mezcla de poesía popular y renovación vanguardista. *"Desde el primer momento nos sorprende con su rara habilidad para asimilar el embrujo de la poesía del pueblo sin renunciar a la tradición literaria ni a las innovaciones de última hora"* (**Ramos-Gil**).

Tiene un conocimiento profundo de las fuentes tradicionales. Hace acopio a la vez de la poesía que se mantiene viva en la tradición oral -coplas, romances, canciones infantiles...- y de la vertiente culta recogida en los cancioneros de los ss. XV y XVI. A ello se suma la inspiración del cante jondo andaluz. **Lorca** mezcla estos elementos tradicionales con otros que nacen de su fantasía. El resultado es un producto de extremada originalidad, al que no es ajeno el influjo de la poesía clásica española (**Lope, Góngora**, los **Argensola, fray Luis de Granada, Soto de Rojas**...) y de una tradición romántico-simbolista más próxima (**Bécquer**, los **Machado, Juan Ramón**...).

Lorca no se consideraba vanguardista. Pero no cabe duda de que se nutrió de los estilos de vanguardia, incorporándolos a un mundo poético propio. La presencia de lo irracional y onírico -signo inequívoco de modernidad- es uno de los rasgos que caracterizan su obra.

EL SURREALISMO LORQUIANO. POESÍA MÍTICA Y SIMBÓLICA

Suelen distinguirse dos fases en su adhesión a la corriente surrealista. En un primer momento, hasta 1928, es un vago surrealismo que se circunscribe a la atmósfera onírica. Entre 1928 y 1931 pasó a un surrealismo más radical: *Poeta en Nueva York.* Llega al Surrealismo a través de una evolución natural a la que es proclive su temperamento poético, y encuentra en su extraño y violento lenguaje *"un idioma para expresar la frustración, la brutalidad y la muerte, temas que le preocuparon durante la mayor parte de su vida"* (**Higginbotham**). A pesar de todo, la plena pertenencia de **Lorca** al movimiento surrealista ha sido muy discutida. Como afirma **Millán**, el ilogicismo de los versos neoyorquinos, aunque muy acusado, *"no es comparable, al de las creaciones francesas. La obra de Lorca está sometida a una configuración lógica..."*. Su significado no llega a ser totalmente hermético.

La poesía lorquiana nos trasporta a un universo dominado por instintos ancestrales que adquieren una proyección mítica. Su visión de Andalucía se aleja del localismo costumbrista para convertirla en un escenario mágico y simbólico. Parte de la realidad, pero la somete a un proceso de trasformación. Los elementos cósmicos se funden con la anécdota vital, con los eternos temas del amor, la muerte y el sufrimiento, para formar una nueva realidad trascendente. La concepción mítica lorquiana deriva del sentido panteísta que tiene de la vida: *"siente su existencia en el mundo como una interrogación a la que es preciso dar una respuesta poética"* (**Monleón**).

Los símbolos son elemento clave del universo mítico lorquiano. Reproducen el conflicto esencial que subyace en todas las mitologías entre la vida y la muerte. El poder maléfico de la luna domina toda su poesía. A veces es sólo una presencia mágica que hechiza, pero casi siempre actúa como precursora de la muerte o preside las escenas en que ella aparece. Otras veces se le asigna una función fecundadora o de agente erótico. A lo largo de su obra se percibe una clara asociación de lo metálico, con la muerte. Los metales se hallan ligados también a los conflictos y azares de la raza gitana. El bronce y el cobre representan a menudo la tonalidad de la piel. Otros símbolos fatídicos son el color verde, el negro, las cisternas, las hierbas, el mundo nocturno y crepuscular, la sombra... Aunque el agua estancada tiene un efecto maléfico actúa muchas veces como signo positivo, fecundador e incluso erótico.

Símbolo fundamental es el caballo. Aparece ligado a la figura del gitano. Como afirma **Correa**, la vitalidad del animal hace que el gitano vea en él *"el símbolo de su propia realización vital"*. Los instintos y pasiones se representan por medio de un caballo sin freno que se encamina a la perdición. No menos aciaga es la imagen del caballo y el jinete al que acecha la muerte o que es ya cadáver.

El toro tiene una clara significación trágica. De ahí que **Correa** lo defina como *"símbolo del truncamiento de la vida"*. A veces adquiere una dimensión mítica: los toros de Guisando, en el poema dedicado a Sánchez Mejías. Recordemos, entre otros, el viento, que unas veces se nos muestra lascivo y otras fatídico; las puertas, cerradas o abiertas, que significan represión o revolución...

Los textos surrealistas también encierran un rico universo simbólico. Subraya **García Posada** la presencia de un *"semantismo de lo roto, de lo mutilado"*, como símbolo de violencia y destrucción. Destaca, por otro lado, lo hueco, lo vacío, que nos remite a un mundo carente de sentido.

DIMENSIÓN TRÁGICA. AMOR Y SEXO. PREOCUPACIÓN SOCIAL

El mundo poético de **Lorca** es trágico y violento. Las pasiones se desencadenan con toda intensidad, abocando a los personajes a un destino fatal. Como afirma **Salinas**, el lector se siente en todo momento *"sobrecogido por una extraña atmósfera"*.

La muerte preside su universo poético. El poeta se complace en esas muertes inmotivadas de las que el lector no conoce los antecedentes; sólo interesa la muerte en sí misma, con su trágica grandeza. Al mismo tiempo, el universo lorquiano se tiñe de sangre. Entran en acción los puñales, navajas, cuchillos.... **Álvarez de Miranda** subraya el componente mítico que hay en ellos: *"son los instrumentos de la muerte, los inmoladores de la vida-sangre"*. El dolor, el sufrimiento, la pena negra son componentes esenciales. Se manifiestan bien en expresiones patéticas, bien en un llanto contenido e interminable, como el de esa guitarra que *"llora monótona"*.

Como afirma **Martínez Nadal**, es el amor en la obra de **Lorca** actitud vital, *"centro y eje de su personalidad humana y artística"*. Brota de una concepción panteísta del mundo y se vuelca en todas las criaturas. Un aspecto esencial es la pasión amorosa, que se entrelaza con la muerte. El sexo se presenta como un impulso dionisíaco al que no cabe resistirse. No conoce límites y, por tanto, incluye su manifestación homosexual. Subraya **Umbral** el carácter pansexual del erotismo de **Lorca**, que piropea por igual a hombres y mujeres. Recurre con frecuencia a rasgos unificadores de los caracteres sexuales, como son los muslos o la cintura.

Aunque algunas veces el erotismo se manifiesta en la voluptuosa contemplación de las formas, predomina el sentimiento de desolación y ausencia. Pensemos, por ejemplo, en la Soledad Montoya del *Romance de la pena negra*. A partir de 1929 domina la vena homosexual y la expresión del sentimiento amoroso es más atormentada (*Poeta en Nueva York* y *Sonetos del amor oscuro*).

En su obra late el sentimiento de solidaridad con los oprimidos. Al abordar este asunto es forzoso hablar de los gitanos. Junto a la actitud de denuncia hay otro componente importante. Al poeta le atraen las posibilidades estéticas del tema. Su condición de marginados le permite convertirlos en símbolos de la soledad cósmica del hombre, al tiempo que aparecen como depositarios de una rica tradición cultural. Por otra parte, su exotismo facilita la sublimación erótica. La misma función tiene la presencia de los negros en *Poeta en Nueva York*.

FORMA MÉTRICA. LENGUA Y ESTILO

La versificación lorquiana presenta dos vertientes: la que bebe en fuentes tradicionales, tanto populares como cultas, y la libre. En un punto intermedio se encuentra el verso libre de base tradicional, es decir, series de versos de medida fluctuante insertos en un esquema métrico heredado.

Dentro de la línea popular domina el octosílabo. Hay también tetrasílabos, pentasílabos, hexasílabos y heptasílabos, e incluso bisílabos y trisílabos. Encontramos formas fijas (romances, villancicos, zéjeles...). La libertad es mayor en las coplas, seguidillas, soleares... que tienden a fluctuar en series imparisílabas. Dentro de la tradición culta los metros predilectos son el endecasílabo y el alejandrino. A veces adoptan esquemas clásicos (soneto), pero predominan las formas más sueltas y no faltan endecasílabos y alejandrinos blancos. Son una apertura hacia el verso libre y a menudo se mezclan con él, como en *Poeta en Nueva York*. Subrayemos su extraordinario sentido del ritmo.

Lorca creó un lenguaje poético propio, ya maduro desde sus primeras manifestaciones. **García-Posada** lo define por *"la renuncia a la expresión conceptual, discursiva, como tal; el mundo va a ser contemplado desde una conciencia sensorial"*. Es lo que **Honig** llama *"triunfo de la realidad sensual"*. Las sensaciones de todo tipo cobran un extraordinario relieve y dentro de ellas destacan las visuales. Abundan las imágenes creadas con sentido pictórico. Este dominio de la percepción visual se refleja en el uso del adjetivo como poderoso elemento expresivo. Además del símbolo, encontramos metáforas, símiles, epítetos, desplazamientos calificativos... En los poemas de inspiración neopopular el ritmo se apoya a menudo en la repetición de sonidos y en las estructuras paralelísticas.

Pieza fundamental es la metáfora. *"Se puede decir que todas las sensaciones lorquianas tienen su razón de ser, su origen y su fin en la metáfora"* (**Hernández Valcárcel**). Siempre sintió una gran preocupación por este recurso que permite crear una atmósfera onírica. **Salinas** ha subrayado su gusto por las metáforas sombrías. No tienen una función decorativa, *"sino que son anunciadoras de lo desusado, de lo misterioso."*. Un recurso muy habitual en su lírica es la antropomorfización de los elementos naturales. Hace notar **Zardoya** que esta propiedad no sólo alcanza al paisaje sino también a cosas, minerales y vegetales. Es una forma de ligar al hombre con la esencia del mundo.

PRIMEROS VERSOS

En *Libro de poemas* (1921) es patente el magisterio de **Darío, A. Machado** y **Juan Ramón**. A pesar de esos influjos asistimos a la forja progresiva de su voz personal. Aparecen ya motivos típicos, como la muerte, la frustración amorosa, el simbolismo de la luna, el silencio, los sueños... *Suites* (1920 y 1923) presenta varias series de poemas a modo de variantes sobre un mismo motivo: el mar, la luna, el agua, los espejos... Junto a canciones ligeras, encontramos versos que profundizan en los grandes temas existenciales. Es una lírica intimista, de tintes sombríos.

POESÍA NEOPOPULAR

Poema del cante jondo lo escribió casi por entero en noviembre de 1921. No se publicó hasta 1931. Presenta una clara unidad temática y también de tono y sentimiento. Lo más característico es la aplicación de las técnicas de vanguardia a materiales pertenecientes al acervo tradicional.

A modo de prólogo poético que nos sitúa en el escenario, se abre con *Baladilla de los tres ríos*. Siguen luego poemas dedicados a los grandes cantes andaluces. A continuación, la sección *Poema de la soleá*, con la presencia obsesiva de la muerte violenta. *Poema de la saeta* se dedica a las procesiones de la semana santa sevillana, cuyo ritual describe estilizadamente. Sigue *Gráfico de la Petenera*, asociada a una trágica figura femenina. Luego, dos retratos de muchachas que representan dos tipos opuestos de atractivo femenino y que pueden relacionarse con dos visiones distintas de Andalucía; unas viñetas flamencas, nuevas estampas de ciudades y seis caprichos. **Lorca** añadió dos esbozos dramáticos: *Escena del teniente coronel de la guardia civil* y *Diálogo del Amargo,* seguidos de sendos poemas.

Es una poesía a la vez lírica y descriptiva, presidida por el misterio, el dolor y la muerte. La versificación, con sus características series fluctuantes, es espléndidamente ágil y rítmica: *"ningún libro ofrece más plena fusión de música y poesía"* (**Melis**).

El corpus formado por *Primeras canciones* y *Canciones* se escribió en 1922 y 1921-1924, respectivamente. Sin embargo, tardaron mucho en publicarse: *Primeras canciones* en 1936 y *Canciones* en 1927. El paisaje, fundido con los sentimientos del poeta, es una presencia constante. No domina aquí el tono sombrío o trágico de otras obras, pero no faltan versos estremecidos ni alusiones a la muerte, que aparece en las dos canciones de jinete. Es un mundo de impresiones que se carga de símbolos y presentimientos, pero reducido a *"las formas de un delicado lirismo en tono menor"* (**Fr. García Lorca**).

En 1928 *Revista de Occidente* publica *Romancero gitano,* que habría de consagrarle definitivamente, al tiempo que tejía en torno a él una leyenda de gitanismo y una imagen estereotipada de poeta andalucista que le apesadumbrarían profundamente. Los romances habían sido escritos entre 1924 y 1927. El propio **Lorca** definió la esencia de su obra: *"El libro en conjunto, aunque se llama gitano, es el poema de Andalucía y donde no hay más que un solo personaje que es la Pena..."*.

Intenta fundir dos modalidades de romance, el narrativo y el lírico, a los que se incorpora a veces una técnica dramática. Toma los elementos que le brinda la tradición y los estiliza produciendo una obra de dimensiones cósmicas, cargada de símbolos, que trasciende el marco localista sin renunciar a la anécdota vital.

"POETA EN NUEVA YORK"

Aunque aparece fechado en 1929-1930, **Lorca** trabajó en él hasta el final de su vida. Quiere mostrar el fracaso de una civilización corrupta que sólo conduce al desarraigo, a la soledad y a la muerte. Como afirma **Onís**, la realidad neoyorquina no deja de ser un pretexto para formular una idea que **Lorca** ha intuido con claridad: *"sólo a través del amor por lo elemental y lo puro, es posible la salvación del mundo moderno"*. La visión apocalíptica de la sociedad norteamericana no es el único tema del libro. Se refleja también una angustia íntima que alcanza a distintas facetas del ser: la vivencia de la muerte, la inquietud religiosa y el tormento amoroso de raíz homosexual.

Opina **García-Posada** que *Poeta en Nueva York* representa la cristalización madura del acercamiento de **Lorca** a la órbita surrealista. Más que fruto de una crisis es preferible verlo como libro escrito en un momento de cambio: personal (su ruptura con el escultor **Emilio Aladrén**); literario (decepción ante el éxito equívoco del *Romancero*) y estético (que afectó a todo el arte y la literatura europeos, con el impacto del surrealismo).

ÚLTIMOS POEMAS. POEMAS SUELTOS

Empezó a escribir *Diván del Tamarit* a partir de 1931. No se publicó hasta 1940. **Mario Hernández** nos habla del influjo árabe a través del poeta persa **Hafiz** y del *Diván oriental-occidental* de **Goethe**. Es una colección de 12 "gacelas" y 9 "casidas", con vagas resonancias árabes en la atmósfera y el léxico. Toma el título de un paraje de la vega granadina muy querido por el autor: la huerta del Tamarit. Tema central es el amor atormentado y la muerte, que se funden con las pulsiones carnales de carácter pansexual.

El *Llanto por Ignacio Sánchez Mejías* es un conjunto de perfecta arquitectura y ritmo sostenido, en el que confluyen lo épico y lo lírico. El tema de la muerte aparece desglosado en cuatro momentos (*La cogida y la muerte, La sangre derramada, Cuerpo presente* y *Alma ausente)*. Cada uno de ellos presenta esquemas rítmicos distintos, ligados al fluir del sentimiento elegíaco. **García-Posada** ve en el texto una voluntad de restaurar el canon elegíaco de amplio aliento, con ecos del viejo planto medieval, que se mezclan con las brillantes imágenes vanguardistas.

Aleixandre en 1937 fue el primero en apuntar el título de *Sonetos del amor oscuro*; se basaba en el recuerdo de una conversación mantenida con el autor. **García-Posada** apunta el influjo de los *Sonnets* de **Shakespeare**. El acento dominante es el de nuestros grandes sonetistas barrocos (**Góngora, Lope, Quevedo**...). Hay también reminiscencias de **San Juan**. El tono desgarrado contrasta con su construcción manierista. Encontramos gritos de angustia y deseo, siempre con un afán de apurar hasta el fondo los goces y tormentos del amor.

En los poemas sueltos merecen destacarse: *En la muerte de José de Ciria y Escalante* (1924), *Oda a Salvador Dalí,* un manifiesto en favor de la vanguardia y *Oda al Santísimo Sacramento del Altar,* 1928-1929. Como sugiere **Martínez Nadal**, el poeta *"se esfuerza por escribir de acuerdo con el dogma"*. Sin embargo, las dos últimas secciones entran en el terreno de la heterodoxia. La caprichosa *Oda y burla de Sesostris y Sardanápalo* es un primer intento de reivindicación de la homosexualidad. Señalemos por último *Tierra y luna, Canción de la muerte pequeña* y *Omega (poema para muertos)*.

RAFAEL ALBERTI

TRAYECTORIA Y EVOLUCIÓN POÉTICA

El conjunto de su obra poética revela una variada y fecunda trayectoria. Se inicia con una serie de poemas escritos entre 1920 y 1923. Después emprende el camino del neopopularismo, que fructificará en uno de sus mejores libros: *Marinero en tierra* (1924). En la misma línea están *La amante* (1925) y *El alba del alhelí* (1927), que empieza a marcar la transición hacia una nueva tendencia. En esta etapa inicial **Alberti** se perfila como un *"poeta nada problemático, poeta del mundo recién estrenado y de la alegría vital"* (**Alfaya**).

Este continuum se ve interrumpido por *Cal y canto* (1929), cuyo título revela una clara intención de hermetismo. Como todos los compañeros de grupo, se siente atraído por **Góngora**. Comienza a escribir una poesía barroca, de compleja elaboración, influida también por las vanguardias.

Una grave crisis personal lo empuja al Surrealismo: *Sobre los ángeles* (1929). Pasa *"de una habilidad artística superficial a una exploración de los misterios del alma"* (**Proll**). También se inscriben en la estética surrealista *Sermones y Moradas,* escrito en 1929-1930 y publicado en 1935, y *Yo era un tonto y lo que he visto me ha hecho dos tontos* (1929).

A partir de 1930 deja atrás las preocupaciones formales y los conflictos íntimos y empieza a escribir poesía comprometida y revolucionaria: *Con los zapatos puestos tengo que morir* (1930), *El poeta en la calle* (1935) y *De un momento a otro* (1937). Un paréntesis lo constituye la elegía *Verte y no verte* (1935).

La amarga experiencia del exilio conforma los libros escritos a partir de 1939: *Entre el clavel y la espada* (1941), *Pleamar* (1944), *Retornos de lo vivo lejano* (1952), *Oda marítima* (1953)... Otros, como *Poemas de Punta del Este* (1945-1956) o *Baladas y canciones del Paraná* (1953), se inspiran en la nueva realidad con la que tiene que convivir. La sátira política encuentra su cauce en las *Coplas de Juan Panadero* (1949). También pertenece a esta época *A la pintura* (1948).

En la última fase del destierro, ya en Italia, los motivos elegíacos dejan lugar a la vena burlesca de *Roma, peligro para caminantes* (1968). El tema de la pintura reaparece en *Los ocho nombres de Picasso* (1970). Después de su vuelta a España, no ha dejado de publicar libros que, si bien no añaden nada esencial a su trayectoria poética, son dignos de aprecio: *Fustigada luz* (1980), *Versos sueltos de cada día* (1982), *Los hijos del drago y otros poemas* (1986), *Canciones para Altair* (1989).

FORMA MÉTRICA. LENGUA Y ESTILO

Dentro de las formas tradicionales cabe distinguir entre las populares y las cultas. En sus libros de inspiración neopopular abundan los versos de medida fluctuante y rima asonante e irregular : *"versos libres de base tradicional"* (**Paraíso**). Predominan los de arte menor, sobre todo el octosílabo. Junto a las series fluctuantes encontramos diversos tipos de estrofas, en especial romances, coplas, soleares, seguidillas, zéjeles, letrillas... Es constante el uso de estribillos y estructuras paralelísticas.

En lo que respecta a las formas cultas, destaca el soneto, en endecasílabos o alejandrinos. Son característicos los tercetos con un peculiar encadenamiento (ABACBC) que aparecen en *Cal canto*. En otras ocasiones se decanta por el versículo (tercera parte de *Sobre los ángeles*). Señalemos, por último, el tipo de verso libre utilizado en *Retornos de lo vivo lejano,* en el que predomina el ritmo propio del endecasílabo y del heptasílabo.

Su lenguaje poético va desde las escuetas formas neopopulares, no exentas de elaboración estética, a los alambicados poemas neogongorinos y las visiones oníricas, sin olvidar el estilo coloquial, que caracteriza a su poesía comprometida, el tono imprecatorio de sus airadas sátiras políticas o los bellos versos elegíacos del destierro. A su primitiva dedicación a la pintura se atribuye el hecho de que *"sus poemas contengan numerosas notas de color, contrastes y gradaciones cromáticas"* (**Zardoya**).

Las imágenes de mayor interés son las surrealistas, y en especial las de *Sobre los ángeles*. No faltan los entronques con la tradición clásica: las metáforas de estirpe gongorina de *Cal y canto* y algunas otras conceptuales que pueden parangonarse con **Quevedo**.

LIBROS DE LA PRIMERA ÉPOCA. POESÍA NEOPOPULAR

Como afirma **Zuleta**, *"lo popular es una de las fuentes generadoras de la obra de Alberti en su primera etapa, fuente nunca totalmente abandonada"*. En buena medida lo popular llega a él a través de reelaboraciones cultas. Sus principales modelos son **Gil Vicente**, el *Cancionero musical español de los siglos XV y XVI* de **Barbieri, Encina, Lope**... También apreciaba la poesía lorquiana de corte popular. Con *Marinero en tierra* (1924) inaugura uno de los motivos fundamentales de su lírica: el mar, símbolo del paraíso perdido. Este sentir lo expresa en breves y sencillas canciones populares de ritmo alado y musical. Domina *"un metaforismo idealizante y, a veces, levemente gongorino"* (**Zardoya**).

La amante (1925) es un diario poético. Subraya **Marrast** el nuevo talante con que aborda el tema tantas veces tratado del paisaje de Castilla. Traza breves pinceladas, *"rehuyendo sistemáticamente lo anecdótico y la meditación"*. *El alba del alhelí* (1927) introduce vetas temáticas nuevas y ciertos intentos de renovación que apuntan hacia las vanguardias.

GONGORISMO Y VANGUARDIA: "CAL Y CANTO"

Alberti rinde homenaje al poeta cordobés en *Cal y canto,* un interesante ejercicio estético en el que se funden el arte barroco y las vanguardias. Escrito en 1926-1927 y publicado en 1929, surge en un momento en que parece haberse cansado de los ritmos populares. En este intento de reelaboración se da cabida a las realidades del mundo moderno y se incorporan las nuevas técnicas de descomposición de planos y el rico arsenal de imágenes vanguardistas.

POESÍA SURREALISTA

En los años finales de la dictadura, coincidiendo con la crisis general, nuestro autor vive su propia crisis. Encuentra en las imágenes oníricas del Surrealismo el cauce de expresión de las tensiones que lo atormentan. *Sobre los ángeles,* escrito en 1927-1928 y publicado en 1929, es su libro más rico y complejo. Como afirma **Soria Olmedo**, *"el lenguaje no es oscuro, más bien el hermetismo procede de la acumulación de matices emocionales"*. **Alberti** recurre al Surrealismo para expresar *"su rebeldía, su agresividad contra las trabas de la moral burguesa"*.

En parte, se inspira en la *Biblia* y, más concretamente, en los profetas **Ezequiel** e **Isaías** y en el *Apocalipsis*. Sin embargo, algunos críticos no consideran que los ángeles albertianos tengan una vinculación directa con lo religioso y los definen desde una perspectiva sicológica, como fruto de una crisis espiritual. En ese contexto onírico los ángeles simbolizan fuerzas irresistibles e incontroladas que libran su batalla en el espíritu del poeta. La simbología entronca con **Baudelaire, Rimbaud, Rilke**...

23

Este libro se sitúa bajo el lema becqueriano "huésped de las nieblas". Se abre con un poema-prólogo, *Paraíso perdido,* que nos da a conocer el tema de toda la obra. Un poema clave es *El cuerpo deshabitado,* en el que alude metafóricamente al origen de la crisis: la expulsión del alma.

Sermones y moradas, 1929-1930, no se publicó completo hasta 1935. Casi ha salido de la crisis, pero le ha quedado una herida profunda y eso es lo que nos va a mostrar en este breve libro, que no presenta unidad temática pero sí de tono y estilo. Las abigarradas imágenes desvelan *"un mundo personal angustioso, centrado en un núcleo cotidiano desagradable, con signos de crueldad"* (**Marco**).

Yo era un tonto y lo que he visto me ha hecho dos tontos, 1929, es un corpus muy original, en el que la imaginería surrealista nos muestra su vertiente lúdica al recrear escenas de películas donde cada uno de los "tontos" son representación *"del tipo de hombre en conflicto con la sociedad, de quien no logra comprender nada, salvo lo natural y espontáneo"* (**Gullón**).

POESÍA DE CIRCUNSTANCIAS (1930-1939)

Coincidiendo con el advenimiento de la república y con su viaje a la Unión Soviética en 1932, **Alberti**, se revela como poeta social. No faltan quienes censuren este giro que, a su juicio, desvía al autor de sus objetivos estéticos. Otros, como **Cano Ballesta**, valoran positivamente esta poesía revolucionaria liberada de las cadenas del purismo.

El primer testimonio es *Con los zapatos puestos tengo que morir (Elegía cívica),* 1930. *El poeta en la calle,* 1931-1935, supone la vuelta a un estilo más claro y directo, dentro de la tradición popular, para conseguir una mejor comunicación. Domina la intención de denuncia, el tono combativo. En *De un momento a otro (Poesía e historia),* 1934 y 1938, hay un intento de interpretación histórica dentro de la ortodoxia marxista. Del mismo signo son *Consignas* (1933) y *Nuestra diaria palabra* (1936). También poesía de circunstancias, pero de muy distinto signo, es la de *Verte y no verte* (1935), a raíz de la muerte de Sánchez Mejías. Es un bello corpus lírico muy bien estructurado.

LIBROS DE LA ETAPA DEL EXILIO

La obra de la posguerra se sitúa bajo el signo de la nostalgia. Melancólicamente van desfilando los recuerdos "de lo vivo lejano". Junto a los versos largos aparecen los ritmos populares de gran musicalidad. Su producción de esta época podría situarse bajo el lema de "entre el clavel y la espada", es decir, entre lo lírico y lo combativo. Señala **Valente** que a partir de 1939 el regreso a *"una lírica de moldes tradicionales y contenidos marcadamente subjetivos"* va a caracterizar de forma definitiva el resto de su obra, al tiempo que se repiten los motivos propios de la poesía de destierro. En sus tiempos de exiliado en París escribió *Vida bilingüe de un refugiado español en Francia* (1939-1940), diario poético de esas horas difíciles.

En 1941 publica *Entre el clavel y la espada.* El título representa la idea de que la vida se desenvuelve entre el aroma a jardines y el arma amenazante. *Pleamar* (1944) es la primera obra escrita íntegramente en América. El poeta mezcla el dolor del pasado con la esperanza de futuro que representa su hija Aitana. El punto álgido de su poesía de evocación lo constituye *Retornos de lo vivo lejano* (1952). Como afirma **Albornoz**, es *"una búsqueda consciente del ayer a través de la 'memoria voluntaria'".* *Oda marítima* (1953) es prolongación de *Marinero en tierra.* Al celebrarse el tercer milenario de Cádiz, el poeta entabla un amoroso diálogo con ella.

A la pintura supone una renovación temática dentro de la poesía del exilio. Es un libro unitario y bien trabado, de plena madurez, que **Alfaya** describe como *"la apoteosis del formalismo de Alberti en* *su nueva etapa de retorno hacia el pasado".* En *Signos del día,* 1945-1955, vuelve a la poesía política. Su paso más avanzado en la poesía de denuncia son las *Coplas de Juan Panadero* (1949). A través de un álterego que representa la voz del pueblo, el autor expresa ideas y sentimientos propios.

Alberti reunió, bajo el título de *La primavera de los pueblos,* las composiciones escritas en 1955-1957 a raíz de sus viajes al Este europeo y a China. No falta el recuerdo de España como elemento de contraste.

En *Poemas de Punta del Este* (1945-1956) lo vemos de nuevo en solitario diálogo consigo mismo. *Buenos Aires en tinta china* es una recreación poética del paisaje urbano bonaerense. *Baladas y canciones del Paraná* (1954) enlaza con los temas y ritmos de sus primeras obras neopopulares. Hay poemas que se salen por completo del ámbito americano (*Balada del que nunca fue a Granada).*

Abierto a todas horas (1960-1963) mezcla temas diversos como la contemplación del paisaje cotidiano, la evocación nostálgica del pasado, las dedicatorias a artistas... Los *Poemas con nombre,* 1965-1966, están dedicados a diversas personalidades artísticas. En *Roma, peligro para caminantes* (1968) domina la vena esperpéntica. La devoción a **Pablo Ruiz** se refleja en *Los ocho nombres de Picasso* y *No digo más que lo que no digo* (1970), a caballo entre el juego caprichoso y la honda penetración. *Canciones del alto valle del Aniene* (1972) son evocaciones líricas del valle del Aniene.

ÚLTIMAS OBRAS

Amor en vilo, 1977-1980, es un amplio corpus de poesía erótica. Como afirma **Mª Asunción Mateo**, son *"composiciones llenas de ímpetu juvenil, por encima del tiempo".* *Fustigada luz* (1980) revela en su título simbólico la búsqueda incansable de la luz, inmortal aun en medio de las tinieblas. De *Versos sueltos de cada día. Primer y segundo cuadernos chinos* (1982), opina **Díez de Revenga** que *"es la sensación de cotidianeidad lo que otorga un valor especial".*

Los hijos del drago y otros poemas (1986) se presenta como una primera entrega de otros dos libros: *Los hijos del drago (Retornos de lo que no fue)* y *Amor en vilo* nos ofrecen una doliente y lúcida meditación existencial. La sección *Amor en vilo* contrasta con el tono elegíaco de los poemas precedentes. Con acento apasionado canta a ese amor que da vida y que es la vida misma.

Golfo de sombras (1986) es un libro de intenso erotismo. Un accidente de circulación dio pie a *Accidente. Poemas del hospital* (1987), con el humor y la chispa característicos de nuestro autor. El erotismo de senectud tiene una excelente muestra en *Canciones para Altair* (1989). En un afán desesperado de aferrarse a la vida, son versos llenos de pasión carnal, con una brillante imaginería.

VICENTE ALEIXANDRE

TRAYECTORIA Y EVOLUCIÓN POÉTICA

Es habitual distinguir dos cielos dentro de la poesía aleixandrina, aunque son en realidad tres. El primero, que empieza con *Ámbito* (1928), está dominado por el anhelo de fundirse con el universo. Son poemas de dimensiones telúricas. Dentro de una concepción neorromántica, se entrega a la pasión amorosa, a sabiendas de que amar es destruirse, y destruirse es renacer.

Este primer libro se sitúa en la línea de la poesía pura, con un marcado influjo de **Juan Ramón** y **J. Guillén**. En el mismo año de 1928 su obra da un vuelco hacia la exploración del subconsciente: los poemas en prosa de *Pasión de la tierra* -que no se publicará hasta 1935- y *Espadas como labios* (1932), para culminar en *La destrucción o el amor* (1935). Ha pasado de la estética pura a una poesía anclada en las zonas oscuras del ser.

Después de *La destrucción o el amor* sólo quedan reminiscencias del Surrealismo. En el límite se encuentra *Mundo a solas* (escrito en 1934-1936 y publicado en 1950), un libro oscuro, que nos muestra al hombre en absoluto estado de enajenación. Han desaparecido prácticamente en *Sombra del paraíso* (1944), obra de plenitud. Tras el paréntesis de la guerra civil, se evade de la realidad mediante la evocación de un mundo anterior al pecado, en el que la naturaleza libera al hombre de la angustia. *Nacimiento último* (1953) pone fin a esta primera fase.

Historia del corazón (1954) marca el paso a un nuevo ciclo. Su lengua poética se vuelve más diáfana y reflexiva. La naturaleza queda en un segundo plano, para ceder su protagonismo al hombre. Ha entrado en una etapa que **Bousoño** define como *"de integración en la colectividad"*. El desesperado dolor de antaño deja paso a la resignación.

En un vasto dominio (1962) es síntesis de las visiones del mundo que prevalecen en una y otra etapa. La serie inaugurada con *Historia del corazón* tiene su remate en *Retratos con nombre* (1965).

Finalmente, *Poemas de la consumación* (1968) y *Diálogos del conocimiento* (1974) constituyen una unidad bien delimitada. Ya en la recta final, el poeta se sumerge en indagaciones metafísicas sobre el enigma de la propia conciencia y el sentido último de la vida y del mundo.

Subraya **Bousoño** la coherencia orgánica de la poesía aleixandrina en su conjunto. Lo que se consideran etapas distintas parten de una base común: la solidaridad amorosa del poeta, del hombre, con todo lo creado.

FUSIÓN CON EL COSMOS. UNA AVENTURA HACIA EL CONOCIMIENTO

Su poesía revela una visión de la vida humana regida por los esquemas de la naturaleza. **Carnero** señala una primera etapa *"purgativa, que consiste en romper los límites del ser individual, en desnudarse de las trabas de la conciencia y de la cultura"*, y una segunda fase *"unitiva, que hace al hombre común con los otros hombres, con los animales y el cosmos entero"*. Pieza nuclear de ese universo mítico es el amor, vivido como forma suprema de fusión con el todo.

José Olivio define su poesía como *"una aventura hacia el conocimiento"*. En una primera etapa la vía de acceso al conocimiento absoluto es la búsqueda del sentido unitario del universo. Después, se vuelca en el conocimiento solidario de la vida de otros seres, inmersos, como él, en la historia. En una última etapa está dominado por la aspiración a una sabiduría totalizadora. Este nuevo discurso poético gira en torno a la oposición y complementación de los conceptos de "conocer" y "saber". Uno es actividad; otro, resultado.

FILIACIÓN SURREALISTA

Está considerado como el más próximo al Surrealismo, impulsado por *Les chants de Maldoror* de **Lautréamont**, *Les illuminations* de **Rimbaud, Freud, Joyce, Breton, Aragon, Eluard**... También se ha hablado del influjo de **Hinojosa, Larrea** y **Cernuda**. En cualquier caso, repite en varias ocasiones que él no se siente surrealista, *"porque no he creído en la escritura automática, ni en la consiguiente abolición de la conciencia artística"*.

Sostiene **Yolanda Novo** que no tuvo una cosmovisión surrealista a la manera francesa, pero sí estuvo en posesión de unas actitudes vitales y poéticas cercanas a ella que potenciaron un lenguaje surreal como vehículo expresivo de las mismas. El surrealismo aleixandrino se presenta como "*camino hacia la luz*". *Pasión de la tierra* es el más irreductible a la lógica de todos sus libros. En *Espadas como labios* y sobre todo en *La destrucción o el amor,* van aumentando las apoyaturas racionales, y las imágenes, aunque de estirpe surrealista, se van subordinando a una concepción nítida del mundo.

LENGUA POÉTICA. FORMA MÉTRICA

A la hora de analizar su lengua poética, es obligado distinguir entre el primer período y la obra posterior. "*En el primero, ciclo individualista, la sintaxis, el léxico y los materiales imaginísticos poseen un alto grado de originalidad, en respuesta a la originalidad del mundo evocado"* (**Bousoño**). La principal consecuencia de la adopción de ese lenguaje poético de raíces surrealistas es la intensificación del fenómeno visionario y el consiguiente abandono de la imagen tradicional.

Cuando aspira a comunicarse con el hombre *(Historia del corazón),* su lenguaje poético busca una claridad que permita la comprensión. La sintaxis se simplifica; recurre a estructuras yuxtapuestas y, a menudo, al estilo sincopado. Las imágenes son fácilmente identificables.

Su forma métrica característica es el verso libre y, más concretamente, el versículo. Su fluida expresividad no puede aprisionarse en los estrechos límites de los esquemas clásicos. Es en *Espadas como labios* donde se impone y, coexistiendo con otras variedades, adopta su peculiar modalidad de versículo a lo **Walt Whitman**, con una heterometría que puede ir de dos sílabas hasta veinticinco. Esta fórmula irá ganando terreno hasta alcanzar su mayor incidencia en *Historia del corazón.*

POEMARIOS DEL PRIMER CICLO

De *Ámbito* (1928) han sido **Gimferrer** y **Carnero** quienes han insistido en señalarlo como un precedente de su poesía cósmica y totalizadora. Aunque apegado aún a las formas métricas tradicionales y próximo a la poesía pura, mira hacia el futuro dentro de la trayectoria aleixandrina.

Pasión de la tierra, escrito en 1928-1929 y publicado en 1946, gozó de poca fortuna, no sólo por la oscuridad de los textos, sino también por su tardía aparición, en un momento en que el Surrealismo estaba superado. Como instrumento más flexible elige la prosa poética, que ya habían empleado **Lautréamont, Rimbaud** y **Joyce**. **Villena** resume el sentido último: "*es la rebelión del ser en sí mismo contra la inutilidad y la maldad del mundo, que no excluyen, sin embargo, pasión ni belleza".*

La creación de *Espadas como labios* tuvo lugar entre 1930 y 1931. **D. Alonso** interpreta este poemario como exponente del neorromanticismo y apunta su naturaleza onírica. Subraya **Adolfo Salazar** que *"cuando Aleixandre dice Espadas como labios ha querido decir Labios como espadas. Amor y muerte en eterna esgrima.".*

La destrucción o el amor, 1935, supone un paso adelante "*en eficacia y claridad"* (**D. Alonso**). La peculiar cosmovisión del poeta y su plasmación estilística alcanzan la plenitud, de ahí que pueda hablarse de surrealismo en retroceso. Como apunta **Salinas** es un arrebato místico que no busca a Dios, que no mira al cosmos como motivo de admiración, "*sino como refugio de la desesperada angustia sin la sonrisa del cielo al final".*

Mundo a solas no se publicó hasta 1950. Puede encuadrarse dentro del surrealismo existencial propuesto por **Comincioli***,* que **Granados** prefiere matizar como existencialismo surrealista. En medio de una atmósfera de preguerra, intenta hacer su verbo más asequible. Vemos un mundo deshabitado, poblado de sombras.

Sombra del paraíso se publicó en 1944. El propio autor define el sentido último es un cántico a la luz desde la conciencia de la oscuridad. A las imágenes idílicas se superpone la conciencia del hombre como ser efímero y limitado. *Nacimiento último* recoge poemas de 1927-1952. Versa sobre el tema de la muerte, que, dentro de la cosmovisión aleixandrina, es nacimiento último a la tierra unitaria.

EL CICLO DE "HISTORIA DEL CORAZÓN". ÚLTIMOS POEMARIOS

Historia del corazón, 1954, supone el paso de la comunión cósmica a la comunicación humana. El lenguaje del versículo, antaño hermético, se torna trasparente, sin perder empaque rítmico. Como ha visto **Bousoño**, el tema es el vivir del hombre en su condición de ser caduco. El poeta, al alcanzar la madurez, ha comprendido *"que no es menester vivir angustiadamente, sino en concordancia con los demás y reconociéndose"* (**Zardoya**).

En un vasto dominio data de 1958-1962 y apareció este último año. Supone la síntesis de las dos vertientes de la cosmovisión aleixandrina. El hombre es considerado en su naturaleza histórica y social, pero sobre la base de la unicidad elemental de la materia. El lenguaje poético resulta más intelectualizante que en la obra anterior y pierde parte de sus calidades comunicativas.

Retratos con nombre, escrito en 1958-1965 y publicado en este último año, es complemento de la poesía del segundo ciclo. El proceso de concreción espacio-temporal se impone aquí de forma absoluta, al mostrarnos a los individuos dentro de una precisa delimitación situacional. Todos ellos, desde el anonimato o la fama, abordan día a día la progresiva tarea del existir.

En *Poemas de la consumación* (1968) intenta cantar con grave voz y ademán consecuente la situación del viejo que vive la plena conciencia de la juventud como el equivalente de la única vida. Se combinan dos cualidades aparentemente contradictorias: *"alogicidad en la escritura y receptividad al análisis lógico"* (**Carnero**). El versículo ha dejado paso a un metro variado, frecuentemente corto.

Subraya **Villar** que, si *Diálogos del conocimiento,* 1974, adopta la forma dialogada, es para dejar constancia de que *"el hablar es la esencia del conocimiento. La existencia del hombre depende de su capacidad comunicadora"*. La conciencia del paso del tiempo y la proximidad de la muerte se hacen sentir en todo momento. *Nuevos poemas varios,* 1987, constituyen una muestra variada que abarca todas las temáticas propias del autor. Posteriormente (1991) ha aparecido *En gran noche. Últimos poemas.*

LUIS CERNUDA

TRAYECTORIA Y EVOLUCIÓN POÉTICA

Su primer libro, *Perfil del aire,* 1927, se inscribe en la línea de la poesía pura. Fue muy maltratado por la crítica. Se le reprochaba que era demasiado clásico. Entonces, en un arranque muy propio de su personalidad, escribió en 1927-1928 un segundo libro en el que se intensificaba aún más el clasicismo: *Égloga, elegía, oda*, tributo de admiración a **Garcilaso**.

Un río, un amor, 1929, supone un cambio radical. Tras una breve estancia en París, inaugura su etapa surrealista con *Los placeres prohibidos,* 1931. El reencuentro con **Bécquer** lo orienta después hacia el romanticismo intimista. Conecta al mismo tiempo con la corriente simbolista y con el mundo grecolatino, cuyos mitos exalta como antítesis de los convencionalismos sociales. Conservando tan sólo algunos relámpagos de la manera superrealista, escribe en 1932-1933 *Donde habite el olvido* (1934). *La invitación a la poesía,* 1933, es una muestra antológica de su quehacer lírico. Al año siguiente inicia la redacción de *Invocaciones a las gracias del mundo*. A la influencia becqueriana se une la de **Hölderlin**. Reúne toda su obra en *La realidad y el deseo,* (1936). Las reticencias dejan paso al entusiasmo. Habrá otras tres ediciones en 1940, 1958 y, póstumamente, en 1965.

En 1936 se ha cerrado un primer ciclo. La guerra y el exilio abren una profunda brecha en su discurrir humano y poético. Resultado son *Las nubes,* de 1937-1940; *Ocnos,* iniciado en 1940; y *Como quien espera el alba* (1947), escrito en 1941-1944. El paso por Inglaterra lo enriquece con el conocimiento de **Wordsworth, Eliot, Yeats, Coleridge, Browning**... Su verso se depura y gana en intensidad expresiva. *Vivir sin estar viviendo,* 1944-1949, marca la transición hacia la obra escrita en América, donde redacta íntegramente sus últimos libros: *Con las horas contadas,* 1950-1956; *Variaciones sobre tema mejicano,* en prosa poética (1952); y *Desolación de la Quimera,* 1956-1962.

Cernuda, superada la etapa inicial, no puso interés en la experimentación, sino en profundizar en su instrumento poético para llegar al máximo de intensidad expresiva.

RASGOS GENERALES DE SU POESÍA. EL SURREALISMO

Octavio Paz definió su lírica como *"biografía espiritual, sucesión de momentos vividos y reflexión sobre esas experiencias vitales"*. En efecto, toda ella es una exploración de sí mismo, hecha desde la *otredad,* desde la íntima conciencia de que es distinto de los demás y se sabe marginado. El eje central de sus versos es el amor, que busca infructuosamente la total posesión. El deseo amoroso es la gran fuerza que puede rescatarlo de la más terrible pesadilla: el paso del tiempo. Afirma **Ricardo Molina** que este sentimiento hace que toda su obra se convierta en una gigantesca elegía. Rinde culto a la juventud ajena, al tiempo que lo consume la nostalgia de la suya propia. Parte de una idea de la realidad como algo fluyente. Y frente a ella, como imposible, un deseo de eternidad.

En 1929 atraviesa una doble crisis poética y existencial que lo lleva a emprender la ruta del Surrealismo. Se siente distanciado de su producción anterior dentro de los moldes clásicos. Empieza a leer a **Aragon, Breton, Eluard, Crevel**. Se sirve de las técnicas surrealistas, pero rechaza el puro automatismo. Su experiencia surrealista fue transitoria. Le repelían toda clase de normas y escuelas: *"Ahora bien, en él pervivirá siempre el modo de pensar rebelde del surrealismo"* (**Villena**).

POESÍA DE DESTIERRO

Los versos del exilio están marcados por un tono nostálgico y elegíaco. Aparecen también preocupaciones religiosas. Es técnica habitual el empleo de la segunda persona para entablar un monodiálogo, bien con un tú que es desdoble de sí mismo, bien con otro personaje afín. Más desarraigado que nunca, arremete contra la España reaccionaria, pero se siente vinculado espiritualmente a los ideales de la España áurea, cuyo símbolo es El Escorial. Afirma **Silver** que *"el exilio le privó no tanto de su patria, como del clima físico y espiritual de que se nutría su poesía"*. Con el tiempo, se declarará definitivamente desligado de una realidad que le es ajena.

FORMA MÉTRICA. LENGUA Y ESTILO

Comienza su trayectoria dentro de los moldes regulares, con el influjo de nuestros poetas clásicos y de la rima becqueriana. Sus primeros poemas surrealistas recurren al verso blanco, pero pronto deriva hacia el verso libre y el versículo. En su última etapa aproxima el ritmo métrico al de la prosa. Siempre prefirió los ritmos poco pronunciados, "la música callada". Desde el punto de vista métrico, el rasgo que más le caracteriza es su predilección por el poema largo. Como subraya **Jacobo Muñoz**, *"es un poeta austero, y aun podría decirse ascético"*. Le ayuda a ello una innata contención. No prodiga los recursos retóricos ni cae en alardes léxicos. Las imágenes no presentan excesiva complejidad, aunque, en los poemas surrealistas se sirve de ellas de forma más libre e irracional. En su última etapa, busca una expresividad más contenida, que no esté en función de la imaginería. Su lenguaje se hace más coloquial y sus versos adquieren un tono más meditativo.

PRIMEROS POEMARIOS

La sección inicial de *La realidad y el deseo,* titulada *Primeras poesías* (1924-1927), recoge en gran parte y con notables modificaciones el libro *Perfil del aire,* 1927, que algunos consideraron mera imitación de **J. Guillén**. Existen evidentes afinidades, pero no por ello puede hablarse de un influjo directo. Debe tenerse en cuenta también la huella de **Juan Ramón**, **Mallarmé** y **Reverdy**. Comienza a percibirse la amargura por el paso del tiempo, el vacío de la soledad, la pugna de la realidad con el ensueño. *Égloga, elegía, oda,* 1927-1928, no vio la luz hasta que se publicó *La realidad y el deseo.* Encontramos formas métricas más amplias y una expresión menos subjetiva con una clara impronta garcilasiana, a la que se suma el influjo de **Mallarmé**.

ETAPA SURREALISTA

En 1929, dentro de la órbita del Surrealismo, escribe *Un río, un amor*. Domina la visión onírica, pero la técnica surrealista *"se limita a las imágenes, puesto que los poemas en sí mismos no acusan una real incoherencia"* (**Zuleta**). El escenario es ahora urbano, nocturno y desapacible. El poeta ha abandonado el ámbito cerrado de su habitación para asomarse al mundo propio de las vanguardias. Con *Los placeres prohibidos,* 1931, llega a su cenit el surrealismo cernudiano. El poeta se vuelca en el amor como una forma de realización personal. Pero la tragedia reside en que el deseo es, al mismo tiempo, una llama que no se extingue y algo imposible de satisfacer.

POESÍA DE CORTE ROMÁNTICO

Escribe en 1932-1933 *Donde habite el olvido,* que se publica al año siguiente. El poemario se nos presenta como "el recuerdo de un olvido", lo único que queda cuando el amor desaparece. En *Invocaciones a las gracias del mundo,* 1934-1935, a través de **Hölderlin**, descubre una nueva visión del mundo. Llega a asumir la fugacidad del amor y que su verdad es una mentira; entonces se refugia en el mundo ideal de los mitos.

POESÍA DE POSGUERRA

Cuando en 1940 se publica la segunda edición de *La realidad y el deseo,* incluye un nuevo libro, *Las nubes,* un poemario de guerra y de exilio, *"compuesto con sentimientos románticos y formas clásicas"* (**Gullón**). Como subraya el mismo **Gullón**, nos muestra una faceta que a menudo se olvida: *"su lírica no es la de un incomunicado, sino la de un poeta no inmune al dolor o al goce ajenos"*.

Como quien espera el alba, 1947, es una poesía más conceptual, más meditativa, en la que reaparecen los temas de siempre. En *Vivir sin estar viviendo,* 1944-1949, el paso del tiempo sigue siendo pieza clave de la meditación. En *Con las horas contadas,* 1950-1956, la creación poética es objeto de graves reflexiones quien tanto se preocupó de poner sus versos al servicio de un objetivo trascendente. *Desolación de la Quimera,* 1962, título tomado de **Eliot**, es un libro ambicioso en el que la reflexión personal se mezcla con aspiraciones intelectuales y simbólicas. El tiempo lo ha arrasado todo; sólo queda el lamento por la situación presente y la nostalgia de lo que fue.

EMILIO PRADOS

RASGOS GENERALES DE SU POESÍA. MÉTRICA. LENGUA Y ESTILO

La pertenencia de **Prados** al grupo del 27 es indiscutible. Lo ligan a él aspectos como el contacto con la Residencia, el culto a **Góngora** y el camino que va desde la experimentación vanguardista a la poesía comprometida para desembocar en los versos del exilio. Toda su poesía profundiza en un único tema: *"la búsqueda por parte del hombre de la permanencia y de la unión con el orden del universo. Diversos temas secundarios -el amor, la solidaridad humana- se relacionan siempre con este asunto central"* (**Debicki**).

En lo que a forma métrica se refiere, si exceptuamos el período en que cultiva el verso libre de estirpe surrealista, muestra preferencia por los metros cortos y por las formas tradicionales, la asonancia y el verso blanco.

La hondura de su poesía no está reñida con la apariencia leve. La brevedad y la concisión son rasgos inherentes a su estilo. Los libros de la primera época encierran un vistoso repertorio de imágenes vanguardistas. Más tarde, su poesía revolucionaria derivará hacia la imagen surrealista. Conforma toda su obra una espesa red de símbolos. La mayoría se hallan ligados a una naturaleza en permanente mutación. Otro elemento crucial es el sueño, que, por una parte, supone la huida de la percepción sensible, y, por otra, la recreación del mundo del subconsciente.

TRAYECTORIA Y EVOLUCIÓN POÉTICA

La crítica distingue tres etapas: primeras obras (hasta 1927), poesía social y de guerra (1930-1939) y poesía del exilio (1939-1962). La primera se inicia con: *Tiempo* (1925), *Canciones del farero* (1926) y *Vuelta* (1927). *El misterio del agua,* también de 1926-1927, supone una primera madurez, que culmina en otro libro coetáneo, *Cuerpo perseguido,* no publicado hasta 1940. Es la parte de su producción más conectada con la estética de las vanguardias.

De la inspiración surrealista nace la mayor parte de su poesía social en 1930-1934 *(Andando, andando por el mundo, La voz cautiva...)*, aunque no abandona los moldes tradicionales *(Calendario incompleto del pan y el pescado, Llanto de octubre).* El poeta abstracto y ensimismado de otros tiempos se ha puesto al servicio de la justicia social. La guerra civil lo vuelca en unos versos ligados a la circunstancia concreta *(Destino fiel, Llanto en la sangre).*

Con el exilio, se abre una última etapa marcada por la nostalgia y la soledad, el misticismo panteísta y la obsesiva meditación en torno al binomio vida-muerte. La densidad metafísica va en aumento y la lengua poética se carga de conceptismo: *Mínima muerte* (1944), *Jardín cerrado* (1946), *Río natural* (1957), *La piedra escrita* (1961)...

PRIMERA ETAPA. PRIMERA MADUREZ

En su primer libro, *Tiempo* (1925), hay ecos de la desolación que le invade tras la ruptura con su novia. Forman unidad temática y estilística con él *Canciones del farero* (1926) y *Vuelta (Seguimientos-ausencias)* (1927). El mar se presenta como *"el manantial inconsciente del conocimiento"* (**Ribot**). *Nadador sin cielo (Ensayo de amor bajo el agua),* de 1924-1925 ó 1926, prolonga el universo poético de

Tiempo. Seis estampas para un rompecabezas, 1925, es su primer tributo a la técnica surrealista.

El misterio del agua, 1926-1927, publicado en 1954, supone un primer momento de madurez. Afirma **Aguinaga** que este libro viene a ser *"ahondamiento y estructuración definitiva de toda su belleza imaginativa".* El mismo universo poético perdura en *Memoria de poesía,* 1926-1927. Punto culminante de esta trayectoria es *Cuerpo perseguido,* publicado en *Memoria del olvido,* volumen de 1940 que recoge parte de su obra anterior. La novedad que aporta es la concreción del amor en un cuerpo.

SEGUNDA ETAPA: POESÍA SOCIAL Y POESÍA DE GUERRA

En 1930-1934 escribe varios libros en los que se abre a la preocupación social. Su poesía revolucionaria recurre al verso libre y la imagen surrealista, aunque lejos de un hermetismo total: *Andando, andando por el mundo* y *La voz cautiva,* que no se publicaron completos hasta 1975, *No podréis, La tierra que no alienta* y *Volumen.*

En *Calendario incompleto del pan y el pescado,* 1933-1934, abandona el verso libre y el versículo para volver al romance. La manifestación poética del compromiso culmina en *Llanto de octubre,* nacido al calor de la revolución de los mineros asturianos en 1934. **Aguinaga** y **Carreira,** en la edición de las *Poesías completas,* agrupan bajo el título de *Destino fiel* toda su poesía de guerra. Son versos de compromiso, espoleados por la furia combativa.

ETAPA FINAL: POESÍA DEL EXILIO

En 1939 escribe sus primeros versos de exilio: *Penumbras* y en 1939-1940 *Mínima muerte,* primer paso de un ciclo de plena madurez. Desde una abrumadora conciencia de soledad, emprende el camino que lo llevará a revivir en un nuevo ser. *Jardín cerrado* (1946), su obra cumbre, se gestó entre 1940 y 1946. Es un libro denso, cuajado de símbolos. La idea central, para **Rozas** y **Nebrera,** *"es la lucha interior por conseguir un equilibrio, roto por la profunda hendidura de la guerra".* En *Río natural,* 1950-1956, el hermetismo es absoluto. El poeta ha encontrado su equilibrio de luz en la comunión con lo otro. En 1957 publica *Circuncisión del sueño,* expresión contradictoria de su misticismo cósmico. Con *La piedra escrita* (1961) es un intento de fusión de pasado y futuro en un presente eternizador. En *Signos del ser* (1962) asistimos de nuevo a la fusión de los distintos *yos* del poeta. En *Cita sin límites,* publicado póstumamente en 1965, la muerte se le presenta como un apacible descanso, en que *"la comunicación con los demás seres va a ser más íntima aún".* (**Gómez Yebra**).

MANUEL ALTOLAGUIRRE

LAS REVISTAS E IMPRENTAS

Fue un incansable fundador de revistas ligadas al 27. La primera fue *Ambos* (Málaga, 1923). En 1925 funda con **Prados** la imprenta *Sur,* en la que se editan libros de los jóvenes poetas y, a partir de 1926, *Litoral.* Su próxima publicación es *Poesía* (1930-1931). En 1932-1933 funda y dirige *Héroe.*

En Londres, ve la luz en 1934 la revista *1616.* De vuelta a España, imprime *Caballo verde para la poesía* (1935-1936), bajo la dirección de **Neruda.** Es también creador de varias colecciones poéticas paralelas a las revistas: *Suplementos de Litoral, Ediciones de Poesía, La tentativa poética, Suplementos de 1616, Héroe.* El exilio no pone fin a esta labor editora. En La Habana funda una imprenta, la colección poética *El ciervo herido* y las revistas *Atentamente* y *La Verónica.* En Méjico crea su última revista *(Antología de España en el recuerdo)* y su última colección literaria *(Aires de mi España).*

ETAPAS POÉTICAS. RASGOS GENERALES DE SU POESÍA

Su obra lírica presenta una estructura muy abierta. Cada libro va recogiendo, junto a textos nuevos, muchos ya publicados. Este hecho contribuye a acentuar la unidad temática y expresiva. El único cambio es el paso de formas abiertas y simples a otras más cerradas, como el soneto, y la intensificación del sentimiento religioso en los últimos años.

Smerdou distingue tres etapas. La primera, hasta 1936, comprende: *Las islas invitadas y otros poemas* (1926), *Poema del agua* (1927), *Ejemplo* (1927), el corpus publicado en la revista *Poesía* (1930-1931), *Soledades juntas* (1931), *La lenta libertad* (1936) y *Las islas invitadas* (1936). La segunda época, de 1936 a 1939, incluye poemas de circunstancias presididos por la idea de la muerte. En su mayoría son romances *(Romance de la pérdida de Málaga).* De 1939 al final de su vida trascurre la etapa del exilio*: Nube temporal* (1939)*, Poemas de las islas invitadas* (1944)*, Nuevos poemas de las islas invitadas* (1946)*, Fin de un amor* (1949) y *Poemas en América* (1955).

Considera la poesía como principal fuente de conocimiento y esencialización del mundo, que nos libera de lo circunstancial y transitorio. Hay en sus versos un ansia de ascensión hacia una meta ultraterrena que entronca con la tradición mística. Recibe el influjo de **Juan Ramón** y de **Garcilaso**: hay en sus versos un dolorido sentir, *"que se traduce en el uso de la naturaleza como telón de fondo, o también eco de ese sentir"* (**Trelles**).

En sus primeros años se percibe la huella gongorina y vanguardista, que va cediendo ante el impulso del neorromanticismo becqueriano. Es un poeta intimista, que intenta interiorizar la realidad. Su musa inspiradora es la vida, pero le interesa sobre todo el análisis de las sensaciones íntimas que la contemplación asombrada de la naturaleza y el hombre producen en él.

TEMAS DOMINANTES. LENGUA Y ESTILO. MÉTRICA

Sus símbolos predilectos son el agua vivificadora y el árbol, que, al tener sus raíces hundidas en la tierra y las ramas lanzadas hacia el cielo, representa la oposición cuerpo-alma. La naturaleza, con su fidelidad a sí misma, es expresión de libertad. Aparecen motivos románticos como el amor, la soledad, la muerte, el dolor, la noche, la sombra... La dicotomía cuerpo-alma es otra de sus preocupaciones. Su lengua poética viene definida por el predominio de elementos nominales y la elipsis verbal. No en vano es una poesía contemplativa que nos da una visión estática. Puede detectarse un variado repertorio de figuras. El influjo vanguardista se traduce en imágenes audaces. Prescinde a menudo de la rima; si la usa, es asonante o irregular. Combina los versos de arte mayor con los de arte menor. De las formas tradicionales, la más habitual es el romance.

POEMARIOS DE LA PRIMERA ÉPOCA

El canto a la naturaleza se inicia con *Las islas invitadas y otros poemas* (1926). Se percibe la huella de **Juan Ramón**, de **Góngora** y del Ultraísmo. *Poema del agua* (1927) es una descripción gongorina de las distintas formas que adopta el agua y de los paisajes de su entorno. *Ejemplo* (1927) sigue bajo la égida de **Góngora** y **Juan Ramón**, pero domina la idea de la soledad. *La lenta libertad* (1936) posee un tono de gravedad que le viene dado por los temas de la muerte, la maldad de los hombres. De 1936 es su obra fundamental: *Las islas invitadas.* Domina la actitud contemplativa ante la naturaleza y el mundo y el análisis introspectivo. Hay reminiscencias unamunianas: sentido trascendente del mundo natural, dudas existenciales, paso del tiempo, soledad.

POEMARIOS DE POSGUERRA

Nube temporal (1939) recopila los poemas de circunstancias escritos durante la guerra. *Poemas de las islas invitadas* (1944), trata de los asuntos de siempre y de la guerra. Las mismas características tiene *Nuevos poemas de las islas invitadas* (1946).

Fin de un amor (1949), se decanta hacia las formas métricas tradicionales. En *Poemas en América* (1955) empieza a notarse un sentimiento religioso que hasta ahora no se había manifestado de forma tan viva. La serie de *Últimos poemas,* incluidos en *Obras completas* (1960), comprende la producción de 1955 a 1959. Contiene reflexiones sobre el sentido de la vida y de la muerte. Afirma **Cano** que *"la poesía de Altolaguirre quedará como la obra sensible y auténtica de un poeta menor que supo expresarse con sinceridad y plenitud".*

MIGUEL HERNÁNDEZ

TRAYECTORIA Y EVOLUCIÓN POÉTICA

Aunque cronológicamente pertenece al grupo del 1936, es un poeta precoz que desarrolla su obra en el período de las vanguardias y mantiene una estrecha vinculación con el 27. Al igual que ellos, cuando las circunstancias lo exijan, trocará el artificio formal por una poesía de denuncia. Su muerte cercenó su trayectoria antes de que el grupo del 36 (**Panero, Rosales, Ridruejo, Vivanco**...) llegara a tener cohesión. Comparte con ellos la rehumanización y el componente religioso y existencial.

La obra primeriza es mera imitación de los tópicos del romanticismo y la poesía regionalista, actitud alentada en el círculo de **Sijé**. A finales de 1931, pero sobre todo a raíz de su estancia en Madrid, empieza a evolucionar hacia formas más elaboradas. Fruto de su contacto con el fervor neogongorino de los círculos de vanguardia es *Perito en lunas* (1933). Apunta **Sánchez Vidal** que, para él, el gongorismo *"fue un auténtico calvario redentor"*: consigue de adiestrarse en el manejo del verso, pero se aleja de lo que podría ser su mundo expresivo.

De 1933-1934 datan más de un centenar de poemas a medio camino entre la orientación neogongorina y la línea más madura que culminará en *El rayo que no cesa*. Los tormentos del amor y el desasosiego existencial nutren el ciclo poético que desemboca en *El rayo que no cesa* (1936). Versiones previas de este libro son *Imagen de tu huella* y *El silbo vulnerado*. El conjunto revela el tránsito, dentro de una progresiva depuración estética, de la poesía religiosa a la amorosa.

En 1935-1936 va entrando en la órbita de **Neruda** y asimila su mensaje en favor de una poesía impura. Escribe poemas sueltos en los que se deja sentir el impacto del Surrealismo, con un fuerte influjo de **Aleixandre**. Pero el desarrollo de esta veta experimental se ve pronto interrumpido por las circunstancias históricas, que en 1936 lo abocan a una literatura de urgencia.

El compromiso social y político cristaliza en *Viento del pueblo* (1937) y *El hombre acecha,* 1937-1938. La tragedia colectiva se funde con el desgarrón individual en *Cancionero y romancero de ausencias,* 1938-1941. Su voz poética alcanza aquí sus registros más intimistas.

EL SENTIMIENTO TRÁGICO DE LA VIDA

Como muy bien subraya **Cano Ballesta**, dos rasgos esenciales de **M. Hernández** son *"su potente inspiración de poeta nato y su enérgica voluntad artística lanzada al mimetismo en ansias de superación".* Superados los primeros ejercicios neogongorinos, su palabra poética nos conmueve por su intenso dramatismo. Parte de una concepción fatalista de la propia existencia. Desde 1934, su poesía se desarrollará bajo el signo del sufrimiento, elevado a dimensiones cósmicas.

EL SENTIMIENTO DEL AMOR Y DE LA TIERRA. EL COMPROMISO

La expresión del sentimiento amoroso participa en un primer momento del tono agónico, dentro de una actitud autoconmiserativa que entronca con la tradición petrarquesca intensificada por **Quevedo**. Este sentimiento evolucionará desde la fogosa desazón a la plenitud de la entrega conyugal que fructifica en el hijo. El amor es carnal, *"nunca contemplación espiritual"* (**Guerrero Zamora**). Su obra se halla estrechamente vinculada al mundo natural. Se nutre de una concepción panteísta del universo y de la amorosa observación directa del entorno. Como afirma **Gullón**, **M. Hernández** es *"poeta arraigado apasionadamente"*, y esa pasión se volcó no sólo en la esfera de lo íntimo, sino también en la solidaridad con el hombre. Su poesía es más social que política.

FORMA MÉTRICA. LENGUA Y ESTILO. SÍMBOLOS E IMÁGENES

Su obra poética discurre por el doble cauce de las formas cultas y populares. Recrea con extraordinaria intuición los ritmos tradicionales, junto con los versos largos de ritmo amplio y caudaloso: endecasílabos, alejandrinos, dodecasílabos...

Su andadura dentro de los moldes clásicos tiene un primer hito importante en las octavas reales de *Perito en lunas,* a las que pronto se sumarán la décima guilleniana, la silva, el soneto... Se revela como uno de nuestros grandes sonetistas. **Vivanco** establece dentro de la intrahistoria del soneto español una distinción entre sonetos espirituales o artísticos y corporales o sanguíneos. **Hernández** sería el máximo representante de la segunda modalidad. El primer tributo que rinde a la "poesía impura" es la liberación de la forma clásica. De la mano de **Neruda** y **Aleixandre**, entra en los dominios del verso libre. El interés propagandístico lo lleva al romance. Sin embargo, no faltan otros esquemas de mayor vuelo poético, como el soneto en alejandrinos. En los últimos años, cuando se vuelca en su mundo íntimo, se vuelve a servir de estrofas populares, despojadas ahora de la retórica exultante.

Como subraya **Guerrero Zamora**, en sus primeras obras *"las palabras están huecas de pasión, el verso carece de capacidad simbólica"*. A partir de *El rayo que no cesa, "ya tiene su léxico, el que ha tomado carne y sangre de su vida"*. En los momentos iniciales muestra un prurito arcaizante y gusta de cultismos, neologismos y artificiosos compuestos gongorinos. Lo que puede considerarse su léxico se vuelve más sencillo a medida que avanza en el proceso de interiorización lírica; es esencialmente violento, sombrío.

Rovira estudia el léxico hernandiano: hasta los *Silbos,* se da un predominio absoluto del lenguaje de la naturaleza. Después, prevalece el referente al hombre, sobre todo en su dimensión existencial-amorosa. A partir de 1934 su verso se carga de un fuerte contenido simbólico que lo hace más denso y desgarrado. El vientre femenino es símbolo trascendente al que se ligan el amor y la vida. También el toro, con su carga de tragedia y violencia. Menudean los símbolos de naturaleza trágica. El cuchillo, por ejemplo, es *"la encarnación directa del tragicismo hernandiano"* (**Cano Ballesta**).

Es muy frecuente el uso de metáforas que giran en torno a un motivo sexual. **Marie Chevallier** alude a lo que llama metáfora mística, es decir, aquella destinada a expresar lo inefable. La utiliza sobre todo al referirse al éxtasis amoroso de la unión de los cuerpos. A partir de 1936, a impulsos de unas vivencias críticas que actúan como elemento depurador, en aras de una expresividad más desnuda y espontánea, su poesía tenderá a reducir la carga metafórica.

PRIMERA ETAPA. POEMAS VARIOS DE 1933-1934

Perito en lunas (1933) representa el momento de mayor complejidad expresiva. Ha asimilado la técnica de **Góngora**, pasada por el tamiz de las recreaciones modernas del tipo de la *Fábula de Equis y Zeda* de **G. Diego**. El resultado es un alarde de virtuosismo verbal y conceptual. En el corpus poético de 1933-1934 domina, por influjo de **Sijé**, la orientación ética y religiosa. Se nutre de la lectura de **fray Luis de León** y de **San Juan de la Cruz**. Los devaneos estetizantes y el deleite sensorial dejan paso a la expresión de sentimientos e inquietudes. Diferenciada dentro de este heterogéneo conjunto está la serie de los *Silbos*. Son poemas más sencillos que denotan un proceso de interiorización lírica.

DE "EL SILBO VULNERADO" A "EL RAYO QUE NO CESA"

Desde el *Silbo vulnerado* hasta *El rayo que no cesa* asistimos a la evolución desde el sentimiento religioso al erotismo. Prevalece la idea de que el deseo es una pulsión que emana de la propia vida y, por tanto, no debe ser acallado. El influjo del petrarquismo de **Lope** cede el terreno al desgarrado acento quevedesco. Esta carga emotiva no impide que sea un libro de perfecta arquitectura (**Ruiz-Funes**. Dentro de este poemario amoroso tiene cabida la elegía *A Sijé*.

POESÍA COMPROMETIDA. HACIA UNA POESÍA IMPURA

Los poemas sueltos de 1935-1936 están vinculados al encuentro con **Neruda** y a *La destrucción o el amor* de **Aleixandre**. Se impone el verso libre y las imágenes se enriquecen con la aportación surrealista. Domina el sentimiento trágico de la vida. *Viento del pueblo* funde la poesía militante y el canto popular, en versos tan vigorosos como los de *El niño yuntero* o *Sentado sobre los muertos*. El título de *El hombre acecha,* 1937-1938, alude a que el hombre sólo podrá ser rescatado por ese "animal familiar" que lleva dentro, capaz de llorar y de echar raíces.

"CANCIONERO Y ROMANCERO DE AUSENCIAS"

Es el diario íntimo de un momento convulsivamente doloroso de su vida; pero, matiza **Puccini**, se trata de *"un diario íntimo con las ventanas abiertas de par en par sobre el mundo"*. Con singular acierto, *"lo popular, cristalizado en una serie de repeticiones paralelísticas, va fraguando sentimientos profundos"* (**Revenga**). Sus grandes ejes temáticos se hallan vinculados al concepto de la ausencia, que lo anega todo. Y, siempre, la ansiosa búsqueda de la amada y la exaltación de la maternidad. En medio de los sufrimientos y las catástrofes, la amada es la verdad última.

La permanencia en la cárcel abre una de sus más dolorosas heridas: la separación de los seres queridos. Uno de los poemas que recogen en sus dimensiones más profundas este drama es, sin duda, *Nanas de la cebolla.*

LOS OTROS POETAS DEL 27

De acuerdo con ciertas tendencias actuales de la crítica, que pretenden abrir el cuadro del 27 a otros poetas de la época, repasaremos aquéllos que en algún momento han sido incluidos en el grupo.

FERNANDO VILLALÓN Y RAFAEL LAFFÓN

Villalón mantuvo una extraordinaria relación con todos los poetas del grupo, a los que se une cronológicamente por la fecha de publicación de sus libros: *Andalucía la Baja* (1926), *La Toriada* (1928), *Romances del 800* (1929), a los que hay que añadir *Poesías* (1944) y *Poesía inédita* (1985). **Issorel** lo juzga como uno de los más genuinos componentes del 27, aunque a menudo se encasilla de modo restrictivo como poeta andaluz. Dentro del grupo andaluz del 27 hay que encuadrar también a **Laffón. Cruz Giráldez**, tras situarle inicialmente en el 27, observa su peculiar andalucismo posterior.

JUAN LARREA Y JOSÉ MARÍA HINOJOSA

Gurney considera a **Larrea** *"la figura fantasmal de la generación del 27"*. La poca atención prestada a este excelente poeta quizá viene justificada por dos razones: su abandono de la poesía en verso en el París de 1932 y la no aparición hasta 1969 en Italia y 1970 en España de su único libro, *Versión celeste.* Hoy, su valoración es muy alta, sobre todo por el papel jugado por él en la interpretación española del ultraísmo y del creacionismo, e incluso del surrealismo. "*Larrea* -como señala **Barry**- *vio en la poesía el modo de integrarse a los azares supremos de la vida. Produjo unos versos enigmáticos que sólo se explican, como versión celeste de una experiencia vital"*.

Hinojosa es considerado uno de los introductores del surrealismo en España. **Neira** señala que *"el carácter surrealista de gran parte de su obra es sin duda lo más destacable de su producción"*. Residente en París conoció a poetas y pintores surrealistas, fruto de cuyos contactos fue su primer libro de relatos surrealista, *La flor de California,* al que seguirían *Orillas de la luz* (1928) y *La sangre en libertad* (1931). Antes había publicado *Poema del campo* (1925) -de resonancias juanramonianas-, *Poesía de perfil* (1926) y *La rosa de los vientos* (1927).

JUAN JOSÉ DOMENCHINA, ANTONIO OLIVER Y MIGUEL VALDIVIESO

Su presencia en la antología de **Gaos** (1984) ha contribuido a darle a conocer. Sus obras poéticas, comenzadas en *Del poema eterno* (1917), responden a impulsos comunes a otros poetas de su generación; partiendo de los ecos juanramonianos, acaba abrazando el surrealismo, que culmina en *Dédalo* (1932). Antes había publicado *Las interrogaciones del silencio* (1918), *La corporeidad de lo abstracto* (1929) y *El tacto fervoroso* (1930). **Bellver** subraya que "*tras un primer estado de poesía extrovertida, pasa por un período intimista de crisis, para orientarse hacia una resignación que le obliga a aceptar una muerte física, liberadora y triunfadora sin apelaciones"*. Entre sus libros publicados en Méjico destacan *Exul umbra* (1948), *La sombra desterrada* (1950) y *El extrañado* (1958), en los que se incorporan los sentimientos del destierro.

Oliver ha sido estudiado por **Leopoldo de Luis**: "*su obra va desde la influencia juanramoniana y los brotes ultraístas a la rehumanización"*. Son tres sus libros poéticos: *Mástil* (1925), *Tiempo cenital* (1932) y *Libro de las loas* (1947). Los dos últimos ponen de relieve la autenticidad de una poesía valiosa y personal.

Valdivieso se conoce sobre todo a partir de la publicación de su poesía completa con prólogo de **J. Guillén** (1968). Vinculado a **Darío**, encuentra en los clásicos del Siglo de Oro el motivo central de su inspiración, que en la posguerra volverá los ojos hacia **Unamuno**, aunque es **Guillén** su maestro.

Cinco títulos componen sus poesías completas: *Destrucción de la luz, Sino a quien conmigo va, Números cantan, Los alrededores* y *Formas de luz.* Una obra en la que *"se percibe la predilección por ciertos temas -sobre todo por la luz y la existencia del hombre- y por las formas desnudas desprovistas de inútiles adornos"* (**Revenga**).

JOSÉ BERGAMÍN. OTROS POETAS DEL 27

Bergamín publicó una serie de libros poéticos a partir de *Rimas y sonetos rezagados* (1962), que culminaron en sus *Poesías casi completas* (1982), a las que seguiría *Esperando la mano de nieve* (1982). Comenta **Dennis** el carácter de esta poesía tardía, muy rica tanto en el plano expresivo como en el del contenido.

Para **Jiménez Martos**, junto a los ya citados, interesan: **Romero Murube** *(Canción del amante andaluz,* 1941, y *Casida del olvido,* 1941); **Pérez Clotet** *(Signo del alba,* 1929, *A orillas del silencio* ,1943, y *Soledades en vuelo,* 1945); **Rafael Porlán** *(Romances y canciones,* 1936); **Juan Rejano, Pedro Garfias** y **Ernestina de Champourcín** (*El silencio,* 1926, *Presencia a oscuras,* 1952, y *La pared transparente,* 1984), la única mujer representativa del 27, que figuró, con **Josefina de la Torre**, en la *Antología* de **G. Diego**. **Joaquín Marco** añade a **Adriano del Valle, Antonio Espina, Guillermo de Torre, Rogelio Buendía** y **Quiroga Pla**. Nombres que, junto a los grandes del grupo, compartieron afanes de renovación y originalidad característicos de una época única en la literatura española.

BIBLIOGRAFÍA

ALONSO, D. *Poetas españoles contemporáneos,* Gredos, Madrid, 1969.

ALVARADO DE RICORD, E. *La obra poética de Dámaso Alonso,* Gredos, Madrid, 1968.

ARANGUREN, J.L. *La poesía de Jorge Guillén ante la actual crisis de valores,* en *Estudios literarios,* Círculo de Lectores, Barcelona, 1993.

AULLÓN DE HARO, P. *La poesía en el siglo XX (hasta 1939),* Taurus, Madrid, 1989.

BELLVER, C. *El mundo poético de Juan José Domenchina,* Editora Nacional, Madrid, 1979.

BLANCH, A. *La poesía pura española,* Gredos, Madrid, 1976.

BODINI, V. *Los poetas surrealistas españoles,* Tusquets, Barcelona, 1982.

BOUSOÑO, C. *La poesía de Vicente Aleixandre*, Gredos, Madrid, 1977.

BUCKLEY, R. *Los vanguardistas españoles (1925-1935),* Alianza, Madrid, 1973.

CANO, J.L. *Antología de los poetas del 27,* Espasa Calpe, Madrid, 1984.

CANO BALLESTA, J. *Literatura y tecnología. Las letras españolas ante la revolución industrial (1900-1933),* Orígenes, Madrid, 1981.

CASALDUERO, J. *Introducción a la obra poética de Jorge Guillén*, Alianza Editorial, Madrid, 1970.

CERNUDA, L. *Estudios sobre poesía española contemporánea,* Seix Barral, Barcelona, 1975.

CRUZ, M. *Vida y poesía de Rafael Laffont,* Diputación de Sevilla, 1984.

DEBICKI, A. *Estudios sobre poesía española contemporánea. La Generación de 1924-1935,* Gredos, Madrid, 1981.

DEBICKI, A. *La poesía de Jorge Guillén*, Gredos, Madrid, 1973.

DEBICKI, A. *Dámaso Alonso,* Cátedra, Madrid, 1974.**DENNIS, N.** *Introducción a la poesía de José Bergamín,* Pretextos, Valencia, 1983.

DIEGO, G. *Poesía española contemporánea*, Taurus, Madrid, 1985.

DÍEZ DE REVENGA, F.J. *La métrica de los poetas del 27,* Universidad de Murcia, 1973.

DÍEZ DE REVENGA, F.J. *La obra de Dámaso Alonso y su trascendencia social y existencial,* Ámbitos Literarios, Barcelona, 1988.

DÍEZ DE REVENGA, F.J. *Panorama crítico de la Generación del 27,* Castalia, Madrid, 1988.

DURÁN, M. *Rafael Alberti,* Taurus, Madrid, 1975.

FEAL, C. *La poesía de Pedro Salinas,* Gredos, Madrid, 1965.

FERRERES, R. *Aproximación a la poesía de Dámaso Alonso,* Ed. Bello, Valencia, 1976.

FLYS, M.J. *Edición y prólogo de Hijos de la ira,* Castalia, Madrid, 1986.

GAOS, V. *Antología del grupo poético de 1927*, Cátedra, Madrid, 1980.

GARCÍA DE LA CONCHA, V. *La poesía española de 1935 a 1975,* Cátedra, Madrid, 1987.

GARCÍA DE LA CONCHA, V. *Poetas del 27. La generación y su entorno*, Austral, Madrid, 1998.

GARCÍA LORCA, F. *Federico y su mundo,* Alianza, Madrid, 1980.

GARCÍA POSADA, M. *Los poetas de la Generación del 27*, Ed. Diego Marín, Murcia, 1994.

GARCÍA POSADA, M. *Acelerado sueño. Biografía colectiva de los poetas del 27*, Espasa, Madrid, 1999.

GARCÍA POSADA, M. *Federico García Lorca,* Edaf, Madrid, 1979.

GARCÍA POSADA, M. *Lorca: interpretación de Poeta en Nueva York,* Akal, Madrid, 1981.

GEIST, A. *La poética de la Generación del 27 y las revistas literarias: de la vanguardia al compromiso,* Guadarrama, Madrid, 1980.

GONZÁLEZ, A. *El grupo poético de 1927,* Taurus, Madrid, 1976.

GONZÁLEZ MUELA, J. *Introducción a la obra poética de Pedro Salinas,* Castalia, Madrid, 1986.

GRANADOS, V. *La poesía de Vicente Aleixandre*, Cupsa, Madrid, 1977.

GUILLÉN, J. *Lengua y poesía*, Alianza Editorial, Madrid, 1972.

HARRIS, D. *Luis Cernuda,* Taurus, Madrid, 1977.

HERNÁNDEZ VALCÁRCEL, Mª.C. *La expresión sensorial en cinco poetas del 27,* Universidad de Murcia, 1978.

ILIE, P. *Los surrealistas españoles,* Taurus, Madrid, 1972.

LÓPEZ CASANOVA, A. *Miguel Hernández: pasión y elegía,* Ed. Diego Marín, Murcia, 1994.

LÓPEZ ESTRADA, F. *Métrica española del siglo XX,* Gredos, Madrid, 1970.

LUIS, L. *Vida y obra de Vicente Aleixandre,* Espasa Calpe, Madrid, 1978.

MACRÍ, O. *La obra poética de Jorge Guillén,* Ariel, Barcelona, 1976.

MAINER, J.C. *La Edad de Plata (1902-1939),* Cátedra, Madrid, 1983.

MARTÍNEZ NADAL, R. *Cuatro lecciones sobre Federico García Lorca,* Cátedra, Madrid, 1980.

MORRIS, C. *Una generación de poetas españoles (1920-1936),* Gredos, Madrid, 1988.

NAVARRO TOMÁS, T. *Los poetas en sus versos: desde Jorge Manrique a García Lorca,* Ariel, Barcelona, 1973.

OLIVIO JIMÉNEZ, J. *Vicente Aleixandre. Una aventura hacia el conocimiento*, Ed. Renacimiento, Sevilla, 1998.

PARAÍSO, I. *El verso libre hispánico,* Gredos, Madrid, 1985.

PARIENTE, A. *Antología de la poesía surrealista española,* Júcar, Madrid, 1984.

PUCCINI, D. *La palabra poética de Vicente Aleixandre,* Ariel, Barcelona, 1979.

RICO, F. *Historia crítica de la Literatura española,* Ed. Crítica, Barcelona, 1984.

RIVERS, E. *Edición de Hijos de la ira,* Labor, Barcelona, 1970.

ROZAS, J.M. *El grupo poético del 27*, Cincel, Madrid, 1980.

ROZAS, J.M. *La Generación del 27 desde dentro. Textos y documentos,* Ed. Alcalá, Madrid, 1974.

RUBIO, F. *Edición y prólogo de Hijos de la ira,* Espasa Calpe, Madrid, 1990.

SALINAS, S. *El mundo poético de Rafael Alberti,* Gredos, Madrid, 1968.

SANTOJA, G. *Un poeta español en Cuba: Manuel Altolaguirre,* Círculo de Lectores, Barcelona, 1994.

SILVER, P. *Luis Cernuda, el poeta en su leyenda,* Alfaguara, Madrid, 1972.

SPANG, K. *La poesía de Rafael Alberti,* Eunsa, Pamplona, 1973.

TALENS, J. *El espacio y las máscaras. Introducción a la lectura de Luis Cernuda,* Anagrama, Barcelona, 1975.

TORRES NEBRERA, G. *El grupo poético de 1927,* Cincel, Madrid, 1980.

UMBRAL, F. *Lorca, poeta maldito,* Bruguera, Barcelona, 1977.

VILLENA, L.A. *La rebeldía dandy en Luis Cernuda,* Universidad de Sevilla, 1977.

VIVANCO, L.F. *Introducción a la poesía española contemporánea,* Guadarrama, Madrid, 1971.

ZARDOYA, C. *Poesía española del siglo XX,* Gredos, Madrid, 1974.

ZUBIZARRETA, A. *Pedro Salinas: el diálogo creador,* Gredos, Madrid, 1969.

ZULETA, E. *Cinco poetas españoles,* Gredos, Madrid, 1981.

OPOSICIONES A ENSEÑANZA SECUNDARIA
LENGUA CASTELLANA Y LITERATURA

TEMA 64:

La novela española
en la primera mitad del siglo XX.

ÍNDICE SINÓPTICO

INTRODUCCIÓN.

LOS CONTINUADORES DEL REALISMO

LOS RENOVADORES: BAROJA, FERNÁNDEZ FLÓREZ, CIGES APARICIO, MANUEL BUENO, LÓPEZ PINILLOS
ESTUDIO MONOGRÁFICO DE "EL ÁRBOL DE LA CIENCIA"
    INTRODUCCIÓN
    LA TRAMA CENTRAL: HISTORIA DE UNA DESORIENTACIÓN EXISTENCIAL
    LA ESTRUCTURA
    LOS PERSONAJES Y EL ARTE DE LA CARACTERIZACIÓN
    AMBIENTES. EL ALCANCE SOCIAL. LA REALIDAD ESPAÑOLA
    EL SENTIDO EXISTENCIAL
    EL ESTILO
    CONCLUSIÓN

LOS CONTINUADORES: LÓPEZ-ROBERTS, CONCHA ESPINA, DANVILLA, NOEL, MORA, DÍAZ-CANEJA, CAMBA, SALAVERRÍA, PEREDA, TORAL, BURGOS, OLMET

RETÓRICOS, REGIONALISTAS, COSTUMBRISTAS: LEÓN, OLMEDILLA, ANAYA, LUGÍN, CARRERE, RÉPIDE, SAN JOSÉ, RAMÍREZ ÁNGEL

SENTIMENTALES Y ROSAS: MARTÍNEZ SIERRA, PÉREZ Y PÉREZ

LOS REALISTAS DE LOS AÑOS 30: PÉREZ DE LA OSSA, LEDESMA MIRANDA, SÁNCHEZ MAZAS, BORRAS, COSSÍO, MULDER Y OTROS

LOS CONTINUADORES DEL NATURALISMO

LOS RENOVADORES: ZAMACOIS, TRIGO, INSÚA, HARO, HOYOS
LOS CONTINUADORES: MATA, BELDA, FRANCÉS Y OTROS
OTRAS TENDENCIAS: VIDAL Y PLANAS, JOSÉ MAS

LA NOVELA FORMALISTA

LOS FUNDADORES: VALLE-INCLÁN, MIRÓ, GÓMEZ DE LA SERNA
OTROS CULTIVADORES: LLAMAS, MUÑOZ, RIVAS CHERIF Y OTROS.

/sigue.../

LA NOVELA INTELECTUAL

      LOS FUNDADORES: UNAMUNO, AZORÍN, PÉREZ DE AYALA

      ESTUDIO MONOGRÁFICO DE "SAN MANUEL BUENO, MÁRTIR"

           ARGUMENTO

           TEMAS. ALCANCE Y SENTIDO

           ESTRUCTURA

           ARTE DEL RELATO. ASPECTOS TÉCNICOS

           SIGNIFICACIÓN

      OTROS CULTIVADORES: VALBUENA PRAT, D'ORS, TENREIRO, AZAÑA, JUARROS, SANTULLANO, MADARIAGA

LAS NOVELAS VANGUARDISTAS

      BENJAMÍN JARNÉS, FRANCISCO AYALA, EDGAR NEVILLE Y OTROS

LA NOVELA SOCIAL DE LOS AÑOS 28

      ZUGAZAGOITIA, ARDERÍUS, DÍAZ FERNÁNDEZ, CÉSAR FALCÓN Y OTROS

INTRODUCCIÓN

La novela española de los primeros 36 años de nuestro siglo es, ante todo, una novela copiosa; una producción de la que cabe decir que ni antes ni después de estos años aparecieron tantos títulos. **Pilar Palomo**, en los apéndices de *Las mejores novelas contemporáneas* (1957) llega a catalogar para estos 36 años unas 2.000 novelas. Pero ocurre que durante estos años se publicaron docenas de colecciones que semanalmente editaban novelas, y un cálculo aproximado de estas publicaciones semanales nos da 4.000 novelas más.

Tal abundancia indica, cuando menos, una cierta repetición de estructuras y de temas novelescos, que sin duda existe, pero también hay que tener en cuenta que en cuanto a estructuras novelescas nos vamos a encontrar con una gran variedad (novelistas como **Galdós, Pardo Bazán** y otros realistas, publican en las mismas colecciones que **Trigo, Zamacois o Miró**).

Los autores, que también se cuentan por docenas, no suelen ser autores de una sola obra, sino autores copiosos (abundan novelistas con más de 40 títulos, entre novelas largas y cortas). Ocurre en estos 36 años que confluyen varios modos de hacer novelas, y ocurre también que la novela como género se volvió algo así como un artículo de consumo semanal.

Ante una producción como la ya apuntada, cabe, en principio, establecer la siguiente clasificación: en cuanto a su estructura, la novela se divide en dos grandes secciones que llamaremos lo heredado y lo nuevo. Lo heredado está compuesto por dos corrientes o estructuras novelescas que vienen directamente del XIX, y que se siguen produciendo en el XX: el Realismo y el Naturalismo. Lo nuevo está formado por las nuevas estructuras novelescas que aparecieron con el siglo XX: la novela intelectual y la novela formalista (modernista si se quiere).

Tanto lo heredado como lo nuevo, se influencian constantemente, a veces se amalgaman, consiguiendo en ocasiones una nueva estructura (quizás la llamada novela social de los años 28 tenga mucho que ver con la estructura modernista, sin dejar por ello de pertenecer a la corriente crítica y social de la novela o estructura naturalista).

LOS CONTINUADORES DEL REALISMO

El realismo novelesco, instaurado por los escritores de 1868 (**Galdós, Pereda, Valera, Alarcón, Pardo Bazán**...), constituye en el XX una herencia literaria, una narrativa heredada; no es lo nuevo, pero tampoco lo viejo, puesto que la fórmula narrativa del realismo va a seguir informando la novelística española de antes y de después de la guerra civil.

Sobre la línea del quehacer realista, crea sus obras el más renovador de los realistas del XX, **Baroja**; sobre el realismo, continuándolo, aparecen novelistas como **López-Roberts**; basándose en el realismo aparecerá la novela regional y costumbrista de **González Anaya**; inspirándose en el realismo, escribirá sus novelas de crítica social un **Ciges Aparicio**... y cuando pasan los años, cuando aparecen nuevas tendencias y el clima literario es otro, estamos ya en el año 27, de nuevo el realismo servirá de estructura narrativa a los **Sánchez Mazas, Ledesma Miranda, Zunzunegui** y otros en su versión tradicional, y en su versión crítica, el realismo será la estructura de un **Sénder** y de algunos novelistas más que cultivaron la crítica social.

La guerra significó un tajo insoslayable en el quehacer literario de toda una nación, pero inmediatamente después de la guerra, aparecerá el realismo, como estructura recuperada y restaurada, con **Zunzunegui**, el primer **Cela**, el primer **Torrente Ballester, Carmen Laforet** y tantos otros.

La abundancia de novelistas que escogieron la estructura realista, obliga a una selección casi rigurosa que, sin embargo, tiene en cuenta las variaciones o subtendencias posibles en toda la producción. Estudiaremos cinco grupos:

1º) los renovadores del realismo, que son los principales seguidores del realismo decimonónico pero renovadores del mismo;

2º) los continuadores;

3º) los regionalistas, costumbristas, etc., que constituyen un grupo nada homogéneo, pero que coinciden en afirmar la decadencia del realismo, ya sea transformándolo en costumbrismo o regionalismo, ya sea convirtiéndolo en pura retórica (**Ricardo León**) ..., en una palabra, asistimos a la liquidación de una tendencia, pero no a su final y muerte;

4º) los sentimentales y rosas, inevitables cultivadores de una subtendencia idealizada del realismo;

5º) los realistas de los años 30, que representan, por una parte, la reacción tradicional del realismo ante las tendencias vanguardistas de estos años, y por otra, y más importante, son los encargados de salvaguardar la herencia realista a través de una guerra que liquidó vanguardias, novelas sociales y críticas, etc.

LOS RENOVADORES: BAROJA, FERNÁNDEZ FLÓREZ, CIGES APARICIO, MANUEL BUENO, LÓPEZ PINILLOS

La vida de **Pío Baroja** y **Nessi** es la de un ejemplar novelista de oficio, sin altibajos ni aventuras: médico, ejerció muy poco su carrera, vino pronto a Madrid para regentar la tahona de una tía suya, y después se dedicó a escribir, publicando la mayor parte de sus obras el marido de su hermana, **Caro Reggio**. Coqueteó con el periodismo e hizo hasta un libro de versos, pero lo esencial, su vida entera, la de este burgués tranquilo, aunque un tanto viajero, fue la novela: y así podríamos enumerar cerca de 100 volúmenes de los que 66 son novelas (el resto memorias, artículos, versos, cuentos); 66 títulos parecen a primera vista imposibles de resumir y hasta de examinar, sin embargo, podemos partir de la división establecida por **Eugenio de Nora**, que es la siguiente:

I. Tierra vasca: *La casa de Aizgorri* (1900), *El mayorazgo de Labraz* (1903), *Zalacaín el aventurero* (1909).
II. La vida fantástica: *Aventuras, inventos y mixtificaciones de Silvestre Paradox* (1901), *Camino de perfección* (1902), *Paradox rey* (1906).

III. La lucha por la vida: *La busca* (1904), *Mala hierba* (1904), *Aurora roja* (1905).

IV. El pasado: *La feria de los discretos* (1905), *Los últimos románticos* (1906), *Las tragedias grotescas* (1907).

V. La raza: *La dama errante* (1908), *La ciudad de la niebla* (1909), *El árbol de la ciencia* (1911).

VI. Las ciudades: *César o nada* (1910), *El mundo es ansí* (1912), *La sensualidad pervertida* (1920).

VII. El mar: *Las inquietudes de Shanti Andía* (1911), *El laberinto de las sirenas* (1923), *Los pilotos de altura* (1929), *La estrella del capitán Chimista* (1930).

VIII. *Memorias de un hombre de acción*: con este título general, publicó **Baroja** 22 volúmenes de novelas históricas, de 1913 a 1935.

IX. Agonías de nuestro tiempo: *El gran torbellino del mundo* (1926), *Las veleidades de la fortuna* y *Los amores tardíos* (1927).

X. La selva oscura: *La familia de Errotacho* (1931), *El cabo de las tormentas* y *Los visionarios* (1932).

XI. La juventud perdida: *Las noches del Buen Retiro* (1934), *El cura de Monleón* (1936), *Locuras de carnaval* (1937).

XII. Últimas novelas: *Susana* (1938), *Laura, o la soledad sin remedio* (1939), *El caballero de Erlaiz* (1943), *El hotel del cisne* (1946), *El cantor vagabundo* (1950), *Las veladas del chalet gris* y *La obsesión del misterio* (1952).

Tal es, en resumen, y dejando aparte novelas y relatos cortos, la obra novelesca de **Baroja** que parece organizarse, aunque imperfectamente, en trilogías. **Eugenio de Nora** ha seguido hasta cierto punto la división de la obra establecida por el mismo autor, aunque completándola y perfeccionándola.

Sin embargo, el pasado 2015 apareció una novela inédita, *Los caprichos de la suerte*. Es, con toda seguridad, dice Caro-Baroja, la última novela de su tío abuelo, aunque en Itzea aún se conservan *"algunos textos menores que podrían ser publicados en el futuro"*. El manuscrito no apareció de pronto en un cajón. Se sabía de su existencia, ya que es el cierre a la trilogía sobre la guerra civil *Las saturnales*, que un Baroja crepuscular escribió al final de su vida en Madrid. *El cantor vagabundo*, la primera parte, se publicó en 1950, aunque *Miserias de la guerra* tuvo que esperar hasta 2006. En el posfacio a esta última, Miguel Sánchez-Ostiz menciona *Los caprichos de la suerte*. ¿Por qué entonces no se ha publicado hasta ahora? *"Creímos que no era el momento"*, responde el representante de la familia. Y detalla la peripecia de la copia que se conserva en Itzea (el manuscrito ha desaparecido), en una carpeta gris, mecanografiado y anotado por el autor: *"Por razones obvias, el libro era impublicable en la época en que lo escribió Baroja. Miserias de la guerra* ya había sido rechazado por la censura, así que hubiera sido inútil intentarlo"

En opinión de **Juan Ignacio Ferreras**, la novela de **Baroja** representa la solución más original que el realismo ha encontrado a la tradicional novela decimonónica. **Baroja** decanta o sublima el realismo, al prescindir de lo que él cree, siempre subjetivamente, postizo, y al resaltar lo que tiene por esencial. Y lo esencial para **Baroja** es el tipo y la acción. El autor busca la verdad, pero la verdad no está en la reconstrucción de un universo poblado de personajes muy relacionados entre sí y el universo que los sostiene y a veces determina; para **Baroja** el hombre, es decir, el personaje, ha de ser libre y su libertad se manifiesta a la hora de la acción.

Así, los protagonistas barojianos son personajes activos que luchan por algo muy concreto, aunque suelen fracasar siempre. El ideal para **Baroja** es el hombre de acción (de ahí que dedicara tantos títulos a un personaje histórico del XIX, como fue Aviraneta, político, guerrillero y conspirador).

Si la novela ha de ser ante todo acción, los temas preferentes han de ser los de aventuras, y por eso muchas de las novelas barojianas se acercan al folletín. **Baroja** no se preocupa por la hondura sicológica ni por las descripciones; el universo suele ser sugerido, y los personajes se caracterizan por lo que hacen, por lo que dicen.

A esta novedad en la estructura de la novela realista tradicional, se une el tan discutido estilo barojiano, desaliñado; no hay duda de que **Baroja** no es tan sencillo a la hora de escribir como parece: no busca la frase redonda ni poética que considera falsa, busca y encuentra lo concreto y preciso, aunque para ello haya de desaliñar su prosa. El resultado se llama rapidez en el apunte, velocidad en la acción, concisión en la sugerencia.

No creemos que estas novedades y casi revoluciones vengan producidas por algunas de las posiciones ideológicas del autor, que a veces parece anarquista y a veces reaccionario. **Baroja**, a pesar de sus frases y hasta de sus declaraciones, no detenta ninguna ideología definida, y de ser algo, sería partidario del orden. La realidad española que le tocó vivir, le dio una visión pesimista de la vida y **Baroja** es un desesperanzado como la mayor parte de sus héroes. Quizás con la llegada de la Segunda República en el 31, y sobre todo, con la guerra civil del 36, el mundo barojiano se venga abajo. Nuestro autor no toma una postura decidida, pero procura acercarse a los sublevados casi inmediatamente, entre los que no gozaba de muchas simpatías: se le consideraba anticristiano, ateo casi, y desde luego anarquizante. Lo cierto es que, a partir de estos años, la obra barojiana entra en decadencia o es una simple repetición. De cualquier forma, y a pesar del triunfo aparente de las prosas artísticas o modernistas, **Baroja** fue y continúa siendo un maestro para generaciones de escritores en lengua española.

Hay que tener en cuenta sobre todo que el novelar de **Baroja** apareció en 1900, año en el que aún vivían y publicaban los hombres de la generación realista de 1868; **Baroja** se presenta así, en medio de las primeras experiencias formalistas e intelectuales, como un caso aparte. Como un autor original que al parecer no seguía ni se afiliaba a ninguna de las nuevas fórmulas narrativas, pero que tampoco seguía exactamente los dictados de la novela realista.

ESTUDIO MONOGRÁFICO DE «EL ÁRBOL DE LA CIENCIA»

INTRODUCCIÓN

Baroja, en sus *Memorias,* escribió: *«El árbol de la ciencia es, entre las novelas de carácter filosófico, la mejor que yo he escrito. Probablemente es el libro más acabado y completo de todos los míos»* Con esta opinión ha coincidido buena parte de la crítica, comenzando por **Azorín** que lo consideraba como el que *«resume, mejor que ningún otro libro, el espíritu de Baroja».*

Ante todo, la novela -escrita en 1911- tiene mucho de autobiografía. Es sumamente curioso que, más de treinta años después, al escribir el segundo volumen de sus *Memorias*

(*Familia, infancia y juventud,* 1944) y al contar sus estudios en Madrid, su estancia en Valencia, o la muerte de su hermano Darío, **Baroja** transcribe literalmente (o casi) largos pasajes de *El árbol de la ciencia:* le basta con poner «yo» donde la novela dice «Andrés Hurtado», o con cambiar otros nombres propios. Pero, además, la obra es toda una radiografía de una sensibilidad y de unos conflictos espirituales que se hallan en la médula de la época.

LA TRAMA CENTRAL: HISTORIA DE UNA DESORIENTACIÓN EXISTENCIAL

El árbol de la ciencia responde, en buena medida, a lo que la crítica alemana llama *Bildungsroman* («novela de la formación» de un personaje). En efecto, desarrolla la vida de Andrés Hurtado, un personaje perdido en un mundo absurdo y en medio de circunstancias adversas que constituirán una sucesión de desengaños.

Su ambiente familiar hace de él un muchacho «reconcentrado y triste»; se siente solo, abandonado, con «un vacío en el alma». A la vez, siente una sed de conocimiento, espoleado por la necesidad de encontrar «una orientación», algo que dé sentido a su vida.

Pero sus estudios (de Medicina, como **Baroja**) no colman tal ansia: la universidad y la ciencia españolas se hallan en un estado lamentable. En cambio, su contacto con los enfermos de los hospitales, y su descubrimiento de miserias y crueldades, constituyen un nuevo «motivo de depresión». También agudizan su «exaltación humanitaria», pero -políticamente- Andrés se debate entre un radicalismo revolucionario utópico y el sentimiento de «la inanidad de todo».

Al margen de sus estudios, Andrés descubre nuevas lacras: las que rodean a Lulú, la mujer que habrá de ocupar un puesto esencial en su vida. Y, en fin, la larga enfermedad y la muerte de su hermanito, Luis, vendrá a sumarse a todo como un hecho decisivo que le conduce al escepticismo ante la ciencia y a las más negras ideas sobre la vida.

Se consuma así, en lo fundamental, la «educación» del protagonista, que -en el balance realizado en la parte IV- dirá: «Uno tiene la angustia, la desesperación de no saber qué hacer con la vida, de no tener un plan, de encontrarse perdido, sin brújula, sin luz adonde dirigirse.»

Las etapas posteriores de su vida constituyen callejones sin salida. El ambiente deforme del pueblo en donde comienza a ejercer como médico le produce un «malestar físico». Madrid, a donde vuelve, es «un pantano» habitado por «la misma angustia»; Hurtado, «espectador de la iniquidad social», deriva hacia un absoluto pesimismo político, se aísla cada vez más y adopta una postura pasiva en busca de una paz desencantada (es la abulia noventayochista).

A una paz provisional accederá tras su matrimonio con Lulú. Pero la vida no le concederá reposo. Pronto le atenazará de nuevo una angustia premonitoria de la muerte de su hijo y de su mujer, definitivo desengaño que lleva a Andrés al suicidio.

Tan sombría trayectoria es ya, de por sí, reveladora del hondo malestar de **Baroja** y de su época. De la trama se desprenderá, en efecto, una concepción existencial sobre la que luego volveremos.

LA ESTRUCTURA

La figura de Andrés Hurtado da unidad al relato. Pero su trayectoria va hilvanando multitud de elementos (tipos, anécdotas, cuadros de ambiente, disquisiciones...) con esa libertad tan característica de la novela barojiana. ¿Quiere ello decir «ausencia de composición»? En absoluto, como vamos a ver.

El árbol de la ciencia se compone de siete partes que suman 53 capítulos de extensión generalmente breve (cuatro o cinco páginas de promedio).

El número de capítulos que integran cada una de aquellas partes es variable: 11, 9, 5, 5, 10, 9 y 4, respectivamente. Esta aparente desigualdad no debe engañarnos: observemos la estructura interna del relato.

En realidad, cabría dividir la obra en dos «ciclos» o etapas de la vida del protagonista, separadas por un intermedio reflexivo (la parte IV). En torno a este intermedio, aquellas etapas (integradas cada una por tres partes) presentan entre sí una clara simetría, como se ve en el siguiente esquema:

I	Familia y estudios	**Primeras experiencias** (formación)	**Nuevas experiencias:**	En el campo	V
II	El mundo en torno (aparece Lulú		búsqueda de una solución vital	En la ciudad (reaparece Lulú)	VI
III	**Experiencia decisiva:** enfermedad y muerte del hermano. Profunda desorientación de Andrés		**Nueva experiencia decisiva:** matrimonio, muerte de su hija y de su mujer. Suicidio de Andrés		VII

Se observará ahora que las partes homólogas de uno y otro ciclo se componen de un número igual (o casi) de capítulos: estructura, pues, equilibrada. Pero más importante aún son los paralelismos de contenido que podrán apreciarse.

Todo ello nos confirma la opinión de **Galdós**: hay en *El árbol de la ciencia* «mucha técnica». Acaso se trate -como comentaba **Baroja**- de una técnica «intuitiva», pero «muy perfecta y muy sabia», duda.

Sin embargo, no es menos cierto que esa estructura no encorseta el relato; se sigue observando que el hilo narrativo va devanándose con gran libertad y entrelazándose con multitud de anécdotas laterales, con los elementos más heterogéneos en apariencia. Pasemos a ver la variedad de personajes y de ambientes que integran la novela.

LOS PERSONAJES Y EL ARTE DE LA CARACTERIZACIÓN

Ya hemos hablado del protagonista. Junto a él, Lulú es el otro gran personaje. Es uno de esos espléndidos tipos de mujer que son frecuentes en **Baroja**. En la segunda parte, se nos presenta como «un producto marchito por el trabajo, por la miseria y por la inteligencia»; graciosa y amarga, lúcida y mordaz, «no aceptaba derechos ni prácticas sociales». Sin embargo, tiene un fondo «muy humano y muy noble» y muestra una singular ternura por los seres desvalidos. Por encima de todo, valora la sinceridad, la lealtad. Fácil es percibir en estos rasgos una proyección del mismo talante del autor.

En torno a Andrés y Lulú, pululan numerosísimos personajes secundarios. **Baroja** se detiene en algunos: el padre de Andrés, despótico y arbitrario; Aracil, cínico, vividor sin escrúpulos; el tierno Luisito; Iturrioz, el filósofo... En ocasiones, el detenerse en un personaje no se justifica por necesidades del argumento central, sino por esa típica tendencia de **Baroja** a «entretenerse en el camino».

Es amplísima la galería de personajes rápidamente esbozados: profesores, estudiantes, enfermos y personal de los hospitales, amigos y vecinos de las Minglanillas, gentes del pueblo, etc. Bien podría hablarse de personajes colectivos, que vienen a ser piezas de un ambiente, «figurantes» de un denso telón de fondo. Su papel es esencial en la constitución de una atmósfera insustituible.

Para los personajes principales, **Baroja** usa una técnica de caracterización paulatina; se van definiendo poco a poco, en situación, por su comportamiento, por sus reflexiones, por contraste con otros personajes, al hilo de los diálogos... Además, son tipos que evolucionan: van adquiriendo progresivamente espesor humano. En los personajes secundarios, la figura -por lo general- se nos da hecha de una vez por todas. Se trata de bocetos vigorosos, de trazos tanto más rápidos cuanto más episódico es el personaje, y cargados las más veces de un sentido satírico -a menudo feroz-, aunque en ocasiones impregnados de ternura o de compasión. El conjunto pone al descubierto un singular poder de captación de las miserias y flaquezas de cuerpos y almas.

AMBIENTES. EL ALCANCE SOCIAL. LA REALIDAD ESPAÑOLA

Ese hormigueante mundillo se mueve en unos medios que **Baroja** traza admirablemente. Le bastan muy pocos rasgos para darnos impresiones vivísimas. Abundan los cuadros imborrables: el «rincón» de Andrés y lo que se ve desde su ventana, los cafés cantantes, la sala de disección, los hospitales, la casa de las Minglanillas...

Es notable su maestría para el paisaje, sin que necesite acudir a descripciones detenidas a la manera de los realistas del XIX. Por ejemplo, es difícil dar con mayor economía de medios una «impresión» tan viva de la atmósfera levantina como la que nos dan las páginas sobre el pueblecito valenciano, la casa, el huerto... No menos viva e «impresionista» es la pintura del pueblo manchego: con trazos dispersos, **Baroja** nos hace ir percibiendo el espacio, la luz, el calor sofocante; el ambiente de la fonda, del casino, etc., adquirirán asimismo singular relieve.

Los personajes y ambientes señalados constituyen un mosaico de la vida española de la época. Son los años en torno al 98 (se habla del «Desastre» en VI, 1). Y es una España que se descompone en medio de la preocupación de la mayoría. **Baroja** prodigará zarpazos contra las «anomalías» o los «absurdos» de esa España.

Ya a propósito de los estudios de Andrés, se traza un cuadro sombrío de la pobreza cultural del país (ineptitud de los profesores); y varias veces se insistirá en el desprecio por la ciencia y la investigación. Más lugar ocupan los aspectos sociales. Pronto aparecen (parte I y II) las más diversas miserias y lacras sociales, producto de una sociedad que Andrés quisiera ver destruida. Pero la visión de la realidad española se estructura más adelante (V y VI) en la oposición campo/ciudad.

El mundo rural (Alcolea del Campo) es un mundo inmóvil como «un cementerio bien cuidado», presidido por la insolidaridad y la pasividad ante las injusticias. Palabras como egoísmo, prejuicios, envidia, crueldad, etc., son las que sobresalen en su pintura. De paso, se denuncia el caciquismo, que conlleva la ineptitud o rapacidad de los políticos. La ciudad, Madrid, es «un campo de ceniza» por donde discurre una «vida sin vida». De nuevo se nos presentan muestras de la más absoluta miseria, con la que se codea la despreocupación de los pudientes, de los «señoritos juerguistas».

Ante la «iniquidad social», el protagonista siente una cólera impotente: «La verdad es que, si el pueblo lo comprendiese -pensaba Hurtado-, se mataría por intentar una revolución social, aunque ésta no sea más que una utopía...» Pero el pueblo -añade- está cada vez más «degenerado» y «no llevaba camino de cortar los jarretes de la burguesía».

No parece haber, pues, solución para Andrés (ni para **Baroja**): «Se iba inclinando a un anarquismo espiritual, basado en la simpatía y en la piedad, sin solución práctica ninguna.» La frase es tan reveladora como aquella otra de su tío, Iturrioz: «La justicia es una ilusión humana.»

EL SENTIDO EXISTENCIAL

Tal pesimismo explica que no nos hallemos ante una novela «política» (pese a los elementos que acabamos de ver), sino ante una novela «filosófica» (como el mismo **Baroja** la llamó). Tal es su verdadero sentido, y lo que hace de ella una magistral ilustración del presente tema.

Los conflictos existenciales constituyen, en efecto, el centro de la obra. En lo religioso, Andrés se despega tempranamente de las prácticas o, con desprecio, habla a un católico como su amigo Lamela («eso del alma es una pamplina», le dice); en **Kant** ha leído que los postulados de la religión «son indemostrables».

Hurtado no halla, entonces, ningún asidero intelectual («El intelectualismo es estéril»). La ciencia no le proporciona las respuestas que busca a sus grandes interrogantes sobre el sentido de la vida y del mundo. Al contrario: la inteligencia y la ciencia no hacen sino agudizar -según **Baroja**- el dolor de vivir. Así surge la idea que da título a la novela: «... *en el centro del Paraíso había dos árboles: el árbol de la vida y el árbol de la ciencia del bien y del mal. El árbol de la vida era inmenso, frondoso y, según algunos santos padres, daba la inmortalidad. El árbol de lu ciencia no se dice cómo era; probablemente sería mezquino y triste.*»

En definitiva, la vida humana queda sin explicación, sin sentido: es una «anomalía de la Naturaleza». Las lecturas filosóficas de Andrés (las mismas que las de **Baroja**) lo confirman en esa concepción desesperada. La principal influencia es la de **Schopenhauer**: de él proceden, a veces casi textualmente, algunas de las definiciones de la vida que encontraremos en la novela. Así, para Hurtado, «la vida era una corriente tumultuosa e inconsciente, donde todos los actores representaban una comedia que no comprendían; y los hombres llegados a un estado de intelectualidad, contemplaban la escena con una mirada compasiva y piadosa». O bien: «La vida en general, y sobre todo la suya, le parecía una cosa fea, turbia, dolorosa e indominable.»

Con ello se combina la idea de «la lucha por la vida» (**Darwin**), tan barojiana que da título a una de sus trilogías más famosas. En *El árbol de la ciencia* se dice: «*La vida es una lucha constante, una cacería cruel en que nos vamos devorando unos a otros.*» Y el tema de la crueldad está muy presente en esta obra. ¿Existe alguna solución a tan pavorosos problemas? Según Iturrioz, «ante la vida no hay más que dos soluciones prácticas para el hombre sereno: o la abstención y la contemplación indiferente de todo, o la acción limitándose a un círculo pequeño». Andrés, como sabemos, intentará la primera vía (la ataraxia), siguiendo también el consejo de **Schopenhauer** de «matar la voluntad de vivir».

Precisemos que, ante la vida, sólo caben, para **Schopenhauer**, dos actitudes a las que se refiere -desde el título- su obra *La vida como voluntad y como representación:* la primera actitud estaría marcada por la «voluntad de vivir», una voluntad ciega, origen de todos los males, dolores y desengaños; la segunda actitud consistiría en situarse ante la vida como un espectador escéptico, libre de deseos e ilusiones. Andrés Hurtado se debate entre estas dos actitudes. Otras muchas ideas se entretejen con éstas (por ejemplo, la concepción del amor).

EL ESTILO

Ya hemos hablado de la estructura narrativa y hemos aludido a las técnicas de pintura de personajes o de ambientes. Por lo demás, resaltaremos el gusto por el párrafo breve; la naturalidad expresiva, tanto en lo narrativo como en lo descriptivo o en los diálogos. De especial interés será el uso intencionado de términos coloquiales y vulgarismos, con una perfecta conciencia de sus valores «ambientales» o expresivos.

CONCLUSIÓN

El árbol de la ciencia es tan barojiana por la índole de su contenido y enfoque como por sus aspectos formales. Acaso se trate, como afirma **Nora**, de «*la más representativa de las novelas barojianas*».

A la vez, es sumamente representativa de la época: **Valbuena** la considera «*la novela más típica de la generación del 98*». E incluso es una buena muestra de cómo **Baroja** y sus coetáneos anticiparon buen número de los temas de las corrientes existenciales contemporáneas.

Volviendo a los continuadores del realismo, la importancia de **Wenceslao Fernández Flórez** como continuador y sobre todo como renovador del realismo en nuestro siglo, quizás no haya aún sido reconocida, entre otras razones por lo extenso y variado de su obra. **Fernández Flórez** no es solamente un periodista que emplea el humor al servicio de la burguesía, sino un humorista pesimista; tampoco nos enfrentamos con un realista tradicional sino con un realista que agiliza su pluma hasta la intrascendencia a veces, y a veces, la adensa hacia el pensamiento filosófico, hacia la novela simbólica. También sintió la tentación del lirismo narrativo.

En su producción novelística podemos distinguir las siguientes tendencias:

1ª) Novelas en las que se renueva el realismo: *La procesión de los días* (1914), *Volvoreta* (1917), *Ha entrado un ladrón* (1920) y *El malvado Carabel* (1931). En esta tendencia realista, el autor siente la tentación del localismo costumbrista de su Galicia natal, pero también emplea el humorismo que se vuelve crítica acerba del mundo, y así *Volvoreta,* por ejemplo, siendo como es una novela de iniciación es también una novela del desencanto. Quizás el mejor título sea *El malvado Carabel*, estudio sicológico de un hombre que no puede ser malo y que será bueno a pesar de todos sus intentos.

2ª) Novelas realistas de crítica humorística: aquí el autor sigue de cerca la actualidad, y se burla de ella, pero sin abandonar la estructura realista. Algunos títulos: *Relato inmoral* (1924), *Aventuras del caballero Rogelio de Amaral* (1933), *El hombre que se compró un automóvil* (1932) y *Los trabajos del detective Ring* (1934). Quizás el mejor sea *Relato inmoral*, donde nos encontramos ante una novela antierótica o de crítica literaria de las novelas eróticas y galantes de la época.

3ª) Novelas de crítica social: entendemos aquí por social, universal, y si se quiere filosófica. Dos títulos: *El secreto de Barba Azul* (1923) y *Las siete columnas* (1926). En las dos obras nos hallamos ante universos imaginarios que, sin embargo, simbolizan el mundo, nuestra civilización. En la primera se nos viene a decir que no hay tal secreto, que el mundo se mueve por apariencias, engañosas pero funcionales. En la segunda, se nos demuestra que las siete columnas del mundo son los siete pecados capitales; si éstos desaparecieran, desaparecería nuestro mundo.

4ª) Novelas cortas: destacaremos *Unos pasos de mujer* (1924), en la que encontramos la estructura realista pura, un cierto costumbrismo y un suave humorismo.

5ª) Una novela poemática: *El bosque animado* (1943), obra predilecta del autor y donde cifra todos sus afanes poéticos. Destaca su prosa cuidada, casi cincelada, y un sentido del paisaje que no encontramos en el resto de sus obras, así como una ternura mezclada de humorismo. Es, como muy bien señala **Eugenio de Nora**, *"la más clásica y equilibrada de las suyas"*.

Manuel Ciges Aparicio es una de las grandes figuras de la novela española olvidada en nuestros días. El olvido de este escritor quizás se deba en buena parte al haber sido **Ciges** un escritor combativo y de vida política comprometida (republicano, fue Gobernador Civil de Ávila, y en esta ciudad fue fusilado por los sublevados en 1936). Autor de libros históricos y biográficos, destacó sobre todo en el campo novelesco donde llegó a aunar artísticamente el reportaje periodístico con la narración puramente novelesca. Así ocurre en la tetralogía autobiográfica: *El libro de la vida trágica: el cautiverio* (1903) y *El libro de la vida doliente: el hospital* (1906), *El libro de la crueldad: del cuartel y de la guerra* (1906) y *El libro de la decadencia: del periodismo y de la política* (1907). La misma factura periodística y novelesca posee *La lucha en nuestros días* que contiene dos novelas: *Los vencedores* (1908) y *Los vencidos* (1910).

Sin olvidar nunca el periodismo, pero dando más cabida a la intención novelesca, escribe *El vicario* (1905), de tema que prefigura el *San Manuel* de **Unamuno**, y *La romería* (1911), que nos muestra la desnuda realidad, brutalmente festiva, de unos romeros que, con motivo aparentemente religioso, dan rienda a sus instintos.

El juez que perdió su conciencia (1925) y *Los caimanes* (1931) son sin duda sus mejores títulos. En la primera de estas obras se nos cuenta una contienda electoral y se denuncian los abusos y las deshonestidades de todo el proceso. En la segunda, el protagonista, un aventurero enriquecido, quiere hacer progresar a su pueblo y choca con el sistema feudal y caciquil.

En paralelo con **Ciges Aparicio**, hay que recordar a **Manuel Bueno**, comprometido políticamente con Primo de Rivera y partidario de una solución radical y hasta totalitaria (lo que le costó la vida, siendo fusilado por los republicanos en Barcelona). **Bueno** fue periodista sobre todo, comediógrafo, autor de cuentos y de algunas novelas que, como las de **Ciges**, combinan la técnica periodística con un realismo que se quiere crítico. Comentaremos muy brevemente sus dos últimas novelas que presentan su mejor hacer en el campo novelesco: *El sabor del pecado* (1935) es una recreación de la alta sociedad española, aquí encarnada en una familia aristocrática compuesta de degenerados y viciosos. **Bueno** reproduce así el universo español posterior al advenimiento de la Segunda República, y fustiga la decadencia de los que tenían que ser los mejores. Estos personajes sueñan, sin embargo, con la dictadura de un césar providencial. *Los nietos de Danton* (1936), recrea el mismo universo español de la anterior novela, pero lo sitúa al nivel de los revolucionarios: un grupo de plumíferos arribistas que cambian de opinión política según sus conveniencias.

José López Pinillos, sevillano, fue cultivador del teatro, de la novela y sobre todo del periodismo. Novelista excesivo quizás, en el sentido de recargar las tintas, no es sin embargo ningún ideólogo, no hay tesis políticas en sus novelas (como en el caso de **Bueno** o de **Ciges**). **Pinillos** sólo quiere explicar y comprender.

La sangre de Cristo (1907) no es, aunque lo parezca, un alegato contra el alcoholismo, sino el acercamiento a una realidad brutal castellana o extremeña, puesta de manifiesto por el vino. Los hombres y las mujeres se transforman en fieras, y todo acaba en una orgía desenfrenada. Su mejor novela, *Doña Mesalina* (1910), pone en escena una maestra de pueblo, Josefina, llamada Mesalina, que servirá de cebo sexual a todos los hombres de la pequeña ciudad donde transcurre la historia. El autor ha colocado magistralmente una mujer fácil en el centro de una sociedad estancada e hipócrita para volver a mostrar una sociedad española primitiva y bárbara.

En *Las águilas* (1911) se nos cuenta la ascensión, gloria y muerte de un torero; pero aquí **Pinillos** se deja tentar por la moda (impuesta sobre todo por *Sangre y arena* de **Blasco Ibáñez**) y el antitaurinismo de la obra no está del todo justificado. En *El luchador* (1916), **Pinillos** frustra una novela muy bien planteada: se trataba de mostrar al desnudo la domesticación de un periodista en principio independiente, pero todo acaba en una novela de adulterio y de venganza.

Eugenio de Nora estudia con mucha atención las novelas cortas de **Pinillos**, demostrando cómo en *Cintas rojas* se llega al tremendismo y casi a la creación del hombre desarraigado que luego iba a triunfar en la novelística europea (**Hesse, Camus, Sartre, Martín Santos**...).

LOS CONTINUADORES: LÓPEZ-ROBERTS, CONCHA ESPINA, DANVILA, NOEL, MORA, DÍAZ-CANEJA, CAMBA, SALAVERRÍA. PEREDA, TORAL, CARMEN DE BURGOS, OLMET

La nómina de continuadores del realismo está encabezada por **Mauricio López-Roberts**. Galdosiano por íntima convicción realista y novelador sobre todo de la sociedad madrileña, en títulos como: *El porvenir de Paco Tudela* (1903), *Doña Martirio* (1907), *El carro de Tespis* (1906) y *El verdadero hogar* (1917). **López-Roberts** deja de escribir después de haber publicado *El ave blanca* (1926), intento fallido de novela modernista.

Concha Espina puede ser considerada como continuadora del realismo por dos títulos: *La esfinge maragata* (1914) y *El metal de los muertos* (1920). En la primera novela se nos reconstruye todo un mundo rural (el Bierzo leonés) a través de la triste historia de una mujer casada contra su voluntad. *El metal de los muertos* es obra más ambiciosa: cuenta una huelga minera en Riotinto. No es una novela de crítica social, sino una recreación hasta cierto punto objetiva de un conflicto social. El resto de la obra de **Concha Espina** va desde el retoricismo (muy a lo **Ricardo León**) de *Altar mayor* (1926), hasta novelas a favor de los vencedores de la guerra civil: *Retaguardia* (1937), *Las alas invencibles* (1940), etc.

Un autor prácticamente ignorado por todos los manuales es **Alfonso Danvila**, que publicó en 1901 su novela realista *Lully Arjona*, pero escritor muy importante por los diez tomos de su obra *Las luchas fratricidas de España* (1940). Son diez episodios nacionales que nos cuentan el cambio de dinastía española: caída de los Austrias y llegada de la casa de Borbón.

Eugenio Noel fue escritor prolífico, periodista, conferenciante antitaurino y publicista sobre el mismo tema. Como novelista, es un moralista social que escribe a partir de una ideología crítica y renovadora. Es anticlerical en *Los frailes de San Benito tuvieron una vez hambre* (1917) y en *Un espíritu puro que no tiene cuerpo* (1925), y es un magnífico realista, aunque mal escritor, en *Las siete cucas* (1927), desoladora historia de siete hermanas que, al quedar huérfanas, deciden fundar una mancebía; entonces son respetadas por los que antes, al verlas desvalidas, no las respetaban. La obra, única novela extensa del autor, está magníficamente ideada y trazada, pero la prosa es retorcida y amanerada. **Nora** critica esta obra por su prosa *"rancia, llena de recovecos, de andadura lentísima, tono pedantesco, fatigoso y en perpetua digresión"*.

Fernando Mora podría ser considerado como novelista a medio camino entre los tradicionales continuadores del realismo decimonónico y los costumbristas madrileños, aunque sus intenciones críticas y sociales, o al menos de denuncia, hacen de él un realista auténtico.

No hay pues que dejarse engañar por el universo novelesco de su obra, que casi siempre es madrileño, sino atender a las intenciones, a la problemática de la misma. Un ejemplo: en *Los hijos de nadie* (1919) se nos cuenta una triste historia: Juan José, hospiciano, hijo de nadie, morirá de soledad y abandono, y todo ocurre en un Madrid alegre, de fiestas y verbenas. Otros títulos de su extensa obra son: *El misterio de la Encarna* (1915), *Los hombres de presa* (1922),*El amor pone cátedra* (1924), etc. Otro discreto continuador del realismo, sin pizca de renovación, es **Guillermo Díaz-Caneja**. Sus obras más logradas se sitúan en la primera época: *Escuela de humorismo* (1913), *La deseada* (1915) y *El sobre en blanco* (1918), quizás su mejor título.

Díaz-Caneja, al que sólo ha estudiado con cierta profundidad **Entrambasaguas,** adolece de un cierto idealismo, aunque reproduce muy bien el universo madrileño, estudia sicológicamente a sus personajes, y escoge por lo general una trama amorosa sin muchas complicaciones. **Francisco Camba** pudo ser un continuador más del realismo, aunque con veleidades costumbristas, y acabó en las filas de los novelistas vencedores con una muy extensa e idealista obra. Sus tres mejores títulos son: *El amigo Chirel* (1918), *La revolución de Laiño* (1919) y *El pecado de San Jesusito* (1923), obras realistas bien construidas y donde hay una crítica de las costumbres estancadas y del caciquismo.

José María Salaverría posee, como **Noel**, una singular confusión mental e ideológica, que le llevará desde la novela más o menos simbólica al panfleto político. Tiene, sin embargo, algunos títulos estimables, como *La Virgen de Aranzazu* (1909), novela de ambiente vasco que nos cuenta la calda del intelectual protagonista, primero en la duda, después en la falsa esperanza de un no menos falso misticismo, y, después, en la muerte. Novela densa, que tiene algo de **Baroja** y del pesimismo noventayochista.

Vicente Pereda, hijo de **José Mª Pereda**, siguió las huellas de su padre a la hora de escribir novelas regionales, realistas y no costumbristas, aunque le falte el vigor de su padre. Algunos títulos: *La fiera campesina* (1919) sobre el caciquismo y adoptando una actitud crítica, *Cantabria* (1923), *Arco iris* (1928) y *Esqueletos de oro* (1934).

José Toral merece ser recordado por más de un libro. Trasladada muy pronto su familia a Filipinas, allí cursa estudios y cuando llega el 98, se alista como voluntario; fruto de esta experiencia es el libro *El sitio de Manila* (1898). En Madrid, y siendo ya notario, **Toral** publicó varias novelas aceptables, correctas y bien construidas que prolongan el realismo del XIX: *La cadena* (1918), *Ajusticiado* (1923), *La señorita Melancolía* (1924) ...

Carmen de Burgos siguió el realismo tradicional procurando siempre defender sus ideales: la libertad, la promoción de la mujer, en obras como *La rampa* (1918), *Los anticuarios* (1919), *Quiero vivir mi vida* (1931) ... En conjunto, puede decirse que no sobrepasa los límites de una discreta medianía, aunque **Suárez-Galbán** dedica palabras de elogio a dos de sus novelas cortas: *Villa María* y *El hombre negro*.

Como correcto continuador del realismo se puede calificar a **Luis Antón del Olmet**. Algunos títulos: *El veneno de la víbora* (1906), *San Dinerito* (1918). Según **Nora**, su novela corta *La verdad en la ilusión* (1912) se adelanta a *Un mundo feliz* de **Huxley**. Si es así, nos encontraríamos con uno de los primeros cultivadores de la ciencia- ficción en España.

RETÓRICOS, REGIONALISTAS, COSTUMBRISTAS. RICARDO LEÓN, OLMEDILLA, ANAYA, LUGÍN, CARRERE, RÉPIDE, SAN JOSÉ, RAMÍREZ ÁNGEL

Una de las primeras desviaciones del realismo acaece en 1908 cuando **Ricardo León** publica su inaugural novela *Casta de hidalgos*. Con **León** entra en la narrativa realista la hinchazón retórica, el pastiche, la imitación que se quiere precisa de nuestros clásicos, y la hojarasca enumerativa en lugar de la descripción.

La obra novelesca de nuestro autor es uniforme y por lo tanto reiterativa, pero quizás precisamente esta reiteración le convirtió en uno de los autores más populares y leídos de la época: *Alcalá de los Zegríes* (1909), *El amor de los amores* (1910), *Jauja* (1928) ... Con **León** entra asimismo en la narrativa un mundo que se quiere feudal, poblado por extraños caballeros y por mujeres soñadas, irreales.

Con **Augusto Martínez Olmedilla** estamos ante un realista decadente, capaz de abastecer un mercado que creía ver en él a un seguidor de **Palacio Valdés**. Buen prosista y dueño de una buena técnica descriptiva, sus temas son, sin embargo, baladíes y sus personajes triviales: *Memorias de un afrancesado*, (1908), *Siempreviva* (1914), *Una mujer de su casa* (1927)... Después de la guerra civil, **Olmedilla**, con cerca de setenta años, continuó publicando el mismo tipo de literatura: *El final de Tosca* (1950), *Yo defiendo lo mío* (1952), etc.

El inusitado afán localista y regionalista del malagueño **Salvador González Anaya** hace de su obra uno de los primeros jalones del costumbrismo de estos años. En efecto, el universo andaluz está presente en la mayor parte de sus títulos: *La sangre de Abel* (1915), *La oración de la tarde* (1929), *Luna de sangre* (1944) ...

El madrileño **Alejandro Pérez Lugín** alcanzó con su obra *La casa de Troya* (1915) uno de los mayores triunfos literarios de su época. **Lugín** es un costumbrista típico, su intención es gustar y reproducir paisajes, tipos y universos locales. Su estilo es corriente, sin preocupaciones de forma, y muy eficaz para todo tipo de público: *Currito de la Cruz* (1921), *La corredeira y la rúa* (1923), *Arminda* (1928) ...

La obra de **Emilio Carrere** está a medio camino entre el costumbrismo, en este caso madrileño, y el costumbrismo histórico. Es un realista edulcorado o realista de la decadencia. Inventó un Madrid poblado de bohemios que sólo existía en su imaginación, un Madrid pintoresco, irónico, tétrico: *La tristeza del burdel* (1913) *Rosas de meretricio* (1917) ... Cuando nuestro autor se siente más seguro es a la hora de componer novelas históricas. *La torre de los siete jorobados* (1924) es su mejor título de esta tendencia.

Pedro de Répide es un perfecto costumbrista cuando refleja los modos de vida de su Madrid contemporáneo, de los que recoge tipos y modismos léxicos no exentos de gracia. También es costumbrista cuando intenta lo que él cree prosa artística y que no pasa de ser un remedo de nuestros clásicos (por el mismo camino que **Ricardo León,** por ejemplo).

Las novelas de **Répide** pasan de la veintena. Algunos títulos: *La enamorada indiscreta* (1900), *Un conspirador de ayer* (1911), *La desazón de Angustias* (1914) ...

A **Diego San José** se le ha tachado de retórico y anacrónico por su estilo hinchado y arcaizante, pero los que así le califican (**Cansinos-Assens**, por ejemplo) olvidan que nos encontramos ante una obra extensa y variada; ante un autor, finalmente, muy hábil y muy preparado técnicamente a la hora de enjaretar una narración o de hacernos vivir una escena. Consigue sus mejores aciertos a la hora de recrear un Madrid costumbrista, histórico o no: *Cuando el motín de las capas* (1918), *La corte del rey embrujado* (1923) ... **Emiliano Ramírez Ángel** a pesar de sus intenciones levemente humorísticas, ha de ser considerado costumbrista, y costumbrista madrileño. **Cejador** transcribe unas declaraciones suyas donde muestra su intención de hacer reír y su amor por Madrid. El resultado es una novela agradable sin mucha significación y, claro está, sin mucho porvenir: *La tirana* (1904), *Penumbra* (1911), *Uno de los dos* (1926) ...

SENTIMENTALES Y ROSAS: MARTÍNEZ SIERRA, PÉREZ Y PÉREZ

Otros autores de la época cultivaron novelas calificadas como rosas y que no pasan de ser idealmente sentimentales, últimos coletazos de la novela por entregas decimonónica. Es el caso de **Gregorio Martínez Sierra**, que, en unión de su mujer **María de la O Lejárraga**, publicó muchos títulos de clamoroso éxito, como *Tú eres la paz* (1906).

Otros nombres serían los de **Mariano Tomás** (autor de una serie de novelas sentimentales que **Nora** califica de "*entretenidas y amables, siempre dentro de una gran corrección literaria y testimonio de fina sensibilidad, dotes de observación aguda y espíritu ágil y equilibrado*": *La platera del Arenal* -1943-, *Una muchacha sin importancia* -1945-), **Juan Aguilar Catena** y **Rafael Pérez y Pérez** que intenta la novela rosa histórica en *El hombre del casco* y en *La doncella de Loarre*. Sus relatos son amenos, intrascendentes, de estilo sencillo, pero muy cuidado y correcto, con prolijas descripciones. Como apunta **Valbuena Prat**, se trata de "*cromos dulces que oscilan entre un ligero toque sentimental y una intriga falsamente aristocrática*", siempre con su carga moralizante y con los defectos y limitaciones propios del género.

LOS REALISTAS DE LOS AÑOS 30: PÉREZ DE LA OSSA, LEDESMA MIRANDA, SÁNCHEZ MAZAS, BORRÁS, COSSÍO, MULDER Y OTROS

Durante la Dictadura de Primo de Rivera, que se implantó en 1923, surgen en la novela española nuevas y muy modernas tendencias (lírica y deshumanizada, social, etc.). Hay, sin embargo, una serie de autores realistas, disidentes con el clima literario y artístico de los años 20 y 30, que son rebeldes a los dictados de las modas literarias del momento, y por eso pueden aparecer como reaccionarios o excesivamente tradicionales, pero al mismo tiempo constituyen los veladores del sempiterno realismo que parece atravesar incólume modas y momentos.

Huberto Pérez de la Ossa podría pasar por ser uno de los primeros "restauradores" del realismo en los años que nos ocupan. Cuatro títulos significativos son: *La santa duquesa* (1924), un pastiche valleinclanesco, *La casa de los masones* (1927), *Obreros, zánganos y reinas*, de 1928, y *Los amigos de Claudio* (1931). Las dos últimas quieren ser sociales, pero no de crítica social exactamente; pretenden defender a la juventud, siempre inocente, de un mundo envenenado y sórdido. Un mundo en el que ocurren todos los crímenes y en el que todos los valores se encuentran en decadencia. Evoluciona desde una estética decadente, posmodernista, que recibe influjo de **Valle-Inclán**, a un realismo conservador.

Ramón Ledesma Miranda: sus novelas, realistas en lo que atañe a la estructura, presentan a veces la tentación de un cierto intelectualismo que las hace peligrar en cuanto al realismo se refiere. Este intelectualismo viene en línea recta de la preocupación que siente por acicalar y, a veces, por retorcer su estilo. *Antes del mediodía* (1930) es la novela del "artista adolescente" estilo **Joyce**. En *Agonía y tres novelas más* (1931), las influencias intelectuales llegan a ahogar la línea realista. *Almudena* (1936) es su mejor obra, una novela que reproduce la historia cainita bíblica, y que recuerda a *Abel Sánchez* de **Unamuno** pero difiere en el desarrollo argumental. Otro realista, dejando a un lado a **Sénder** y a **Max Aub**, por pertenecer a nuestra literatura del exilio, fue **Rafael Sánchez Mazas**, autor de dos buenas obras con un intervalo de 40 años: *Pequeñas memorias de Tarín* (1915) y *La vida nueva de Pedrito de Andía* (1951).

En cuanto a **Tomás Borrás**, comenzó cultivando un realismo levemente teñido de sentimentalismo en *La pared de la tela de araña* (1924) y *Luna de enero y amor primero* (1928), novela de ambiente regional salmantino que intenta ser escrupulosamente fiel al natural, incluso en el lenguaje. Narra una trágica historia de amor acontecida en el campo charro durante el reinado de Isabel II. Los personajes aparecen *"como encarnación de pasiones primarias, sometidos a una enorme tensión, pero, por así decir, estática, de carácter antes poético y solemne que fluidamente novelesco"* (**Nora**). Después de la guerra, escribió novelas contra los vencidos de muy desigual factura y tan injustas como inmisericordes: *Oscuro heroísmo* (1946) y *Azul contra gris* (1951).

La obra de **Francisco de Cossío** se caracteriza por un realismo periodístico que alcanza cierta importancia artística en algunos, de sus títulos: *El estilete de oro* (1914), *Clara* (1929), que **Nora** considera como *"una de las mejores novelas psicológicas españolas de su tiempo"*, *Aurora y los hombres*, de 1951, y *Cincuenta años* (1951).

Realistas, pero con matices sentimentales son muchas de las novelas de una olvidada escritora como **Elisabeth Mulder**: *La historia de Java* (1935), *Crepúsculo de una ninfa* (1942) y *Alba grey* (1948). **Manuel Iribarren** también puede alinearse en el grupo realista de la preguerra con *Retorno* (1932) y *La ciudad* (1939).

Finalmente, habría que citar otros nombres importantes como **Luis Martínez Kleiser** y, sobre todo, **Bartolomé Soler**, autor de magníficas novelas realistas como *Marcos Villarí* (1927) y *Patapalo* (1949). **Soler**, como **Zunzunegui** y otros, lleva la tendencia realista de una orilla a otra de la guerra civil. **Soler** representa la más firme reacción contra el arte deshumanizado e intelectualizante de las vanguardias. Es un narrador de la vieja escuela, vigoroso y con dotes de observación, pero se le suele reprochar su inmovilismo. No intentó asimilar nuevas técnicas ni forjar caracteres más complejos.

LOS CONTINUADORES DEL NATURALISMO

La novela española de los primeros 20 años del siglo estuvo dominada por lo que se ha llamado novela erótica o novela galante, tratándose, en realidad, de una novela naturalista que escoge el erotismo, o si se quiere la galantería, como ley interna de la obra, como la suprema explicación de lo que se narra y ocurre. Que nos encontramos ante una tendencia naturalista, y no ante una supuesta novela erótica, lo demuestra el hecho de que muchos de los escritores que vamos a reseñar a continuación cultivaron diferentes temas en sus novelas, además del sexual, sin dejar por ello de ser naturalistas, empezando por el más importante de todos ellos: **Zamacois**.

El naturalismo, como visión del mundo y como estructura narrativa, no se limitó, pues, al tema erótico, sino que produjo también novelas politizadas de crítica social, como había ocurrido ya con **Blasco Ibáñez** (*El intruso, La catedral*...).

LOS RENOVADORES: ZAMACOIS, TRIGO, INSÚA, HARO, HOYOS

Eduardo Zamacois es importante en la historia de la novela del XX primero por haber impuesto una moda (la corriente erótica), y, segundo, por haber fundado la novela corta española, al inaugurar sus colecciones *El cuento semanal* (1907) y *Los contemporáneos*, en 1909.

Luis Granjel clasifica las obras de **Zamacois** en tres períodos. Entre 1893 y 1905 publica diez novelas, con las que quedaba inaugurada en España la novela naturalista de tema erótico: *Tipos de café* (1893), *El seductor*, (1902), *Memorias de una cortesana* (1903) ... El segundo período comienza en 1910 con la publicación de *El otro*, novela en la que el erotismo deja de ser el tema preferente para dar paso al misterio. Otros títulos de este período: *La opinión ajena* (1913) y *El misterio de un hombre pequeñito* (1914). En 1922 se inicia el tercer período: nos encontramos ante un novelar que se acerca al realismo en sus intentos de descripción, crítico y hasta social. Período constituido sobre todo por la trilogía *Las raíces: Las raíces* (1927), *El delito de todos* (1929) y *Los vivos-muertos* (1933).

Por la indudable influencia que ejerció en la literatura de su época, es **Felipe Trigo** uno de los novelistas claves de la narrativa naturalista del XX. Sus mejores libros son *El médico rural*, de 1912, y *Jarrapellejos* (1914). **Trigo** es autor aún sujeto a discusión. Para unos su narrativa es pornográfica y corruptora (**Clarín**); para otros, los ideales de **Trigo** son redentores y vitalistas. La verdad, como siempre, puede hallarse en el justo medio; en este caso, en la postura estética y ética de nuestro autor, en su credo, quizás siempre un poco confuso, que exalta la vida, la libertad y el amor.

De **Alberto Insúa**, la poca crítica que le estudia sostiene que empieza como naturalista o erótico y que acaba como realista. Lo cierto es que se trata de un autor copioso y de trayectoria difícil de seguir. El amor está en la base de toda su obra, desde el más bajo, como en *La mujer fácil*, hasta el más elevado, como en *Las flechas del amor* (1912) o *El amante invisible* (1930).

Su mayor éxito de público fue *El negro que tenía el alma blanca,* (1922), novela sentimental, adaptada al teatro por **Federico Olivert**, que se prolongó muy tardíamente con *La sombra de Peter Wald* (1937). Otro éxito estuvo constituido por *La mujer, el torero y el toro* (1926). Esta popularidad, como la de tantos otros, sólo se vería truncada por la guerra civil, y la obra que escribió en el exilio, por ejemplo, *Nieves en Buenos Aires*, 1955, ya no lograría reintegrarle en la literatura española.

Rafael López de Haro es un novelista naturalista que prolonga tres tendencias conocidas y tópicas del naturalismo narrativo: la erótica (*El salto de la novia*, 1908, *Floración*, 1909, *La Venus miente* (1919) ...; la crítica social *En un lugar de la Mancha*, 1906, *El país de los medianos*, 1913, etc.); y la tendencia espiritualista (*Sirena*, 1910, *Un hombre visto por dentro*, 1924, *Interior iluminado,* 1945, etc.).

López de Haro, escritor demasiado fácil o demasiado rápido, no logra, sin embargo, un título que pudiéramos considerar conseguido, o definitivo. Sus obras son siempre entretenidas, con tendencia a soluciones dramáticas. **Santoja** lo define como "*auténtico cajón de sastre del efectismo: dos párrafos truculentos y otros dos de dulzarrón misticismo o viceversa*".

La novelística de **Antonio de Hoyos y Vinent** parece entroncarse con el modernismo; cuida el estilo e imita cierto decadentismo de origen francés. Su obra, imposible de clasificar por lo copiosa, abarca treinta novelas largas y medio centenar de novelas cortas. Entre las primeras destacan *La vejez de Heliogábalo* (1912), *El oscuro dominio* (1916) y *El sortilegio de la carne joven* (1926). **Cansinos-Asséns** afirma que sus novelas representan "*la glorificación estética del pecado*" y **Sainz de Robles** lo considera iniciador del "*tremendismo espeluznante*".

Después de un largo olvido, **Hoyos** fue redescubierto por **Pere Gimferrer**, que le dedicó un poema titulado *Cascabeles*. En los últimos tiempos, sus novelas están mereciendo la atención de algunos críticos, que ven en ellas grandes defectos y aciertos dignos de mayor aprecio. **Luis Antonio de Villena** escribe que "*es más importante el personaje que la obra, y ésta cobra más interés como prolongación de una vida que se quiso arte y escándalo*".

LOS CONTINUADORES: MATA, BELDA, FRANCÉS Y OTROS

Con **Pedro Mata** empieza la decadencia de la novela naturalista de tema erótico, porque, en lugar de buscar nuevos caminos, se limita a encontrar una certera fórmula, en cuanto a popularidad se refiere, y a repetirla hasta la saciedad: *Corazones sin rumbo* (1916), *Un grito en la noche* (1918), *Las personas decentes* (1935) ... En definitiva, **Mata** conduce la novela de origen naturalista y tema erótico hacia la novela sentimental, casi hacia la novela rosa. Se trata de un narrador superficial y limitado. En opinión de **González Ruiz**, cuando permanece "*encerrado en límites breves, resulta muy aceptable, y al desbordarse, pierde toda su virtud*".

Joaquín Belda es aún motivo de discusión; se le suele considerar no solamente erótico, sino pornográfico; pero hay críticos que ven en su obra desde un intento de moralización (**Sainz de Robles**) hasta una burla de la novela naturalista de tema erótico (**Nora**). Hay en su narrativa una "*sátira discreta de la sociedad hispana*" (**Juan Goytisolo**). El citado crítico analiza el estilo retórico y brillante de **Belda**, plagado de imágenes y eufemismos, casi siempre relativos al sexo. Algunos títulos: *La suegra de Tarquino* (1909), *La Coquito* (1915), crónica de la vida de una vedette madrileña.

José Francés es un naturalista que intenta coquetear con el modernismo. Se presenta como erudito y culto, pero, a la hora de estructurar sus novelas, lo hace a partir del naturalismo, a veces del naturalismo sexual. Son excelentes sus narraciones cortas recogidas por él mismo en volúmenes: *La estatua de carne* (1915), *El misterio del Kursaal* (1916) ... Como autor de novelas extensas logró gran fama con *La danza del corazón* (1914), *La mujer de nadie* (1915) y *La raíz flotante* (1922). Otros continuadores del naturalismo, a veces autores de muy buenas novelas, fueron: **Álvaro Retana** (*El último pecado de una hija del siglo*, 1915)**, Germán Gómez de la Mata, Andrés Guilmaín** (*El encanto del amor pasajero*, 1929)**, Luis Capdevila, Juan González Olmedilla** y **José Mª Quiroga y Pla**.

OTRAS TENDENCIAS: VIDAL Y PLANAS, JOSÉ MAS

El naturalismo, como ya hemos mencionado, no se limitó a construir una novela sexual de fácil lectura, sino que a veces intentó, siguiendo en parte el modelo de **Blasco Ibáñez**, la novela de crítica social. Un primer ejemplo lo podría constituir **Alfonso Vidal y Planas** (*La barbarie de los* *hombres*, 1915, *Memorias de un hampón*, 1918, y sobre todo, *Santa Isabel de Ceres*, 1919). Afirma **Rodríguez Alcalde** que gusta de presentar "*los más desconcertantes maridages entre la corte celestial y el hampa, derramando una explosiva ternura sobre el ámbito de los burdeles y de los presidios*".

Pero el mejor representante de una tendencia que habría que llamar social o de crítica social es, sin duda, **José Mas** autor de considerable fuerza e imaginación. **Mas**, que se confiesa discípulo de **Blasco Ibáñez**, está en el vértice de un naturalismo tradicional y otro que se intenta renovar apuntando hacia la crítica social.

Nora ve en él una "*reedición andaluza*" de **Blasco Ibáñez**; hay en él "*un intento de narrador ambicioso, aunque frustrado por la reiteración de los procedimientos realista-naturalistas, y también por una concepción del mundo algo simplista y libresca*". Algunos títulos: *El baile de los espectros* (1916), *La costa de la muerte* (1928), *En la selva bribonicia* (1933) ...

LA NOVELA FORMALISTA

Antes de que acabara el XIX, y muy ligada con la corriente poética del Modernismo, surge una nueva estructura novelesca que llamaremos formalista. Esta nueva manera de narrar se podría caracterizar de la siguiente manera:

1º) Un universo omnipresente pero no determinante.
2º) Un protagonista inactivo.
3º) Las relaciones entre universo y protagonista son virtualmente inexistentes o tienden a desaparecer.

La novela formalista, que queda fundada por el **Valle-Inclán** de finales de siglo, está siempre en peligro de caer en la lírica (pensemos por ejemplo en *Platero y yo*, de **Juan Ramón**), pero también puede sufrir otra influencia: la del intelectualismo. De aquí que entre la novela formalista y la que se llamó novela deshumanizada (con **Benjamín Jarnés** a la cabeza) no haya mucha distancia.

LOS FUNDADORES DE LA NOVELA FORMALISTA: VALLE-INCLÁN, GABRIEL MIRÓ, GÓMEZ DE LA SERNA

La obra novelesca de **Valle-Inclán** puede dividirse en cuatro períodos o épocas, que abarcan desde un comienzo puramente modernista hasta la llamada novela esperpéntica:

1º) Novelas modernistas. Son las aparecidas entre 1894 y 1905 (algunos cuentos o narraciones cortas como *Adega*, recogida en *Flor de santidad*, y, sobre todo, las cuatro *Sonatas*).
2º) Novelas modernistas historizadas (son las integrantes de la trilogía *La guerra carlista*). Años 1908 y 1909.
3º) Dramatización de la novela (las integradas en la trilogía *Comedias bárbaras*). Años 1907, 1908 y 1922.
4º) La novela esperpéntica. Aquí se agrupan *Tirano Banderas* y la inacabada trilogía titulada *Ruedo ibérico*. Años 1926 hasta 1936.

En las cuatro sonatas (*Sonata de primavera*, 1904, *Sonata de estío*, 1903, *Sonata de otoño*, 1902, y *Sonata de invierno*, 1905) nos encontramos ante la expresión casi pura de la estructura de la novela formalista: un universo omnipresente hecho de preciosas frases, metáforas sobre todo, un protagonista inactivo en el sentido de que el lector no sabe nunca qué es lo que quiere, de dónde viene y tampoco a dónde va y finalmente una serie de relaciones entre universo y protagonista que también quedan inexplicadas.

Pero **Valle**, que es modelo de artista insatisfecho, no va a refugiarse en la novela formalista pura, e intenta una nueva variante. Estamos ante las novelas modernistas pero historizadas, entendiendo por ello un ensayo de acercamiento a la realidad histórica. La trilogía sobre la guerra carlista está compuesta por *Los cruzados de la causa* (1908), *El resplandor de la hoguera* (1909) y *Gerifaltes de antaño* (1909).

Las *Comedias bárbaras* representan una nueva búsqueda formal dentro del formalismo. **Valle** dramatiza su prosa, y consigue así tres obras a las que se les ha negado incluso el título de novelas. *Águila de blasón* (1907), *Romance de lobos* (1908) y *Cara de plata* (1922), ponen en escena, pero también en novela la terrible y trágica familia de los Montenegro.

La época final de **Valle**, el coronamiento de todo un proceso, está constituida por la novela esperpéntica que se abre con la que es quizás su mejor obra, *Tirano Banderas* (1926). Nos cuenta la vida y caída de un dictador iberoamericano no circunstanciado ni fechado. La obra es el origen de una temática que va desde **Miguel Ángel Asturias** hasta **García Márquez**. Otras obras de esta época final, integrantes de *El ruedo ibérico*, son *La corte de los milagros* (1927), *Viva mi dueño* (1928) y *Baza de espadas*, inacabada y publicada póstumamente en 1958.

Uno de los mayores logros de **Valle-Inclán**, y por descontado de la estructura formalista que nació a finales del XIX, es el haber conseguido una estructura novelesca que alcanza la realidad, que intenta incluso definirla, sintetizándola, y todo esto sin abandonar las "formas", todo lo artísticas o retóricas que se quieran.

El alicantino **Gabriel Miró** se dio a conocer como novelista al ganar un concurso de "El Cuento Semanal", colección dirigida por **Zamacois**, con su novela *Nómada* (1908). A esta novela corta siguieron otras, siendo las más significativas de las extensas: *Las cerezas del cementerio* (1910), una buena muestra de lo que **Joaquín Fernández** llama "*poesía sin versos*", *El abuelo del rey* (1915), un anticipo de lo que más tarde serán las novelas de Oleza y de la que **Márquez Villanueva** señala sus concomitancias con *La alegría de vivir* de **Zola**, *Figuras de La Pasión del Señor* (1916), de las que comenta **Manrique de Lara** que "*no son un comentario o una apreciación en torno a los libros sagrados, sino una metafísica de la verdad que en ellos vierte*", *Nuestro Padre San Daniel* (1921), en la que, en contra de lo que es habitual, **Miró** se recrea en el estudio psicológico de sus criaturas, y, a juicio de **López-Capestany**, lo más importante es "*el paisaje interior de los personajes*", sometidos a un profundo análisis, y *El obispo leproso* (1926), el libro más polémico que salió de su pluma. En opinión de **Ruiz Silva**, es la obra que encierra "*mayor dinamismo y una inventiva novelesca más rica y original*". Aunque carece de la densidad unitaria de *Nuestro Padre San Daniel*, la supera en variedad y lirismo.

La obra de **Miró** ha sido discutida y aun hoy se sigue discutiendo: se le critica una concepción de la novela que prescinde del tema o de la historia; se le acusa también de un empacho de metáforas y de prosa artística; por otra parte, se le exalta como un buen analista sicológico, como el mejor artífice del idioma. Con razón dice **Ruiz Silva** que"*cuakquier lector con unos umbrales mínimos de sensibilidad literaria no puede por menos que admirarse del grado de perfección alcanzado por el novelista en el manejo de la palabra; la consumada elegancia de la construcción, la precisión de los adjetivos, la exquisitez de las descripciones, el poder evocador de las imágenes, la belleza innumerable de tantos hallazgos formales, la capacidad que parece infinita para el matiz...*". Por ello no es extraño que, con harto pesar del propio autor, se le haya considerado fundamentalmente poeta. Él mismo afirma que "*hay emociones que no lo son del todo hasta que no reciben la fuerza lírica de la palabra, su palabra plena y exacta*".

Miró es ante todo el representante de un modernismo que no quiere morir; su credo poético o estético está basado en la sensación, que en nuestro autor se dobla con un muy agudo sentido del paisaje levantino, que colorea todas sus novelas.

Pero fueren las que fueren las intenciones estéticas de **Miró**, y el que las consiguiera o no, nos hallamos ante una de las más brillantes materializaciones de la novela formalista, ante una narrativa modernista pura con protagonista inactivo y hasta decadente (como en las primeras obras de **Valle-Inclán**); narrativa totalizadora de una ciudad, y narrativa neta donde la sensación y el recuerdo se combinan sin que sea ya necesaria cualquier tipo de historia o de peripecia. Todas estas variantes, como si fueran variaciones musicales, fueron creadas por **Gabriel Miró**.

Ramón Gómez de la Serna es reconocido por toda la crítica como un "caso", tan personal, tan excesivo que se ha llegado a hablar de "generación unipersonal". **Ramón** es una literatura, un nuevo "monstruo de la naturaleza" que, como **Lope** o **Quevedo**, escapa a toda clasificación.

Para comprender la originalidad y también los logros novelísticos de **Gómez de la Serna**, hay que partir de dos puntos: de su visión del mundo (en especial de la realidad), y de sus presupuestos estéticos (aquí, formalistas). Para **Ramón**, la realidad tiene una existencia problemática, el mundo existe, pero es un caos desordenado, no hay valores o, lo que es igual, todos los valores son iguales. En este sentido, nos encontramos ante el escritor más anarquizante de nuestra literatura actual; para él, ante el desorden del mundo, sólo existe una respuesta: al literato le corresponde un intento de ordenación, de dar realidad a esa que no acaba de existir.

Esta visión del mundo se completa con un presupuesto estético que se llama *"greguería"*, definida por su creador como *"metáfora más humorismo"*. La greguería está en la base de todo el quehacer ramoniano, es su forma original, la raíz de su literatura toda y, por supuesto, de su obra novelesca. Afirma **Francisco Umbral** que, a pesar de ser un excelente escritor, **Ramón** está incapacitado para la narrativa: "*Tiene demasiado que decir sobre un rostro, un bargueño o una fruta. Se le obtura la novela por exceso de material*".

Los argumentos son siempre caprichosos porque no cree en los conflictos humanos; dan para un cuento, pero no para una obra larga. Por eso sus narraciones "*se le van muriendo entre las manos a partir de la mitad*". Como las escribe de una manera espontánea, a lo que salga, no es extraño que resulten "*desiguales, irregulares, y a veces descuidadas*".

Ramón escribe novelas donde las aventuras o peripecias de los personajes resultan inverosímiles (*El doctor inverosímil*, 1914) e incongruentes (*El incongruente*, 1922). En otras ocasiones su novelística se hace cosmopolita, viajando por ciudades paisajes (*El gran hotel*, 1922, *El caballero del hongo gris*, 1921, *Policéfalo y señora*, 1932). Pero también la greguería misma puede alargarse y profundizarse hasta constituirse en una novela como *El secreto del acueducto* (1922), donde el autor nos cuenta una sórdida historia de fondo (el viejo casado con su criada y el engaño de ésta con un sacerdote sin principios) para mejor resaltar el acueducto, es decir, construye una greguería inmensa que resume la ciudad de Segovia. La novela ramoniana, otras veces, juega con el sexo desde las más inesperadas perspectivas *La viuda blanca y negra*, 1917, *La mujer de ámbar*, 1927, *Rebeca*, 1936, etc.). En otras ocasiones, se emparenta con la llamada novela deshumanizada a partir de 1926, con *El torero Caracho*.

Posee también una serie de novelas que tratan del género novelesco, muestra de su deseo de lograr una auténtica novela: *El novelista* (1924), *Seis falsas novelas* (1927) ... Su obra maestra es *El hombre perdido* (1946), novela existencialista que hay que situar junto a las grandes creaciones novelescas europeas de la posguerra (*El extranjero*, de **Albert Camus**, *La náusea*, de **Sartre**, entre otras). Asistimos al "*enfrentamiento de un individuo -un hombre perdido- con el caos y la inseguridad cósmica*" (**Mainer**). Una vez más, **Ramón** se enfrenta al espinoso problema del sentido de la existencia humana, a la que intenta buscar una alternativa irreal, hecha de ensueño y de fantasía.

OTROS CULTIVADORES: LLAMAS, ISAAC MUÑOZ, RIVAS CHERIF Y OTROS

La novela formalista parece fundirse hacia el año 1925 con las primeras manifestaciones de la novela vanguardista. Este hecho es representado por los siguientes autores: **José María Llamas** (*Navegar pintoresco*, 1904), **Isaac Muñoz** (*Voluptuosidad,* 1905), del que **Nora** afirma que "*hay mucho en él, si no de genial, de valioso: un fuerte temperamento d'annunziano, enamorado de lo primario y una fabulosa riqueza verbal*", **Cipriano Rivas Cherif** (*Un camarada más*, 1921), **Ernestina de Champourcin** (*La casa de enfrente*, 1936), **Rafael Dieste** (*Historias e invenciones de Félix Muriel*, 1943).

LA NOVELA INTELECTUAL

En el siglo XX aparecen dos estructuras nuevas en lo que atañe a la novela, la formalista o modernista, ya analizada, y la llamada novela intelectual. Esta suele obedecer a las siguientes notas:

1º) El universo novelesco puede transformarse en auténtica problemática de la novela, con olvido o menosprecio total del protagonista.

2º) El protagonista no evoluciona nunca, puede estar así fuera del tiempo y del espacio. Puede también encarnar una idea, la idea que da significado a la novela entera.

3º) Las relaciones entre universo y protagonista están supeditadas a la postura o posición intelectual del autor que jugará con el universo y el protagonista novelescos, según sus particularísimas intenciones.

La importancia de la novela intelectual es fundamental en el desarrollo de toda la novelística del XX, si se piensa que está en la base de la novela que se llamó deshumanizada y que hasta inspiró numerosos títulos de la llamada novela social.

LOS FUNDADORES DE LA NOVELA INTELECTUAL: UNAMUNO, AZORÍN, PÉREZ DE AYALA.

Si dejamos aparte *Paz en la guerra* (1897), novela autobiográfica pero adocenadamente realista, **Miguel de Unamuno** (1864-1936) es el fundador o, al menos, uno de los primeros cultivadores de la novela intelectual. Esto sucede en 1902, cuando aparece *Amor y pedagogía*. La novedad consistía en construir una novela (o "nivola") que rompía con las reglas del realismo novelesco: en la nueva estructura, el universo quedaba reducido a simples anotaciones escénicas, los personajes eran fantoches manipulados por el autor, y, finalmente, el autor era incapaz de separarse del narrador.

Con *Niebla* (1914) este procedimiento llega a su culmen: el protagonista, Augusto Pérez, no es exactamente un protagonista, es un ente nebuloso que "puesto en página" encarna el ente pensante y dudante del autor. En *Abel Sánchez* (1917) **Unamuno** se sale de la pura filosofía y se acerca al mundo que le rodea: trata de novelar la envidia, el conocido vicio nacional estudiado ya por tantos escritores patrios. En *La tía Tula* (1921) **Unamuno** intenta trazar el tipo de la madre-virgen, de la verdadera madre ideal o esencial. La novela es técnicamente dramática, y también lineal, escueta y obsesiva.

Dos madres es novela corta incluida en *Tres novelas ejemplares y un prólogo*, de 1916. Aquí el problema de la maternidad se reduce y adensa hasta extremos no exentos de brutalidad. De 1930 son las novelas cortas *San Manuel Bueno, mártir, La novela de don Sandalio jugador de ajedrez* y *Un pobre hombre rico o el sentimiento cómico de la vida*.

En *San Manuel* (sobre la que nos extenderemos a continuación) se nos cuenta la íntima tragedia de un sacerdote que, incapaz de creer en Dios, permite que los demás crean "para que sueñen". En *Don Sandalio*, la novela queda oculta por otra novela que pudo ser pero que no es, puesto que el jugador de ajedrez puede existir o no. Nos hallamos ante dos novelas intelectuales perfectas. Sin duda *San Manuel*, con su simbolismo fácil de traducir, es obra de angustia existencial: la posibilidad de creer y la admisión de la imposibilidad de creer. Sin duda también, en *Don Sandalio* nos encontramos ante un juego estético que plantea interrogantes sobre el problema de la creación literaria, o, al menos, sobre el problema de la creación novelesca.

ESTUDIO MONOGRÁFICO DE «*SAN MANUEL BUENO, MÁRTIR*»

Esta novela corta es considerada por no pocos críticos como la más característica y perfecta dentro de la narrativa del autor. En su prólogo dijo **Unamuno**: «*Tengo la conciencia de haber puesto en ella todo mi sentimiento trágico de la vida cotidiana.*» Por su fecha (1930), recoge las reflexiones del **Unamuno** viejo ante problemas que no habían dejado de atenazarle.

Precisamente en 1930 regresa **Unamuno** de su destierro. Su primera intención es entrar en la liza política, entregarse de nuevo a la tarea regeneradora de España, tras el paréntesis de la dictadura. Pero he aquí unas palabras suyas de aquel año: «*Volví para reanudar aquí, en el seno de la patria, mis campañas civiles o, si se quiere, políticas. Y mientras me he zahondado en ellas,* *he sentido que me subían mis antiguas, o mejor dicho, eternas congojas religiosas, y en el ardor de mis pregones políticos me susurraba la voz aquella que dice: y después de esto, ¿para qué todo?, ¿para qué? Y para aquietar esa voz o a quien me la da, seguía perorando a los creyentes en el progreso y en la civilidad y en la justicia, y para convencerme a mí mismo de sus excelencias.»*

Poco después de escribir estas palabras, escribirá *San Manuel Bueno, mártir,* en donde hallarán profundo eco tales preocupaciones. La idea de un sacerdote que pierde la fe era vieja en **Unamuno** (había conocido un caso tiempo atrás). Pero en la génesis de la obra inciden diversas lecturas: *El vicario* de **Cigés Aparicio**, la de una obra de **Rousseau** *(Profesión de fe del vicario saboyano),* etc. Pero, como ha probado **Lupoli**, **Unamuno** se inspira más de cerca en una novela del italiano **Fogazzaro**, *Il Santo* (1905). Sin entrar en detalles, digamos que ambas obras desarrollan un problema semejante; los paralelismos entre los personajes y sus nombres son notables, así como los que existen entre los nombres de los pueblos, el escenario (por ejemplo, el lago), ciertos episodios, etc. La obra italiana fue para **Unamuno**, sin duda, una incitación irreprimible para tratar un tema muy suyo. Por lo demás, como señala el autor citado, *«las dos obras son, estéticamente consideradas, muy diferentes».*

Señalemos, en fin, que poco antes de escribir su novela, **Unamuno** había hecho un viaje al lago de Sanabria y su comarca, de donde recibió -según confiesa- otro impulso para su creación.

ARGUMENTO

Ángela Carballino escribe la historia de don Manuel Bueno, párroco de su pueblecito, Valverde de Lucerna. Múltiples hechos lo muestran como «un santo vivo, de carne y hueso», un dechado de amor a los hombres, especialmente a los más desgraciados, y entregado a «consolar a los amargados y atediados, y ayudar a todos a bien morir». Sin embargo, algunos indicios hacen adivinar a Ángela que algo lo tortura interiormente: su actividad desbordante parece encubrir «una infinita y eterna tristeza que con heroica santidad recataba a los ojos y los oídos de los demás». Un día, vuelve al pueblecito el hermano de Ángela, Lázaro. De ideas progresistas y anticlericales, comienza por sentir hacia don Manuel una animadversión que no tardará en trocarse en la admiración más ferviente al comprobar su vivir abnegado. Pues bien, es precisamente a Lázaro a quien el sacerdote confiará su terrible secreto: no tiene fe, no puede creer en Dios, ni en la resurrección de la carne, pese a su vivísimo anhelo de creer en la eternidad. Y si finge creer ante sus fieles es por mantener en ellos la paz que da la creencia en la otra vida, esa esperanza consoladora de que él carece. Lázaro -que confía el secreto a Ángela-, convencido por la actitud de don Manuel, abandona sus anhelos progresistas y, fingiendo convertirse, colabora en la misión del párroco. Y así pasará el tiempo hasta que muere don Manuel, sin recobrar la fe, pero considerado un santo, por todos, y sin que nadie fuera de Lázaro y de Ángela haya penetrado en su íntima tortura. Más tarde morirá Lázaro. Y Ángela se interrogará acerca de la salvación de aquellos seres queridos.

TEMAS. ALCANCE Y SENTIDO

La novela gira en torno a las grandes obsesiones unamunianas: la inmortalidad y la fe. Pero se plantean ahora con un enfoque nuevo en él: la alternativa entre una verdad trágica y una felicidad ilusoria. Y **Unamuno** parece optar ahora por la segunda (todo lo contrario de lo que harían existencialistas como **Sartre** o **Camus**). Así, cuando Lázaro dice: «La verdad ante todo», don Manuel contesta: «Con mi verdad no vivirían.» Él quiere hacer a los hombres felices: «Que se sueñen inmortales.» Y sólo las religiones dice «consuelan de haber tenido que nacer para morir».

Incluso disuade a Lázaro de trabajar por una mejora social del pueblo, arguyéndole: «¿Y no crees que del bienestar general surgirá más fuerte el tedio de la vida? Sí, ya sé que uno de esos caudillos de la que llaman la revolución social ha dicho que la religión es el opio del pueblo. [Se trata, por supuesto, de palabras de **Marx**.] Opio... Opio... Opio, sí. Démosle opio, y que duerma y que sueñe.»

Según esto, el autor estaría polarmente alejado no sólo de los ideales sociales de su juventud, sino también de aquel **Unamuno** que quería «despertar las conciencias», que había dicho que «la paz es mentira», que «la verdad es antes que la paz».

Por otra parte, *San Manuel* es también, en último término, la novela de la abnegación y del amor al prójimo. Paradoja muy unamuniana: es precisamente un hombre sin fe ni esperanza quien se convierte en ejemplo de caridad.

Queda, en fin, el problema de la salvación (y volvemos al punto de partida: la inmortalidad). El enfoque de la cuestión es complejo, por la ambigüedad que introduce el desdoblamiento entre autor (**Unamuno**) y narrador (Ángela). Según Ángela, don Manuel y Lázaro «se murieron creyendo no creer lo que más nos interesa; pero, sin creer creerlo, creyéndolo...». Tan paradójicas afirmaciones del personaje-narrador, ¿eran compartidas por el **Unamuno**-autor? El interrogante queda, en principio, abierto. Cierto es que **Unamuno**, en el epílogo, «toma la palabra» y, en sus reflexiones finales, podría verse una voluntariosa apuesta por la esperanza.

ESTRUCTURA

Aparentemente, *San Manuel Bueno, mártir* no presenta las llamativas novedades de alguna de las «nivolas» anteriores; pero, tras esta primera impresión, se oculta cierta complejidad (lo ha subrayado **Blanco Aguinaga**). He aquí algunos puntos de estudio.

Acabamos de hablar del desdoblamiento entre autor y narrador(a). Mediante el conocido recurso del «manuscrito encontrado» (de estirpe cervantina), **Unamuno** interpone una narradora entre él y el lector. Quiere esto decir que todo nos llega desde el punto de vista de Ángela; de ahí que una serie de cosas queden a la discusión o la reflexión de los lectores.

En cuanto a su estructura externa, la novela está dividida en 25 fragmentos que llamaremos secuencias. Las 24 primeras secuencias son el relato de Ángela; la última es una especie de epílogo del autor.

Si atendemos a la estructura interna (desarrollo de la «historia»), cabe distinguir tres partes:

I. Secuencias 1-8. Son las noticias preliminares sobre don Manuel, que Ángela nos transmite de oídas o partiendo de ciertas notas de su hermano.

II. Secuencias 9-20. Es el cuerpo central del relato, a partir del regreso al pueblo de Ángela, primero, y de Lázaro, después. Con ello, la narración recibe un nuevo impulso que nos lleva hasta el descubrimiento del secreto del «santo». Termina esta parte con la muerte del sacerdote.

III. Secuencias 21.25. Final del relato de Ángela y «epílogo» del autor.

Una cuestión particular dentro de la estructura interna es el tiempo, el paso de los años (en particular, las marcas que se refieren a la edad de Ángela). Por lo demás, y entre otras cosas, es curioso señalar la existencia de algunas elipsis narrativas o «saltos en el tiempo».

ARTE DEL RELATO. ASPECTOS TÉCNICOS

Por encima de todo, hay que subrayar el arte del relato: la maestría, la firmeza de pulso con que **Unamuno** conduce la narración. Durante la primera parte, vamos asistiendo a una caracterización progresiva del personaje central, mediante un hábil engarce de anécdotas. Pronto, sin embargo, comienza el autor a intrigarnos, a hacernos entrever algo oculto en el sacerdote. Tras el nuevo impulso narrativo con que pasamos a la segunda parte, la intriga (la «suspensión») va en aumento; de una manera gradual -verdaderamente admirable- vamos acercándonos al secreto, cuyo descubrimiento es el momento culminante del relato. Con la misma seguridad, y a través de diálogos que ahondan en el problema, caminará la novela hacia su final. Hemos aludido a la caracterización del protagonista, de cómo progresivamente va adquiriendo su talla humana, su fuerza inolvidable. Menos relieve tendrán los personajes de Ángela y Lázaro, aunque tendremos ocasión de señalar rasgos interesantes.

Es interesante el intencionado valor simbólico de los nombres: el de don Manuel coincide con uno de los nombres de Cristo: Emmanuel, que significa «Dios con nosotros». Ángela significa «mensajera» (y tiene relación con la palabra «evangelista»). En cuanto a Lázaro, él mismo se relaciona explícitamente con el «resucitado» del Evangelio. Análogo simbolismo se transparenta en los nombres de lugares (Valverde de Lucerna, Renada).

Más importante es la carga simbólica que adquieren ciertos elementos del paisaje: el nogal, la montaña, el lago. Especialmente rico -o complejo- es el de este último, que refleja el cielo a la vez que esconde una aldea muerta, que invita ora a elevarse hacia lo alto, ora a hundirse fatalmente en él.

De entre las técnicas empleadas, hay que destacar el diálogo. En las novelas de **Unamuno** los diálogos tienen gran importancia como vehículo de las ideas; como exteriorización de los conflictos ideológicos y de los dramas íntimos. **Unamuno** da también al diálogo una función narrativa: así, las conversaciones en que Lázaro refiere a Ángela las tribulaciones de don Manuel. Y, en relación con ello, señalemos un aspecto original: la aparición del diálogo dentro del diálogo.

En cuanto al estilo, encontramos los rasgos característicos de la lengua literaria de **Unamuno** en toda su madurez: la intensidad emocional, la densidad de ideas, el gusto por las paradojas, etc., sin pasar por alto el lirismo de ciertos momentos.

SIGNIFICACIÓN

Unas últimas reflexiones. La primera, sobre el lugar de la obra en la trayectoria ideológica de su autor. Antes nos preguntábamos si la tesis que se expone en la obra (la mentira consoladora antes que la verdad angustiosa) era la definitiva de **Unamuno**. Pues bien, sus escritos posteriores nos mostrarían que no dejó de fluctuar entre tal postura y la contraria, la de inquietar. Recordemos, por ejemplo, su artículo *Almas sencillas*; de él son estas palabras: «*Hay que despertar al durmiente que sueña el sueño que es la vida.*» Por lo demás, el hecho mismo de escribir esta novela ¿no indica que **Unamuno** no renunciaba a «*sacudir las conciencias*»? La existencia misma de la obra ¿no contradice la tesis que en ella se expone? Si así es, estaríamos ante una de tantas contradicciones unamunianas. Parecidas fluctuaciones encontraríamos en sus posturas ante las cuestiones sociales y políticas. Recordemos, por ejemplo, sus actitudes en 1936.

Insistiendo, en fin, en la valoración de *San Manuel* desde un punto de vista estrictamente literario, recordaremos que, ya a su publicación, **Marañón** la consideró una de las novelas más características de **Unamuno** y le auguró que sería una de sus obras más leídas y gustadas. Si atendemos a las opiniones de la crítica posterior, la profecía de **Marañón** parece haberse cumplido.

José Martínez Ruiz, *Azorín*, publicó en 1902 su primera novela, *La voluntad*, primer título de una trilogía: *Antonio Azorín* (1903) y *Las confesiones de un pequeño filósofo* (1904). **Azorín** comenzó utilizando la estructura de la novela intelectual pero, con el tiempo, esta estructura fue desvaneciéndose hasta llegar a la reflexión casi pura.

Otro de los obstáculos para entender el arte novelesco de **Azorín** reside en su estilo, en esa especie de depuración constante de la frase que, a base de suprimir adjetivos y metáforas, hicieron de su prosa algo irrepetible.

La voluntad nos cuenta la vida de Antonio Azorín: un deambular sin explicaciones de Madrid a Yecla, de Yecla a Toledo, etc.; la historia está cortada constantemente por conversaciones entre Azorín y su maestro Yuste, y estas conversaciones versan sobre toda suerte de temas, algunos sin ninguna imbricación en el cuerpo de la obra. No hay ninguna sicología y muy poca acción: al autor sólo le interesan las opiniones "habladas" de los demás; en cuanto al protagonista, parece embebecerse en impresiones y recuerdos de lecturas. Lo mismo ocurre, pero exagerando la desaparición de acciones y de historia narrativa, en los dos otros volúmenes de la trilogía.

Este procedimiento, de base intelectual narrativa, irá perdiendo con los años precisamente la estructura narrativa: sus libros se irán acercando al ensayo. La poca historia, o la poca vida del Antonio Azorín de la trilogía mencionada, desaparece ya casi por completo en sus novelas *Don Juan* (1922) y *Doña Inés* (1925). Ahora la narración, vagamente centrada en un protagonista, está compuesta por una serie de cuadros independientes entre sí, que narran diferentes momentos de otros personajes.

Azorín intenta un nuevo cambio de estructura novelesca en las por él bautizadas como *Nuevas Obras*, que integran tres títulos *Félix Vargas, etopeya* (1928), *Superrealismo* (1929) y

Pueblo, de 1930. La idea de la novela ha cambiado en efecto: ahora no hay cuadros más o menos engarzados, sino un protagonista, Félix Vargas, que se encarna en diferentes personalidades, sin que el lector sepa nunca cómo, por qué ni para qué. El estilo narrativo tiende a la presentación abstracta de objetos, colores, sonidos, etc.

La obra novelesca de **Ramón Pérez de Ayala** puede dividirse en tres épocas bien diferenciadas: realista, de transición y de madurez, en la que su obra novelesca es puramente intelectual. La etapa realista está compuesta por cuatro títulos: *Tinieblas en las cumbres*, 1917, *A.M.G.D.*, 1910, *La pata de la raposa*, 1912, y *Troteras y danzaderas*, 1913.

Desde el primer título citado, **Pérez de Ayala** se aleja del realismo tradicional al complicar la sicología de los personajes y romper la línea temática o argumental con disquisiciones y exploraciones intelectuales. La novela nos cuenta una excursión de señoritos y mujeres de mal vivir. La obra es una excelente muestra del perspectivismo ayaliano. **Ayala** ensaya una prosa cáustica, casi cínica, que ha sido calificada de cruel por algún crítico.

AMGD, esto es, el lema jesuita *Ad Maiorem Gloriam Dei,* es un alegato casi panfletario contra la educación de los jesuitas, como subraya **Eugenio de Nora**. La novela no pasa de ser una sátira exagerada y, desde luego, cruel.

La pata de la raposa gira en torno a la idea de la muerte que es el cepo, siendo la libertad, la vida en suma, la raposa. Y la consecuencia parece clara: la raposa meterá su pata en el cepo, y todo acabará sin que nos hayamos podido explicar nada.

En *Troteras y danzaderas* se nos presenta una visión de la vida madrileña decididamente negativa. Su lectura resulta amena y divertida, muy rica en sugerencias intelectuales. En palabras de **Andrés Amorós**, "*aparecen a veces los grandes temas característicos de nuestro autor, pero casi perdidos en medio de discusiones ingeniosas y paradójicas sobretodo lo humano y lo divino".*

La segunda etapa está constituida por tres novelas incluidas en *Prometeo* (1916): *Prometeo, Luz de domingo* y *La caída de los Limones*. *Prometeo* presenta como tema el planteamiento del hijo perfecto.

Apunta **Gonzalo Sobejano** que **Ayala** se plantea la cuestión del superhombre nietzscheano "*de un modo sarcástico y desengañado que, no por eso, deja de descubrir la virtud atractiva de aquel ideal".* *Luz de domingo* es un cuadro de costumbres elevado a la categoría de tragedia simbólica. *La caída de los Limones* nos cuenta con gran complejidad narrativa las peripecias y decadencia de esta familia, los Limones.

La tercera época está compuesta por los tres mejores títulos de **Pérez de Ayala**: *Belarmino y Apolonio* (1921), *Luna de miel, luna de hiel*, y su segunda parte, *Los trabajos de Urbano y Simona* (1923), y también en dos partes *Tigre Juan* y *El curandero de su honra*, de 1926. *Belarmino y Apolonio* es una historia casi lineal. Dos zapateros conversan de muchos temas y los dos acaban de amigos en el mismo asilo. Son dos entes de ficción muy complicada: Belarmino es el filósofo, Apolonio el dramático. Opina **Andrés Amorós** que **Ayala** "*está más cerca del reconcentrado filósofo que del enfático dramaturgo".* Cree el citado crítico que en el fondo la obra revela un fuerte pesimismo pues "*los hombres mejores están locos, se equivocan en su búsqueda; los demás, son tontos o malvados*".

Luna de miel, luna de hiel y *Los trabajos de Urbano y Simona* plantean el problema de la educación sexual, y se trata de un intento malogrado de novela doctrinal o de tesis. **Eugenio de Nora** alaba la "*fuerza poética y la verdad psicológica*" que se advierte en la evolución de los personajes. Pero esos aciertos se ven turbados "*por la inclinación al didactismo, a la moralización teórica, al planteamiento y discusión de problemas e ideas generales*".

Tigre Juan y *El curandero de su honra* logra el milagro técnico y artístico de recrear todo un universo tanto realista como intelectual a través de un tema casi lineal: Tigre Juan, el hombre celoso y calderoniano, acabará perdonando una escapada a su mujer que, por lo demás, es inocente de toda sospecha. Como en otras obras de **Ayala** lo simbólico tiene su contrapartida en las escenas costumbristas que nos traen la presencia viva del mundo asturiano.

Pérez de Ayala podría ser calificado como el novelista de la complejidad intelectual, como el escritor capaz de combinar en una aparente simple narración los más abstrusos temas y problemas con las observaciones más realistas y casi transparentes. Como muy bien señala **Baquero Goyanes**, su universo literario "*se caracteriza por la ambivalencia, el gusto por los desdoblamientos, la doble visión, los enfrentamientos de perspectivas opuestas...*".

OTROS CULTIVADORES DE LA NOVELA INTELECTUAL: VALBUENA PRAT, D'ORS, TENREIRO, AZAÑA, JUARROS, SANTULLANO, MADARIAGA

Varios de los cultivadores de la novela intelectual pueden ser también considerados formalistas e incluso vanguardistas. Tal es el caso del profesor y crítico **Ángel Valbuena Prat** con sus obras *Teófilo* (1926) y *2+4* (1927), pero lo normal consiste en que el novelista intelectual muy firme en sus ideas novele con arreglo a las mismas.

Así, **Eugenio D'Ors** es intelectual en todas sus obras: *Oceanografía del tedio* (1921), *Magín o la previsión y la novedad* (1926) y *Eugenio y sus demonios* (1943).

Ramón María Tenreiro tendría que ser estudiado a partir de títulos como *El loco amor* (1921), *Dama pobreza* (1926), y *La ley del pecado* (1930). De ésta, señala **Nora** que está a medio camino entre la novela, el ensayo especulativo y el alegato de protesta contra los prejuicios sociales, sin ser en rigor, ninguna de las tres cosas.

También ensaya el relato más que la narración novelesca **Manuel Azaña** en *Jardín de los frailes* (1926) y en *La velada en Benicarló* (1937). De la primera afirma **Nora** que "*antes que confidencias o confesión personal, como pudiera creerse, es un juicio -con pretensión de testimonio vivido- un alegato reflexivo y severo contra una educación y un sistema de ideas religiosas, morales, filosóficas y patrióticas que sin ningún rebozo se declaran en bancarrota*". En la segunda, **Azaña** no sólo analiza los distintos puntos de vista respecto a la guerra, sino que además, en palabras de **Sabas Martín**, "*intenta hacer una introspección del carácter y del ser español revelando sus padecimientos seculares*". Más que una exhaltación a ultranza de la república, es "*una honda meditación sobre la historia española y sus males*". Intenta justificar el fracaso del régimen por los componentes genéticos y sicológicos del pueblo. Se respira en todo momento un aire de desesperanza.

Quizá sea esta obra, de difícil catalogación, *"donde mejor se muestra ese binomio político-intelectual que caracteriza a Azaña, y la que más firmemente nos revela su carácter, sus luchas íntimas"*. **José Luis Gómez** y **José Antonio Gabriel y Galán** afrontaron en la temporada 1980-81 el reto de la adaptación de *La velada en Benicarló* para el teatro. El resultado fue un montaje digno, sobrio y bien resuelto.

César Juarros tiene un gran título: *El niño que no tuvo infancia* (1928). Apunta **Nora** que, aunque **Juarros** no cae en el defecto de someter el mundo narrativo a unas ideas preconcebidas, como otros novelistas de tesis, son reprobables el desaliño y tosquedad de su prosa y la pesadez reflexiva de algunos pasajes.

De 1932 es *Paxarón o la felicidad* de **Luis Santullano**, al que sigue *Bartoldo, o la vocación* (1936). **Nora** equipara su obra narrativa -salvadas las considerables distancias- a la de **Pérez de Ayala**, pues en ambos casos el asturianismo y el amor a los tipos y paisajes de la región se mezclan con una aspiración ética y normativa de alcance universal. Sus novelas son de estructura fragmentaria y argumentos sencillos, con *"una prosa trabajada, de un refinamiento y pulcritud que no llega a la afectación"* (**Nora**). Quizás el más novelista de todos sea **Salvador de Madariaga** con una extensa obra narrativa: *La jirafa sagrada* (1924), *Arceval y los ingleses* (1925) y *El corazón de piedra verde* (1942).

LAS NOVELAS VANGUARDISTAS: BENJAMÍN JARNÉS, FRANCISCO AYALA, EDGAR NEVIELE Y OTROS

La literatura de vanguardia (ultraísmo, creacionismo, futurismo, surrealismo...) rechazaba toda la tradición e incorporaba nuevos modos de pensar y de sentir. En lo que atañe a la novela vanguardista, sus notas más significativas podrían ser éstas:

1º) Un universo que tiende a desaparecer, convirtiéndose en una simple acotación casi escénica por la que discurren una serie de frases ingeniosas.

2º) Un protagonista que tiende a desaparecer: es una máquina de declamar metáforas, y cuya acción o peripecia, cuando la hay, está supeditada a lo que dice o declama.

3º) Las relaciones entre universo y protagonista son prácticamente inexistentes. En realidad, la nueva novela sigue contando, sigue siendo narrativa, pero los conflictos son puramente verbales, metafóricos.

La vanguardia, la novelesca sobre todo, se desarrolló aproximadamente entre los años 24 y 36, con un total de 40 novelas de muy parecidas características.

Benjamín Jarnés resume y crea la estructura vanguardista (con el antecedente de **Gómez de la Serna**). Encontramos ya en *El profesor inútil* (1925) las características de toda la obra jarnesiana, y también del resto de la vanguardia novelesca: una historia o tema evanescente, un universo desvaído y una serie de relaciones ente conflictivas y "ajustadoras", completamente gratuitas.

Otras obras de **Jarnés** son *El convidado de papel* (1928), *Locura y muerte de Nadie* (1929), su mejor título, que recoge un tema universal: se trata del hombre que quiere ser algo en la vida, ser algo para los demás, y que, naturalmente, no lo logra porque la realidad está ahí para negarle toda ambición y para acabar con él. La obra presenta una gran complejidad y perfección técnica. Se utilizan procedimientos cubistas en la presentación de espacios e imágenes.

Subraya **Emilia de Zuleta** que "*los personajes no son meros portadores de ingredientes conceptuales o reflexivos, sino que lo reflexivo, lo conceptual, se organiza como vivencia de los personajes*". Sin embargo, aun siendo una obra valiosa, dista mucho de las calidades de *Niebla*, con la que ha sido comparada.

A diferencia de la novela de **Unamuno**, no hallamos un análisis apasionado del drama humano, sino una visión irónica y distanciada. Recordemos también: *Escenas junto a la muerte* (1931), *Lo rojo y lo azul* (1932), *Viviana y Merlín*, de 1929...

Otros cultivadores de la novela de vanguardia fueron: **Claudio de la Torre** (*En la vida del señor Alegre*, 1924), **Valentín Andrés Álvarez** (*Naufragio en la sombra*, 1930), **Antonio Espina** (*Luna de copas,*1929, de la que **Nora** subraya que el autor no pretende "*alegorizar la fábula y tragedia de la mujer libre y moderna atenzada y sepultada por las redes del instinto*", sino que intenta, por encima de todo, "*asombrar y desconcertar*", cosa que logra tanto por la técnica narrativa como por el estilo que es habitual en él), **Mario Verdaguer** (*Un intelectual y su carcoma*, 1934, que presenta al protagonista encerrado en el torturante círculo de su mente, víctima de un desequilibrio masoquista. Vive en un universo ficticio de inteligencia y arte e "*interpone perpetuamente entre él y el mundo externo una voraz cerebralidad que saja y vacía de contenidos a aquello que vive a cada instante*" -**Fuentes Mollá**-), **Juan Chabás** (*Sin velas, desvelada*, 1927), **Ernesto Giménez Caballero** (*Julepe de menta* 1929), **Joaquín Arderíus** (*Los príncipes iguales*, 1928) -**Nora** no se muestra benévolo con este escritor "*arbitrario y caótico*", cuya exhaltación lírica "*se disuelve frecuentemente en retórica, en un lenguaje interjectivo que nos parece pueril y nos deja fríos*"-, **José López Rubio** (*Roque Six*, 1903), **Francisco Ayala** (*El boxeador y un ángel*, *Cazador en el alba*, *Erika ante el invierno*, todas de 1930).

El año 1929 es el punto de partida de una novela humorista, que hunde sus raíces tanto en la vanguardia como en tendencias intelectuales: **Jardiel Poncela** (*Pero... ¿Hubo alguna vez once mil vírgenes?*, 1931, *Amor se escribe sin hache*, 1929, *Espérame en Siberia, vida mía*, 1930) y *La tourneé de Dios*, 1932) y **Egdar Neville** (*Don Clorato Potasa*, 1929, y *Andanzas de un hombre que se reía mucho de todo*, 1931).

En 1930 aparece *El ventrílocuo y la muda*, de **Samuel Ros**, (domina en sus novelas "*un juego fantasmagórico que consiste en dar un aspecto de evidencia, unas cualidades de realidad, a lo incongruente y absurdo*" -**Nora**-), *La túnica de Neso*, del poeta **Juan José Domenchina**, y *Pasión y muerte*, de **Corpus Barga**, "*un juego intelectual del que lo sentimental y lo trascendente están por completo excluidos*" (**Ramoneda**). En 1931 se concede el Premio Nacional de Literatura a **Mauricio Bacarisse** por su deliciosa novela vanguardista *Los terribles amores de Agliberto y Celedonia*. Del mismo año, *Efectos navales* de **Antonio Obregón**, y *La salvación* de **Manuel Abril**.

De una manera general, se podrían señalar otras obras escritas por profesores y poetas (**Valbuena Prat, Ricardo Gullón, Salinas**, etc.). No olvidemos tampoco a **Salvador Dalí** que publica en 1942 su novela *Rostros ocultos*.

LA NOVELA SOCIAL DE LOS AÑOS 28: ZUGAZAGOITIA; ARDERÍUS, DÍAZ FERNÁNDEZ, CÉSAR FALCÓN Y OTROS

José Esteban y **Gonzalo Santoja**, en *Los novelistas sociales españoles, 1928-1936*, sitúan en 1928 el nacimiento de esta tendencia novelística. Parten de 1928 porque en este año inicia la editorial "Historia Nueva" una colección de novelas sociales. Nos encontramos ante un grupo de escritores muy politizados que se disponen, en principio, a ponerse al servicio del pueblo, pero que, al mismo tiempo, tienen una visión clara y un nuevo concepto de la novela.

Ante todo, nos hallamos con universos poblados por las clases trabajadoras, tanto urbanas como campesinas; existe también una tendencia muy clara a la multiplicidad del protagonista. Se intenta recoger el habla, con sus deformaciones fonéticas y sintácticas, de los hombres del pueblo. Sobre estos detalles campea siempre la intención político-social del autor. De otra parte, la tensión romántica de los novelistas sociales hace que sean autores crispados unas veces y, otras, descubridores del tremendismo y del lirismo.

Finalmente, hay que considerar que estamos hablando de una tendencia novelesca que fue cortada en flor; la guerra civil acabó con esta novela social o la transformó en novela de urgencia, testimonial, propagandística, etc. La lista de sus fundadores y obras más representativas es la siguiente:

- **Julián Zugazagoitia**: *Una vida anónima* (1927), *El botín* (1929) y *El asalto* (1930), de la que apunta **Gil Casado** sus semejanzas con *El intruso* de **Blasco Ibáñez**. Se trata de un "*capítulo novelado de la historia del movimiento obrero vasco*" (**Víctor Fuentes**).

- **Joaquín Arderíus**: *La espuela* (1927), *Los príncipes iguales* (1928), *Justo el evangélico* (1929), *Campesinos* (1931).

- **José Díaz Fernández**: *El blocao* (1928), de la que **López de Abiada** subraya que refleja el carácter destructivo y deshumanizador de una guerra que reduce al hombre a la condición animal. Las víctimas no son sólo los muertos, sino también los que el autor llama "*cadáveres verticales*". El erotismo, reducido a lo puramente instintivo, funciona como símbolo de esa degradación. *La Venus mecánica* (1929) pretende demostrar, como afirma **Víctor Fuentes**, que la liberación de la mujer no está en los movimientos feministas, que aparecen ridiculizados, sino en la plena participación social.

- **César Falcón**: *Plantel de inválidos* (1928) y *El pueblo sin Dios* (1928).

- **Isidoro Acevedo**: *Los topos, novela de la mina* (1930). Se nos brinda abundante documentación y datos técnicos que, a juicio de **Gil Casado**, no se integran bien en la trama. El citado crítico censura también el excesivo melodramatismo de algunas escenas y el escaso valor estético de la prosa. Sería -siempre según **Gil Casado**- "*una novela llena de buenas intenciones y* *malos resultados"*. **Víctor Fuentes** se muestra más benévolo y considera que se dota *"de una dramática envoltura humana el esquematismo ideológico que preside la novela"*.

- **César Arconada**: *La turbina* (1930), de filiación vanguardista que se hace patente al formular el tema *"de la capacidad del hombre de conquistar la naturaleza mediante la inteligencia y el ingenio"* (**Boetsch**), *Los pobres contra los ricos* (1933) y *Reparto de tierras* (1934), de la que señala **Boetsch** que, escrita tras el triunfo electoral de la derecha, refleja la gran desilusión de los campesinos.

Advierte en ella un exceso de arengas y una cierta esquematización de personajes y situaciones. El tono es más lírico que la de su predecesor. Señalemos, por último, que *Río Tajo* (1938) es una novela de intención propagandística que tiene como asunto la guerra en el frente de Extremadura. Destaca la primera parte por sus poéticas descripciones del entorno natural.

- **Ramón J. Sénder**: aborda en *Imán* (1930) la guerra de Marruecos, denuncia la represión policial en *O.P.* (=Orden público), presenta los movimientos anarquistas en *Siete domingos rojos*, de 1932. Otras novelas de la época que estudiamos son: *Viaje a la aldea del crimen* (1934), *La noche de las cien cabezas* (1934) y *Mr. Witt en el Cantón* (1935), sobre el levantamiento federalista de Cartagena en 1873, que encierra una visión lúcida de la revolución. Hay en la novelística de **Sénder** una extraña fusión de realidad cruda y fantasía poética, de esotérica simbología y alegato político-social, de sobrio lirismo y humor desconcertante, de notas agrias y espeluznantes y honda emoción humana. Sus máximos logros no se hallan en el campo del virtuosismo formal ni en el del lenguaje brillante, sino en el del relato vigoroso y la evocación sugerente.

-**Alicio Garcitoral**: *La fábrica* (1931), *El crimen de Cuenca* (1932), una obra realista y dura, escrita desde el desengaño. En el exilio publicó otras tres obras narrativas: *Gaceta de Madrid* (1938), *Primera categoría* (1950) y *Cinco historias de amor* (1951).

- **Manuel Benavides**: *Un hombre de treinta años* (1933), en la que nos muestra las vacilaciones de un intelectual, en este caso, un modesto periodista, que *"busca superar su conciencia burguesa y forjarse una nueva conciencia obrerista"* (**Víctor Fuentes**), *La escuadra la mandan los cabos* (1944).

- **Andrés Carranque**: *Uno* (1934), *La vida difícil* (1935) y *Cinematógrafo* (1936), en la que pasa a primer plano un ingrediente que ya aparecía en las novelas anteriores y que es distintivo de este autor: la crítica estética como refuerzo de la crítica social. El cine y la literatura sirven a los fines del sistema: *"lucro individual y mansificación del hombre para mejor poder manejarle y utilizarle"* (**Fortea**).

- **José Corrales Egea**: *Hombres de acero* (1935) y *La otra cara* (1950).

Bibliografía

AMORÓS, A. *La novela intelectual de Ramón Pérez de Ayala,* Gredos, Madrid, 1982.

AYALA, F. *La novela: Galdós y Unamuno,* Seix Barral, Barcelona, 1974.

BAQUERO GOYANES, M. *Contraste y perspectivismo en Ramón Pérez de Ayala*, en *Perspectivismo y contraste,* Gredos, Madrid, 1973.

BASANTA, A. *La novela de Baroja. El esperpento de Valle-Inclán,* Cincel, Madrid, 1980.

BRETZ, M.L. *La evolución novelística de Pío Baroja,* Ed. Porrúa, Madrid, 1979.

BUCKLEY, R. *Los vanguardistas españoles, 1925-1935,* Alianza Editorial, Madrid, 1973.

CAMÓN AZNAR, J. *Ramón Gómez de la Serna,* Espasa Calpe, Madrid, 1972.

DÍAZ MIGOYO, G. *Tirano Banderas o la posmodernidad novelesca española,* Ministerio de Cultura, Madrid, 1989.

DOMINGO, J. *La novela española del siglo XX: de la generación del 98 a la guerra civil,* Labor, Barcelona, 1973.

ESTEBAN, J. *Los novelistas sociales españoles (1928 1936),* Ed. Hiperión, Madrid, 1977.

FERNÁNDEZ CIFUENTES, L. *Teoría y mercado de la novela en España: del 98 a la República,* Gredos, Madrid, 1982.

FERRERAS, J. *La novela en el siglo XX (hasta 1939),* Taurus, Madrid, 1990.

FUENTES, V. *La novela social española,* Ínsula, Madrid, 1970.

GARCÍA DE NORA, E. *La novela española contemporánea,* Gredos, Madrid, 1973.

GARCÍA DE LA TORRE, J.M. *Análisis temático de El Ruedo Ibérico,* Gredos, Madrid, 1972.

GIL CASADO, P. *La novela social española: 1920-1971,* Seix Barral, Barcelona, 1973.

GRANJEL, L.S. *Eduardo Zamacois y la novela corta,* Universidad de Salamanca, 1980.

GUERRA GARRIDO, R. *Valle-Inclán, renovador de la novela,* Ministerio de Cultura, Madrid, 1989.

LIVINGSTONE, L. *Tema y forma en las novelas de Azorín,* Gredos, Madrid, 1970.

LOZANO MARCO, M. *Del relato modernista a la novela poemática. La narrativa breve de Ramón Pérez de Ayala,* Universidad de Alicante, 1983.

MAINER, J.C. *La Edad de Plata (1902-1939),* Cátedra, Madrid, 1983.

MARTÍNEZ PALACIO, J. *Pío Baroja,* Taurus, Madrid, 1974.

MILLER, Y. *La novelística de Gabriel Miró,* Ed. Códice, Madrid, 1975.

NORA. E. *La novela española contemporánea,* Gredos, Madrid, 1973.

PONTE, J.A. *Renovación de la novela en el siglo XX: del 98 a la Guerra Civil,* Anaya, Madrid, 1992.

RAMONEDA, A. *Antología de la Literatura española del siglo XX,* SGEL, Madrid, 1988.

RAMOS, V. *Vida y obra de Gabriel Miró,* Gredos, Madrid, 1974.

RIOPÉREZ, S. *Azorín íntegro,* Biblioteca Nueva, Madrid, 1979.

RISCO, A. *Azorín y la ruptura con la novela tradicional,* Alhambra, Madrid, 1980.

SÁNCHEZ BARBUDO, A. *Miguel de Unamuno,* Taurus, Madrid, 1980.

SANTOJA, G. *La novela proletaria,* Ed. Ayuso, Madrid, 1979.

UMBRAL, F. *Ramón y las vanguardias,* Espasa Calpe, Madrid, 1978.

URRUTIA, J. *El Novecentismo y la renovación vanguardista,* Cincel, Madrid, 1988.

VALVERDE, J.M. *Azorín,* Planeta, Barcelona, 1971.

VELÁZQUEZ CUETO, G. *Ganivet, Unamuno, Azorín, Maeztu,* Cincel, Madrid, 1980.

VENTURA, J. *Las novelas de Ángel Ganivet,* Anaya, Madrid, 1972.

VILLACORTA, M. *Burguesía y cultura. Los intelectuales españoles en la sociedad liberal (1808-1931),* Siglo XXI, Madrid, 1980.

VILLANUEVA, D. *La novela lírica,* Taurus, Madrid, 1983.

YNDURAIN, F. *Clásicos modernos,* Gredos, Madrid, 1978.

ZUBIZARRETA, A. *Unamuno en su novela,* Taurus, Madrid, 1960.

OPOSICIONES A ENSEÑANZA SECUNDARIA
LENGUA CASTELLANA Y LITERATURA

TEMA 65:

Nuevas formas del teatro español
en la primera mitad del siglo XX.
Valle-Inclán. García Lorca.

ÍNDICE SINÓPTICO

EL TEATRO ESPAÑOL EN LA PRIMERA MITAD DEL XX: VISIÓN DE CONJUNTO

EL TEATRO INMEDIATO A BENAVENTE

A) TEATRO CONSERVADOR

> JACINTO BENAVENTE
> > BENAVENTE ANTE LA CRÍTICA
> > CRITERIOS DE CLASIFICACIÓN DE SU TEATRO
> > LOS COMIENZOS. EL REALISMO INNOVADOR
> > CONTINUACIÓN Y BÚSQUEDA FORMAL
> > LA INNOVACIÓN DESESPERADA
> > VALORACIÓN
>
> SEGUIDORES DE BENAVENTE
>
> EL TEATRO CÓMICO
> > CARLOS ARNICHES, SAINETISTA
> > LA TRAGICOMEDIA GROTESCA DE ARNICHES
> > VALORACIÓN
> > LOS HERMANOS ÁLVAREZ QUINTERO
> > OTROS CULTIVADORES DEL TEATRO CÓMICO
>
> EL TEATRO POÉTICO

B) TEATRO RENOVADOR, INNOVADOR Y SOCIAL

> INTENTOS DE RENOVACIÓN: EL TEATRO INTELECTUAL DE UNAMUNO Y AZORÍN
> EL TEATRO SOCIAL: JOAQUÍN DICENTA
> JACINTO GRAU
> EL TEATRO DE LA GENERACIÓN DEL 27
> RAMÓN GÓMEZ DE LA SERNA
>
> **VALLE-INCLÁN**
>
> > CONSIDERACIONES PREVIAS
> > LA VÍA DEL MITO
> > LA VÍA DE LA FARSA
> > CICLO ESPERPÉNTICO
> > > CONCEPTO DE LO ESPERPÉNTICO
> > > "LUCES DE BOHEMIA"
> > > OTROS ESPERPENTOS

sigue

GARCÍA LORCA

CONSIDERACIONES PREVIAS
TEATRO MENOR
TEATRO MAYOR
DOS PIEZAS GRANADINAS
EL CICLO TRÁGICO
TEATRO DE ENSAYO
TEATRO INCONCLUSO
TEATRO INÉDITO DE JUVENTUD

BIBLIOGRAFÍA

4

EL TEATRO ESPAÑOL EN LA PRIMERA MITAD DEL XX: VISIÓN DE CONJUNTO

Desde el 15 de marzo de 1892, fecha del estreno de *"Realidad"*, la primera obra de teatro conservada de **Galdós**, hasta el inicio de la guerra civil, España conoce tres regímenes políticos diferentes, sufre varias crisis económicas, agoniza en una guerra endémica y resplandece en la labor literaria de unas generaciones cuyo único precedente comparable hay que situarlo en los Siglos de Oro. En este marco la producción dramática va a ocupar un lugar muy significativo. En la primera mitad de nuestro siglo el teatro español va a seguir dos direcciones opuestas:

1º) Un teatro conservador, de corte tradicional, al servicio de la burguesía y con una mínima capacidad crítica, representado por:

-la comedia burguesa de **Benavente** y sus seguidores **Linares Rivas** y **Martínez Sierra**.
-el teatro cómico de **Arniches**, los **Quintero, Muñoz Seca, Miguel Echegaray**...
- y el teatro poético de **Villaespesa, Marquina**, el primer **Valle-Inclán, Pemán**, los **Machado**...

2º) Un teatro innovador, experimental, que pretende hacerse eco de los problemas sociales y existenciales, integrado por **Unamuno, Azorín, Dicenta, Grau**, la producción dramática del 27, **Gómez de la Serna, Valle-Inclán** y **Lorca**.

EL TEATRO INMEDIATO A BENAVENTE

Cuando **Jacinto Benavente** llegó a la escena española todavía perduraban en ella vestigios del Romanticismo. Vivían aún **Tamayo y Baus** y **Bretón de los Herreros** y los dos grandes actores del reinado de **Alfonso XII** y de la Regencia (**Rafael Calvo** y **Antonio Vico**) continuaban "sacudiendo" a los espectadores con los versos de **Rivas, Hartzenbusch** y **Zorrilla**.

Junto a esta presencia romántica, **Echegaray** llevaba casi sólo el peso de la creación dramática durante el último tercio del XIX, con un teatro (cualquiera que fuesen sus defectos de hinchazón) de ingeniosísima factura, colmado de una poesía encendida y, por momentos, hasta elocuente.

La atmósfera del teatro europeo, desde 1850, había variado mucho de temperatura y condiciones. Los franceses, a partir de **Dumas** hijo, habían creado la comedia social-burguesa, urdida con todos los problemas del mundo moderno. **Ibsen,** ya divulgado, ponía la inquietud de su dramaturgia simbólica. **Oscar Wilde** divertía a la aristocracia londinense dando al aire con refinada malicia sus lacras. **D'Annunzio** volvía por los fueros de la atmósfera clásica en *"La ciudad muerta"*, y **Shaw** estrenaba esa especie de misterio moderno, atrevidísimo entonces, llamado *"Cándida"*.

No es posible afirmar que **Echegaray** reuniese en su teatro todas estas voces, pero sí que fue, con **Galdós,** de los pocos que intentaron refrescar el viejo drama con una corriente de aire más nuevo, más europeo. Bastaría recordar sus últimas piezas (*"Mariana", "El loco Dios" y "La escalinata de un trono"*) para comprobarlo.

La inyección de modernidad al teatro hispano de fines de siglo debería traerla un autor más libre de resabios, de amaneramientos. Un hombre, en definitiva, de la nueva generación: **Benavente**.

A) TEATRO CONSERVADOR

JACINTO BENAVENTE

BENAVENTE ANTE LA CRÍTICA

La valoración de la dramaturgia benaventina oscila entre una crítica adversa y otra favorable.

En 1917 **González Blanco** calificaba a **Benavente** de *"analista sutil y descarnado"*, y en 1956 **Fernández Almagro** señalaba como rasgos comunes a las primeras piezas benaventinas la calidad del diálogo, la mordacidad crítica y la agudeza en la exploración sicológica. Conceptos semejantes podemos encontrar en estudios de **Walter Starkie, Federico de Onís, Alfredo Marqueríe** y **Montero Alonso**.

La actitud crítica adversa está encabezada por **Pérez de Ayala**; afirma que *"es un teatro de términos medios, sin acción y sin pasión y, por ende, sin motivación ni caracteres y, lo que es peor, sin realidad verdadera"*.

Estos elementos negativos han sido subrayados posteriormente por **Torrente Ballester** y **Jean-Paul Borel**. El primero escribe que *"la técnica es lo más flojo de su obra dramática"*, y **Borel** dice que *"el diálogo no tiene ninguna tensión dramática, la sicología es a menudo superficial y esquemática... Hay, en fin, en Benavente una actitud moralizante que es difícil de soportar"*.

Sin embargo, en dos cosas parecen estar de acuerdo los estudiosos: en la importancia histórica de ese teatro y en su carácter de "arte nuevo" en el momento de su aparición. También habrá acuerdo respecto a su éxito de público, al menos hasta los años 20, en los que **Benavente** es el "maestro" indiscutible de la escuela madrileña.

A este respecto, puntualiza **Ángel Berenguer** que la gran aportación de **Benavente** al teatro español fue el ejemplo de cómo un autor debe "hacerse" su público, conseguirlo y mantener su interés por el producto que de forma continuada se le ofrece. En este sentido, **Benavente** cumplió para ese grupo social al que se dirigía la función de cronista, siendo sus piezas el equivalente a las crónicas periodísticas de un cronista de la "alta sociedad", aunque, subraya **Ruiz Ramón**, lo grave de este "actualismo" es que lo mantuvo al margen de la profunda evolución del gran teatro occidental.

Con todo, hasta su muerte en 1954, **Benavente** seguía siendo para un amplio sector del público español y para no pocos críticos el dramaturgo por excelencia del XX. Por ello, **Rodríguez Méndez** ha hablado de la *"dictadura benaventina"* en el teatro español, y otro dramaturgo, el puertorriqueño **René Marqués**, dejaba constancia de lo mismo en el teatro hispanoamericano.

CRITERIOS DE CLASIFICACIÓN DE SU TEATRO

González Blanco sigue el temático, distinguiendo cuatro ciclos: satírico, dramático, simbólico y de alta comedia, que vienen a coincidir con los propuestos por **Sáinz de Robles, Valbuena Prat** y **Lázaro Carreter**. **Jerónimo Mallo** sigue un criterio valorativo, distinguiendo un período ascendente y otro descendente.

Ruiz Ramón propone una clasificación basada en los cuatro espacios escénicos fundamentales de la dramaturgia benaventina: los interiores burgueses ciudadanos, los interiores cosmopolitas, los interiores provincianos y los interiores rurales. Sólo una obra transciende estos espacios: *"Los intereses creados"*, debido a que está ajena a todo prurito de actualismo.

Otro intento de clasificación global es el de **Marcelino Peñuelas**, que distingue siete grupos: piezas satíricas, sicológicas, morales, fantásticas, sentimentales, comedias y piezas misceláneas.

En nuestro estudio seguiremos la clasificación de **Ángel Berenguer**, que distingue tres etapas:

- realismo innovador,
- continuación y búsqueda formal,
- innovación desesperada.

LOS COMIENZOS. EL REALISMO INNOVADOR

Los inicios de **Benavente** no fueron acertados: su primera comedia, *"El nido ajeno"*, en la que presentaba la situación opresiva de la mujer casada en la sociedad burguesa de la época, constituyó un rotundo fracaso: la obra tuvo que retirarse del cartel ante la indignación del público.

La airada protesta de **Eugenio Sellés** (un discípulo sobresaliente de **Echegaray**) cuando dijo que *"Benavente, con su talento, ha conseguido un teatro blanducho, sin vida, sin*

7

nervio", es la prueba terminante del cambio operado. Entonces, **Benavente** se encontró en la disyuntiva de o mantener su carga crítica y verse rechazado por el público burgués y por los empresarios o aceptar los límites impuestos por el "respetable". **Benavente** claudicó y siguió este último camino, no sobrepasando nunca los límites de lo tolerable en su crítica de las hipocresías y convencionalismos sociales.

La etapa del realismo innovador está encabezada por su segundo estreno: "*Gente conocida*", que ofrecía ya un cariz nuevo: la aristocracia madrileña de la Regencia quedaba finamente satirizada.

Su prestigio crece con *"La comida de las fieras"* y *"La gobernadora",* que presenta ya el ambiente de Moraleda, ciudad provinciana, de la que el autor no nos ofrece sino la visión parcial de sus clases acomodadas.

Por esta época, **Benavente** utiliza escenarios suntuosos para sus ambientes refinados y empieza a escribir en función de una pareja de actores (**María Guerrero** y **Fernando Díaz de Mendoza**) que, según **Díez-Canedo**, encuentran en **Benavente** un nuevo *"proveedor titulado"*.

En 1901 vuelve con "*Lo cursi*" al tema de actualidad, y con *"La noche del sábado"*, *"Los malhechores de bien"* y *"El dragón de fuego"* consolida su fama.

En *"Los intereses creados"* acomete **Benavente** su más importante empresa dramática, la única que todavía sigue en pie con cierto encanto, quizá porque se cuidó bien de no situarla ni temporal ni espacialmente.

Es un juego de estilo que une la tradición de la "comedia del arte" a la del teatro clásico español con los personajes del amo (Leandro), idealista, y del criado Crispín, un pícaro consciente de que la sociedad sólo se mueve por el interés. Son dos arquetipos estético-sociales que vuelven a recordar la dualidad de materia y espíritu que separa a Sancho de don Quijote.

Tres son los dramas rurales de **Benavente**: *"Señora ama"*, *"La malquerida"* y *"La infanzona"*. Apunta **Onís** que *"el lenguaje rústico usado en ellas es un lenguaje convencional con los toques suficientes para dar la impresión del lenguaje popular".*

En *"Señora ama"* el tema lo es todo: la mujer casada, sin hijos, a quien el marido le es constantemente infiel, pero que, en el fondo, se siente orgullosa de que su hombre guste a todas las mujeres, siendo ella la única esposa legítima a quien siempre vuelve después de cada aventura. Cuando sabe que va a tener, por fin, un hijo de su marido, surge en ella la necesidad de acapararlo, de tenerlo sólo para ella. Este tema, sin embargo, no cuaja en acción dramática ni determina conflicto alguno. La obra consiste en la reiteración del tema por boca de la protagonista y de los demás personajes.

8

Radicalmente distinta en su construcción es *"La malquerida"*, en donde sí crea **Benavente** una acción dramática y unos caracteres conflictivamente enfrentados. Como pone de relive **Juan Villegas**, la obra está estructurada mediante la interrelación de dos acciones simultáneas, una exterior, cuyo núcleo es la pasión de Esteban por su hijastra Acacia, y otra interior, oculta hasta el final: la pasión de Acacia por su padrastro, pasión que ella misma ignoraba.

CONTINUACIÓN Y BÚSQUEDA FORMAL

A partir del conflicto mundial, **Benavente** clarifica su posición ideológica, uniéndose al bando germanófilo, y separándose así de los más significativos intelectuales de su época.

Ruiz Ramón percibe en las piezas cosmopolitas de esta época una doble intención: de un lado elegíaca, en tanto que suponen el canto de cisne de una sociedad herida de muerte, pero bella como un inútil objeto de lujo, y, de otro, crítica, en tanto que muere por no ser capaz de hacer reales sus ideales, acomodándolos a los nuevos tiempos en lugar de refugiarse en sus sueños.

En 1915 estrena en Madrid *"El collar de estrellas"* y, un año después, *"La ciudad alegre y confiada"*, la obra que más claramente evidencia el cambio que se produce en el autor. Otras obras de este período son: *"Alfilerazos"*, *"Campo de armiño"* y *"Pepa Doncel"* (1928).

Con relación a esta última, observa **Guerrero Zamora** que *"la sociedad farisaica de la imaginaria Moraleda queda inequívocamente satirizada, pero la protagonista, prostituta conversa, aspira a integrarse en ella en bien futuro de su hija"*.

LA INNOVACIÓN DESESPERADA

Este período está representado por dos obras menores, cuyos títulos hacen alusión al conflicto ideológico materializado en la España de esta época, y resultan muy significativas de lo versátil que fue la actitud literaria e ideológica de **Benavente**.

Son *"Santa Rusia"* (1932), en la que intenta comprender la figura de **Lenin** y *"Aves y pájaros"* (1940), calificada por **Ruiz Ramón** de *"desgraciada y tendenciosa falsificación de la guerra civil del 36"*.

VALORACIÓN

Olvidar la función innovadora que el teatro de **Benavente** tuvo en los últimos años del XIX y primeros del XX al romper definitivamente con una tradición teatral melodramática y declamatoria; dejar de proclamar su originalidad como comediógrafo y su papel de actualizador, sería incurrir en parcialidad.

9

Pero no ver también lo que de peso muerto, de repetición y de antiinnovación hubo en la persistencia de su teatro burgués sería caer en no menor parcialidad, aquella en que ha venido a dar la mitificación del benaventismo.

SEGUIDORES DE BENAVENTE

Entre ellos hay que recordar a **Manuel Linares Rivas** y a **Gregorio Martínez Sierra.** Aunque ambos gozaron de fama y prestigio en su tiempo, su teatro ha perdido hoy toda vigencia.

Si **Linares Rivas** representa el ala bronca y dura del teatro burgués de raigambre benaventina, **Martínez Sierra** personifica el ala blanda y ternurista. Su comedia más famosa es *"Canción de cuna"*, en la que domina, como en todo su teatro, una cierta óptica femenina, lo que ha hecho pensar que contó con la colaboración de su esposa **María de la O Lejárraga.**

Linares Rivas estrenó más de cincuenta comedias, entre las que destacan *"Aires de fuera"*, *"La garra"*, *"Mal año de lobos"* y *"Por tierra de hidalgos"*. En todas ellas acentúa la intriga para compensar su escasa agudeza dialéctica.

EL TEATRO CÓMICO

CARLOS ARNICHES, SAINETISTA

Reivindicado por **Pérez de Ayala**, **Pedro Salinas** y, más recientemente, por **Bergamín, Buero Vallejo, Lauro Olmo** y **Carlos Muñiz, Arniches** va poco a poco adquiriendo importancia en el panorama del teatro español del presente siglo.

Su amplia producción se inicia en 1888 con *"Casa editorial"*, y termina en 1943 con el estreno póstumo de *"Don Verdades"*. Entre estas dos fechas estrena más de un centenar de piezas escritas en colaboración y sesenta y tres solo.

Algunos de sus colaboradores fueron: **García Álvarez, Celso Lucio, Gonzalo Cantó, Estremera, Alfonso Paso...**

Arniches comienza como autor de sainetes de costumbres madrileñas, sin desdeñar los ambientes levantino y andaluz, que están presentes en *"Doloretes"*, *"La divisa"* y *"Gazpacho andaluz"*. Entre los madrileños habría que destacar: *"Las estrellas"*, *"La flor del barrio"*, *"El zapatero filósofo"*, *"Los pasionales"*, *"Los milagros del jornal"* y *"El santo de la Isidra"*.

Ruiz Ramón subraya que los sainetes madrileños de **Arniches** recogen de la tradición forma y contenido, sometiéndolos a un proceso de estilización, y considera que podrían interpretarse como un elemento de manipulación ideológica de las clases populares para que se comporten mansamente de acuerdo con los valores burgueses establecidos; aunque

10

también cabría la interpretación de un simple testimonio reflejo: *"Todo en él -escribía* **Arniches** en el prólogo de *"Del Madrid castizo"- debe ser como el medio social que refleja: pobre, sencillo, oscuro"*.

El elemento de capital importancia en el sainete y en el teatro entero de **Arniches** es el lenguaje. **Ricardo Senabre**, en *"Creación y deformación en la lengua de Arniches",* subraya que el aspecto más original e importante del lenguaje arnichesco es la *"dislocación expresiva"*, deformación intencionada de vocablos y expresiones con fines humorísticos.

Este *"convencionalismo"* de la lengua de **Arniches** hay que entenderlo en su mejor sentido. Se trata de hacer hablar a los personajes como si fueran gentes populares. En tanto que el sainetero casticista y mimético transcribe la jerga que oye con muy pocos retoques, el caso de **Arniches** es rigurosamente inverso: él mismo se crea su propio sistema jergal y, para no desconectarlo de lo verosímil, le añade giros, vocablos o expresiones efectivamente populares.

LA TRAGICOMEDIA GROTESCA DE ARNICHES

En 1916 se inicia un cambio significativo en su producción: comienza ahora, por la llamada por **José Monleón** *"tragicomedia grotesca"*, una gran carga de ilusión humanista, que atravesará los años para encontrarse actualizada en un **Lauro Olmo**, por ejemplo.

El teatro grotesco de **Arniches** se desarrolla siguiendo una línea quebrada caracterizada por sus altibajos. En el período 1916-1931 destacan como las más representativas de sus tragicomedias grotescas: *"La señorita de Trévelez"*, *"Que viene mi marido"*, *"Los caciques"*, *"La heroica villa"* y *"Es mi hombre"*, y, a nivel inferior, *"La locura de don Juan"*, *"El señor Badanas"* y *"La diosa ríe"*.

En este grupo hay obras de indudables conexiones ideológicas con el regeneracionismo y con el 98, como *"Los caciques"* y *"La heroica villa"*, reactualizadas posteriormente en **Carlos Muñiz** y **José Martín Recuerda**.

Al tratar de las tragicomedias grotescas, **Ruiz Lagos** ha estudiado lo que en ellas hay de *"antialta comedia"*, y, por tanto, de germen de una nueva vía de acceso a la representación dramática de la realidad.

VALORACIÓN

El teatro de **Arniches**, considerado globalmente, significa un principio de superación de la fórmula dramática estrictamente realista o costumbrista de **Benavente** o los **Quintero**, a la vez que el principio de una nueva vía superada después, pero asimilada primero, por dramaturgos como **Jardiel Poncela**, **Miguel Mihura** o, en otro nivel de significación, por los posteriores autores del teatro de protesta y denuncia.

No deja de ser sintomático que uno de estos últimos (**Lauro Olmo**) escriba: *"Una de las figuras, no ya importantes, sino clave de nuestro teatro último, es don Carlos Arniches".*

LOS HERMANOS ÁLVAREZ QUINTERO

Desde 1888, fecha del estreno de *"Esgrima y amor"*, la primera de sus obras, hasta 1938 en que muere **Serafín**, estrenan más de doscientas piezas, presididas por un realismo naturalista ingenuo cuya única pretensión es reflejar amablemente la vida, descartando de antemano toda situación conflictiva.

"El ojito derecho" y *"La reja"* son sus dos primeras piezas de ambiente andaluz, y con ellas se atraen a un público que ya comenzaba a hastiarse del sainete madrileño.

Hay que afirmar, sin embargo, con **Ángel Berenguer**, que la obra de los **Quintero** no es una idealización de Andalucía, sino una manipulación descarada de cuanto de profundo y trágico hay en el pueblo andaluz.

Refiriéndose a esa Andalucía, escribe **José Monleón**: *"La Andalucía de los Quintero ha triunfado en la medida en que ha sido la imagen más plácida y confortable de España. Sol, alegría, euforia... y unas relaciones patriarcales entre amos y criados, eran, en tiempos de anarquismo y de hambre, de gitanos y guardias civiles, de grandes terratenientes y duro jornal, un opio impagable. Esto explica su éxito. Su llegada al cine. Su papel decisivo en la configuración de la españolada".*

"El cliché andaluz de los Quintero -prosigue **Monleón**- *ha operado de un modo casi milagroso. Ha hecho felices a muchos pobres y ha tranquilizado a muchos ricos. Ha soslayado muchas cuestiones remitiéndolas al más allá de la juerga, de los toros o del vino. Forma parte, en suma, de nuestros valores más decadentes e inmovilizadores, justamente por su capacidad de destrucción de toda actitud crítica".*

Esa *"Andalucía rosa"*, de que habla **Monleón**, esa Andalucía de aburrimiento y amoríos, soltería y murmuración, bondad y celestineo, y triunfo final de la felicidad o dosificación de la pena en los casos excepcionales, está presente en títulos como *"El traje de luces"*, *"El patio"*, *"Las flores"*, *"El amor que pasa"*, *"El genio alegre"*, *"Puebla de las mujeres"*...

La crítica ha sido, en general, muy dura con el teatro de los **Quintero**. Ya en 1916 **Pérez de Ayala** señalaba como graves defectos de su dramaturgia:

1º) La preponderancia del ambiente, que empequeñece a los personajes y los hace degenerar en entes pasivos;

2º) La presencia de tipos pintorescos, pero no de caracteres;

3º) Que es un teatro de contrariedades, pero no de conflictos.

Por su parte, **Díez-Canedo** observa que el gran escollo del teatro de los **Quintero** podría resumirse en el título de una de sus piezas: *"El peligro rosa"*.

Frente a todos estos elementos juzgados negativos se predican otros valorados positivamente. Así, para **Torrente Ballester**, *"los Quintero son los más consumados constructores de comedias de nuestro teatro moderno. Hay actos que son verdaderamente prodigiosos de movimiento. Poseían el sentido de la acción y del diálogo, aunque no hubiera acción y el diálogo fuera puro espejismo... Tuvieron más oficio que nadie; muchas veces, su teatro no es más que eso, oficio"*.

Cuando intentan trascender la comedia de costumbres populares para abordar el territorio del drama, como en *"Malvaloca"*, su teatro se derrumba en lo sentimental melodramático, perdiendo esa "naturalidad" que tanto apreciaban.

Fuera del ambiente andaluz, es justo destacar, *"Las de Caín",* modelo de comedia perfecta, digna continuadora, por su ritmo y construcción, del teatro de **Moratín** y de **Bretón de los Herreros.**

OTROS CULTIVADORES DEL TEATRO CÓMICO

"La venganza de don Mendo", de **Pedro Muñoz Seca,** representa una bocanada de aire cómico en el ambiente cada vez más enrarecido del teatro histórico-poético.

Su autor cultivó el teatro del "astracán", modalidad cómica basada, según **Díez-Canedo**, en el chiste verbal o en el retruécano, cuyos personajes predilectos son *"frescos"* y cuyo sustento narrativo no pasa de ser una historieta chistosa. Así en *"La hija del rey Lear"* recoge personajes de **Shakespeare,** pero degradados, y el asunto de *"El abuelo"*, de **Galdós,** también degradado.

Habría que recordar, asimismo, los melodramas cómicos en verso de **Miguel Echegaray** *"Meterse a redentor" y "La credencial".*

EL TEATRO POÉTICO

Antes de terminar la primera década del XX, surge en la escena española el teatro poético en verso, de signo antirrealista, como reacción, de una parte, al teatro realista triunfante y en conexión de otra, con la nueva estética modernista, con la cual sólo superficialmente y sólo en sus comienzos estará entroncado.

Posee un carácter ideológico marcadamente reaccionario: no se preocupa por ningún tipo de crítica, sino que vuelve sus ojos, rechazando la triste realidad, al pasado legendario español. **Torrente Ballester** lo ha afirmado tajantemente: *"en el mejor de los casos, el teatro histórico-poético español es pura nostalgia; en los casos peores, engaño y evasión".* Continua

13

Torrente puntualizando que el error de sus cultivadores consistió en no advertir que lo heroico empezaba a no interesar realmente. Consistió -en una palabra- en tomar a **García Gutiérrez**, y no a **Lope** como modelo.

La nómina de dramaturgos que lo siguieron está encabezada por **Eduardo Marquina**. Su abundante producción puede agruparse en : drama histórico en verso, comedia realista en prosa y drama rural en verso.

El drama histórico fue el que más asiduamente cultivó: *"Las hijas del Cid"*, *"En Flandes se ha puesto el sol"*, *"El gran Capitán"*... Presenta un universo dramático basado en la exaltación de las "virtudes" de la raza. Se trata de un teatro mínimamente problemático, pues no se invita en él a meditar en la historia ni en su sentido, sino a comulgar con unos ideales en los que se fija la tópica esencia de lo español y de su trayectoria histórica. A esta concepción del teatro histórico se oponen los autores revolucionarios que, como **Bertolt Bretch** o **Buero Vallejo**, afirmarán la utilización actualizadora de la historia.

La producción teatral de **Francisco Villaespesa** se caracteriza por la absoluta disociación de los elementos líricos y los dramáticos. Se diría que es un teatro cuya forma parece nacer para dar ocasión a los actores a lucir sus artes declamatorias. Y nacido también para lucimiento del decorador y para deslumbrar los ojos del espectador. De la labor teatral de **Villaespesa** apenas si puede hacerse otra cosa que citar algunas obras representativas, como *"El Alcázar de las perlas"* y *"Doña María de Padilla"*.

Otros dramaturgos que siguieron la moda del teatro histórico en verso fueron: **Enrique López Alarcón** (*"La Tizona"*); **Fernando López Martín** (*"Los villanos de Olmedo"*) y **Joaquín Montaner** (*"El loco de Extremadura"* y *"El estudiante de Vich"*).

En sus dramas poéticos, **Valle-Inclán** se aparta del tratamiento de lo histórico que señalamos en **Marquina** (personajes o situaciones ejemplares) para buscar hechos marginales a la gran tradición épica. Así, en *"Cuento de abril"* insiste en el heroísmo doméstico de infanzones provenzales (quizás como protesta ante el "españolismo" de **Marquina**).

En *"Voces de gesta"* (1912) pasa de Provenza al País Vasco, lugar en que coloca el asunto heroico de su tragedia pastoril. También en 1912 se estrenó *"La marquesa Rosalinda"*, de exquisito refinamiento en un ambiente rococó.

En 1920 publicó dos obras que tienen ya carácter de transición hacia el período expresionista: *"Farsa italiana de la enamorada del rey"* y *"Farsa y licencia de la Reina castiza"*.

Valle abandona el teatro poético cuando detecta su falsedad ideológica. Quedan, sin embargo, aquí sus dramas poéticos como ejemplo de lo que podría haber sido un teatro poético que utilizara la historia como medio de comprender el presente.

14

La obra dramática escrita en colaboración por los **Machado** entre 1926 y 1932 comprende siete piezas: cinco en verso (*"Desdichas de la fortuna o Julianillo Valcárcel", "Juan de Mañara", "Las Adelfas","La Lola se va a los puertos"* y *"La prima Fernanda"*); una en prosa y verso (*"La duquesa de Benamejí"*), y una en prosa (*"El hombre que murió en la guerra).*

En su teatro, como afirma **Ruiz Ramón**, los **Machado** no sobrepasaron un discreto término medio. En ninguna de sus piezas encontramos realizada esa relación dialéctica de acción y diálogo a que se referían en sus declaraciones, como tampoco encontramos conseguida la función dramática que asignaban al monólogo y al aparte.

No es, pues, su teatro ni valioso como drama ni grande como poesía; en él, ni innovaron, ni renovaron, ni crearon una forma dramática valiosa en sí. Por ello, no pensamos con **Manuel Guerra**, que ocupen un puesto importante entre los principales dramaturgos de los primeros 40 años del siglo XX.

Cerca de los **Machado** anda el teatro de **Ángel Lázaro** (*"Proa al sol", "La hija del tabernero", "La hoguera del diablo"*). También habría que citar a **José Mª Pemán**. Su teatro se caracteriza por una visión simplista de nuestro pasado histórico que dramatiza de forma retórica y sentimental en *"Cisneros", "Por la Virgen capitana"* y *"El Divino impaciente".*

B) TEATRO RENOVADOR, INNOVADOR Y SOCIAL

INTENTOS DE RENOVACIÓN: EL TEATRO INTELECTUAL DE UNAMUNO Y AZORÍN

La vocación teatral de **Unamuno** es muy temprana. Sus primeros dramas son producto de la crisis espiritual de 1897. Como señala **Andrés Franco**, *"el teatro no fue para Unamuno un mero capricho"*. Aunque ocupa un lugar secundario dentro de su producción, lo cultivó a lo largo de toda su vida.

Como en el resto de sus escritos, los dramas son vehículos de expresión de sus conflictos religiosos y existenciales, y, al igual que sus "nivolas", se apartan de las características habituales del género; por eso, los denominó caprichosamente *"drumas"* y advirtió que están *"escritos para ser vistos, no para ser leídos".*

Es, siguiendo a **Ibsen**, un teatro simbólico-conceptual, problemático y crítico, de calidad literaria, pero que olvida los requisitos técnicos imprescindibles para la puesta en escena. El afán de desnudez y esquematismo le lleva a la supresión de decorados, a la reducción de personajes al mínimo, a la condensación del argumento a un núcleo ideológico o pasional (*"teatro del alma"* lo llama **Ricardo Gullón**) sin desarrollo suficiente para hacérsenos verosímil. Este esquematismo ha sido considerado excesivo por buena parte de la crítica. Así, **Lázaro Carreter** acusa a **Unamuno** de componer *"dramas esqueléticos".*

15

Una clasificación de sus piezas podría ser:

1º) Dramas sobre la fe: *"La esfinge"* y *"La venda"*.
2º) Piezas cortas: *"La princesa doña Lambra"* y *"La difunta"*.
3º) Dramas de protagonista femenino: *"Fedra"*, *"Soledad"* y *"Raquel encadenada"* (las dos últimas integran el subgrupo de dramas de la maternidad).
4º) Dramas de la personalidad: *"El pasado que vuelve"*, *"Sombras de sueño"*, *"El otro"* y *"El hermano Juan"*.

En este corpus destaca *"Fedra"*, una versión libre, trasladada al ambiente contemporáneo, del *"Hipólito"* de **Eurípides**. **Lázaro Carreter** subraya que es la tragedia del ser impar, del individuo sin pareja. *"Soledad"* (como *"La esfinge"*) presenta el problema del intelectual con vocación política, y *"Raquel"* gira en torno a la rebelión de la protagonista.

"El otro" es la mejor plasmación dramática del tema de la escisión de la personalidad, que tanto acongojaba a **Unamuno**. Son evidentes las conexiones pirandellianas (*"Así es si así os parece"*, por ejemplo). En *"El hermano Juan o el mundo es teatro"* **Unamuno** desarrolla su concepción particular del célebre mito que siempre le inspiró antipatía.

Afirma **Guillermo de Torre** que **Unamuno** ha trazado en este ser caricaturesco una contrafigura del personaje mítico, *"un inverosímil anti-don Juan"*.

Azorín sintió afición al teatro desde los inicios de su actividad literaria. Ya en 1896 tradujo *"La intrusa"* de **Maeterlinck**, autor que influirá decisivamente en su concepción dramática.

Rechaza el realismo benaventino y se acoge a un simbolismo lindante con los vanguardismos. El tiempo y la muerte tienen una presencia decisiva. También son temas esenciales la contraposición de lo novedoso e inesperado frente a la rutina cotidiana, y el poder de lo irracional en la existencia humana.

Escribe **Charlebois** que le interesa *"la plasmación visual del dinamismo interior del personaje"*. Sin embargo, no es capaz de reflejarlo de forma adecuada en una acción dramática. Sus piezas son intentos fallidos de captar ese mundo supranatural y subconsciente.

El fracaso del teatro azoriniano puede resumirse en estas palabras de **Monleón**: *"Cuanto aparece en sus dramas ha sido dicho, y de forma infinitamente más rica, por Azorín en sus artículos y en sus libros"*.

Ruiz Ramón lo llama *"teatro sin drama"*; cree que *"es importante por lo que tiene de acto de rebeldía y de renovación"*, pero siempre hay en él *"un desnivel entre las ideas dramáticas y su realización"*. **Pérez Minik** lo califica de *"teatro de evasión pura"*. En vez de evasión quizá fuese más atinado hablar de irrealización.

16

Más interesantes que la propia producción son sus lúcidas reflexiones sobre el hecho escénico, que aparecen en los artículos recogidos en *"La farándula"*, *"Escena y sala"* y *"Ante las candilejas"*.

Azorín, que conocía muy bien los movimientos y autores europeos contemporáneos (**Maeterlinck, Pirandello, Meyerhold**...), defiende la libertad del director de escena y la necesidad de renovación no sólo temática y literaria, sino también escenográfica. Pide la supresión de las acotaciones pues la acción ha de sustentarse en el diálogo.

Tras *"La fuerza del amor"*, una comedia de capa y espada, escribe, en la etapa de madurez, *"Judith"*, *"Old Spain"*, *"Brandy, mucho brandy"* -que registra la aparición de lo sobrenatural-, *"Comedia del arte"* -siguiendo la técnica del teatro dentro del teatro-, la trilogía simbólica *"Lo invisible"* (integrada por *"La arañita en el espejo"*, *"El segador"* y *"Doctor Death, de 3 a 5"*), en cuyo prólogo **Azorín** explica la influencia de *"Los cuadernos de Malte Laurids"*, de **Rilke**, *"Angelita"* -un auto sacramental-, *"Cervantes o la casa encantada"*, *"La guerrilla"* y *"Farsa docente"*.

Tradujo, además, *"El doctor Frégoli o la comedia de la felicidad"*, del ruso **Nicolás Evreinof**, muy interesante por su original idea dramática, que desarrollará posteriormente **Buero Vallejo** en *"La Fundación"*.

EL TEATRO SOCIAL: JOAQUÍN DICENTA

En el teatro de tendencia social destacan **Joaquín Dicenta, Marcelino Domingo, Federico Oliver, Julián Gómez Gorkin, Fola Igurbide, Eduardo Borrás** y **Luis Araquistáin**.

El más significativo fue **Dicenta**, autor de *"Juan José"*. **Torrente Ballester, García Pavón, José Carlos Mainer** y **Ruiz Ramón** coinciden en que no se trata de un drama de la lucha de clases, sino sobre la lucha de clases, a partir de una óptica exterior a los problemas a que se enfrenta el proletariado de la época. Otras obras de **Dicenta** son: *"Daniel"*, *"El crimen de ayer"*, *"Sobrevivirse"* y *"El lobo"*.

JACINTO GRAU

Un caso aparte es **Jacinto Grau**. No yerra **Valbuena Prat** cuando habla de la *"situación especial"* de su teatro. **Rodríguez Salcedo** escribe que el objetivo que se propone es *"romper el esquema dramático burgués, sin reincidir en un caduco romanticismo"*. Su visión de la vida es sombría y, también en palabras de **Salcedo**, *"parece desbordado al querer dar forma a un mundo caótico que se le escapa de las manos"*.

Si buscamos los motivos de su fracaso, habrá que apuntar a la excesiva carga intelectual y a la falta de sentido dramático. La palabra importa más que la acción. Prescinde de algo tan esencial como es el hecho de la representación.

17

"El peor enemigo del teatro de Grau -escribe **Ruiz Ramón**- *fueron las propias ideas del autor, o, más exactamente, la fuerte propensión a filosofar de todo"*, y **García Lorenzo** afirma que su teatro nos produce la impresión *"de ser un ensayo continuo"* que nunca alcanza una forma plena y definitiva.

Grau sólo aplicó la denominación de *"tragedias"* a tres de sus obras: *"Entre llamas"*, *"El conde Alarcos"* y *"El hijo pródigo"*. Los temas literarios los desarrolló en el citado *"Alarcos"* y en *"Las bodas de Camacho"*.

Sintió especial predilección por el mito donjuanesco, al que dedicó dos piezas: *"Don Juan de Carillana"* y *"El burlador que no se burla".*

El influjo de **Nietzsche** le llevó a tratar el tema del superhombre en dos piezas: *"En Ildaria"* y *"El caballero Varona"*. Al teatro de fantasía corresponde *"El señor de Pigmalión"*, que presenta el mito en un original y moderno ambiente de muñecos y que se ha relacionado con *"R.U.R."* de **Karel Capek** y *"Seis personajes en busca de autor"* de **Pirandello**.

Un último grupo es el de las farsas y otras obras expresionistas, integrado por *"Los tres locos del mundo"*, *"Las gafas de Telesforo"*, *"Bibí Carabé"* y *"En el infierno se están mudando"*, publicada póstumamente en 1959.

EL TEATRO DE LA GENERACIÓN DEL 27

La "generación" del 27 no es sólo el grupo poético que suele designarse con este rótulo; coetáneos son dramaturgos como **Casona** y **Max Aub**, e incluso **Jardiel Poncela** o **Mihura** (y otros muchos como **López Rubio, Claudio de la Torre, Calvo Sotelo, Luca de Tena**..., que desarrollarán su obra más importante en la posguerra).

Tres facetas destacaremos en la dramaturgia de la generación:

1ª) Una depuración del teatro poético;
2ª) La incorporación de las formas vanguardistas;
3ª) El propósito de acercar el teatro al pueblo.

Estas facetas pueden confluir en ocasiones: el ejemplo máximo es **Lorca**.

Pedro Salinas, por su teatro, apenas corresponde al período que estudiamos (es casi todo del exilio). Citaremos, sin embargo, sus dos obras largas *"Judith y el tirano"* y *"El director"*, de títulos significativos, y, de sus doce piezas en un acto, *"La estratosfera"*, *"La cabeza de Medusa"* y *"Caín o una gloria científica"*.

Apunta **Helman** que la principal característica de su teatro es la mezcla de lo real con lo sobrenatural. Por medio de la imaginación se alza sobre la vulgaridad cotidiana, pero sin

18

perder nunca el contacto con los problemas humanos.

El teatro de **Alberti** sigue una evolución paralela a la de su poesía. Antes de la guerra civil había estrenado dos obras muy distintas: una, *"un auto sacramental sin sacramento"*, *"El hombre deshabitado"*, de tipo surrealista, y que trata de la misma crisis que le inspiró *"Sobre los ángeles"*. Opina **Hersmans** que se trata de *"un ajuste de cuentas personal con la doctrina católica"*; la otra obra, *"Fermín Galán"*, es un *"romance de ciego"* que representa su giro hacia el compromiso.

Después de la guerra escribió: *"Noche de guerra en el Museo del Prado"*, de tono esperpéntico pautado por el mundo negro de las pinturas goyescas; *"El trébol florido"*, una tragedia simbólica que presenta el enfrentamiento, ya viejo en **Alberti**, entre la tierra y el mar; *"El adefesio"*, que plantea la oposición entre la autoridad despótica y la fuerza del amor; y *"La gallarda"*, que se inscribe en un universo mítico presidido por la figura simbólica del toro. En el verano de 1988, con motivo del homenaje que se le rindió en el teatro de Mérida, **Alberti** representó el montaje *"De lo vivo lejano"*, en colaboración con **José Monleón** y **Lluís Pasqual**.

Como muy bien sentencian **Díez de Revenga** y **Mariano de Paco**, el teatro de **Miguel Hernández** *"se desenvuelve entre el valor lírico-expresivo y la pobreza técnico-dramática"*. Su primera pieza fue *"La gitana"* , un drama hoy perdido.

Tomando a **Calderón** como modelo y nutriéndose de la atmósfera neocatólica del círculo de **Ramón Sijé**, escribe en 1934 un auto sacramental: *"Quién te ha visto y quién te ve"*, al que **Ruiz Ramón** le reprocha el ser un texto puramente mimético. De esta inicial tendencia mimética pasará a asuntos más enraizados en sus inquietudes personales: así, en *"El torero más valiente"* (*"tragedia española"*).

El giro hacia la poesía social a partir de 1935 tiene su correlato en el teatro. Ahora el modelo elegido es **Lope**, y los frutos de su nueva conciencia social son: *"Los hijos de la piedra"* y *"El labrador de más aire"* (1937), la mejor pieza de su teatro y la que se aproxima con mayor fortuna al modelo lopesco. Ese mismo año de 1937 se entrega a un teatro de combate, de menores preocupaciones estéticas: *"Teatro en la guerra"* y *"Pastor de la muerte"*.

La obra de **Alejandro Casona** se desarrolló fundamentalmente en el exilio. Su revelación se produjo en 1934, cuando ganó el Premio Lope de Vega con *"La sirena varada"*, a la que siguieron *"Otra vez el diablo"* y *"Nuestra Natacha"*.

Sale de España en febrero del 37 y cuatro meses después estrena en Méjico *"Prohibido suicidarse en primavera"*. En 1941 se traslada a Buenos Aires, que será la ciudad de sus estrenos más significativos: *"La dama del alba"*, *"La barca sin pescador"*, *"Los árboles mueren de pie"*, *"Siete gritos en el mar"*, *"La tercera palabra"*...

19

Lo que caracteriza al teatro de **Casona** no es el frescor popular y realista de sus piezas breves ("*Retablo jovial*", por ejemplo), sino el conflicto entre realidad y fantasía que domina en su teatro mayor. A este respecto, apunta **Kessel Schwartz** que los personajes que rehúsan aceptar la realidad se ven imposibilitados para hallar felicidad.

A **Casona** no se le pueden negar sus extraordinarios valores poéticos, que residen no sólo en el lenguaje, sino también en la propia atmósfera dramática y en la presencia constante de elementos simbólicos.

Caso González afirma que se le puede considerar "*teatro poético*", no en el sentido modernista, sino por "*la unión de elementos realistas con lo más misterioso del alma humana*".

No falta quien lo juzgue negativamente como un teatro "*convencionalmente poético*", que opera, en palabras de **Alfonso Sastre**, con "*los desechos de la lírica neorromántica*".

Si **Casona** desarrolló su idea dramática sin que las circunstancias sociopolíticas de la posguerra afectaran sus planteamientos, **Max Aub** no pudo evitar que el trauma de los acontecimientos condicionara su producción.

Entre 1923 y 1935 había escrito, como él dice, "*comedias de vanguardia impropias para los teatros españoles al uso benaventino y muñozsequista*". Fue, pues, un pionero de la frustrada revolución escénica, en obras como: "*Crimen*", "*El desconfiado prodigioso*", "*Una botella*", "*Espejo de avaricia*", "*Jácara del avaro*"...

En la segunda etapa, la de la guerra civil, estrena "*El agua no es del cielo*", la loa "*Las dos hermanas*" y el auto "*Pedro López García*".

En la tercera etapa, la más importante, **Aub** profundiza en el tema central de su dramaturgia: la incapacidad del ser humano para comprenderse, para entender la realidad y para comunicarse. A este período corresponden sus grandes dramas: "*San Juan*", "*Morir por cerrar los ojos*", "*El rapto de Europa*"... y la mayor parte de su teatro en un acto ("*Los transterrados*", "*Teatro de la España de Franco*"...). Completan su producción "*La vida conyugal*", "*Deseada*", a los que llama "*dramas de la vida privada*", "*Las vueltas*" y "*Tres monólogos*".

Como afirma **Ricardo Domenech**, en su teatro, **Aub** sitúa al hombre en disposición de asumir su papel ante la historia. Fue, además, un teórico, un crítico y un muy profundo y amplio conocedor, como demuestran no sólo sus obras de creación sino los escritos sobre teatro que, antes de la guerra, publicó. **Manuel Aznar** los ha reunido en un volumen titulado "*Max Aub y la vanguardia teatral. Escritos sobre teatro 1928-1938*" (Valencia, 1993). Para **Aub**, el teatro es "*ante todo literatura*", y el mejor teatro español de su tiempo le parece el de **Unamuno** y el de **Valle-Inclán**.

20

De otra parte, en su *"Teatro en Rusia"* aspiraba a dar una idea de conjunto de las innovaciones de **Tairof, Stanislawski, Meyerhold** y **Vachtangov**.

RAMÓN GÓMEZ DE LA SERNA

Representa otra de las tentativas renovadoras. Dentro de su ideal de un *"arte arbitrario"* escribió piezas muy distantes de lo que se podía ver en las tablas y que, en su mayoría, se quedaron sin representar. Era, como él mismo dijo, un teatro escrito para *"el que no quiere ir al teatro"*. Anticipándose en muchos años, habló de un *"anhelo antiteatral"* (lo que nos hace pensar en el *"antiteatro"* de **Ionesco**).

Entre 1909 y 1912, compuso obras como *"La Utopía"*, *"El laberinto"* y *"Teatro en soledad"*, verdaderamente insólitas. En 1929 estrenó *"Los medios seres"*, cuyos personajes aparecen con la mitad del cuerpo totalmente negra, como símbolo de la personalidad incompleta, parcialmente realizada y parcialmente frustrada.

VALLE-INCLÁN

CONSIDERACIONES PREVIAS

Posiblemente, **Valle-Inclán** sea no sólo el dramaturgo más original e interesante del XX español, sino una de las primeras figuras del teatro universal contemporáneo.

A él se debe un nuevo concepto del espacio escénico que nada tiene que ver con la rigidez que arrastraba desde **Moratín** hasta **Benavente**, y que lo emparentan con los intentos vanguardistas más revolucionarios, como el teatro épico o el teatro del absurdo. Pero, como en el caso de los demás renovadores, la mayoría de su producción no pasó por los escenarios, totalmente copados por el teatro comercial.

Tras la etapa modernista, su producción será una constante búsqueda formal y temática que, por dos vías diferentes, la del mito y la de la farsa, le llevará a su máximo logro: el esperpento.

LA VÍA DEL MITO

Incluye la trilogía de las *"Comedias bárbaras"*, *"El embrujado"* y *"Divinas palabras"*. **Valle** centra estas obras en el medio rural gallego que estiliza para darnos de él una imagen arcaica, con una estructura feudal donde poder situar unos personajes y unas pasiones desmesuradas.

Novedad importante en las tres *"Comedias bárbaras"* (*"Cara de Plata"*, *"Águila de blasón"* y *"Romance de lobos"*) es su estructura, ya que **Valle** las construye de manera discontinua, encadenando escenas, cada una de las cuales es una totalidad en sí misma, con

21

multitud de escenarios magníficamente descritos en acotaciones de gran belleza. Esta nueva fórmula teatral la conservará durante el resto de su producción.

Las *"Comedias bárbaras"* suponen un paso clave hacia el esperpentismo, que ya se intuye en numerosos contrastes. En ellas conviven lo "bárbaro" y descomunal junto a lo delicado y poético o junto a lo deforme y grotesco. Y conviven también un lenguaje eminentemente sensorial, trabajado al gusto modernista, en las acotaciones, con unos diálogos broncos, soeces en ocasiones, pero de una efectividad y dramatismo fuera de toda duda.

"Divinas palabras" se acerca más al esperpento. Es el mismo ambiente gallego, pero con una diferencia: han desaparecido los nobles, los señores feudales, los aristócratas contemplados con ojos mitificadores. El pueblo pasa ahora a protagonista colectivo; un pueblo de una elementalidad y primitivismo absolutos, movido por instintos animales más que humanos, víctima de la ignorancia y superstición.

"Es difícil -escribe **Pérez Minik**- *encontrar en todo el teatro europeo de todos los tiempos una obra más desagradable, negra y atrevida".*

LA VÍA DE LA FARSA

Si en las obras anteriores **Valle** intenta buscar las raíces auténticas del teatro en la tragedia, paralelamente iniciará otro género menos digno y hasta opuesto: la farsa.

Con las farsas **Valle** somete a revisión su primitiva concepción idealizadora del mundo. Son una especie de adiós, con una mueca burlona a toda aquella estética bella, pero absolutamente ineficaz y pretérita.

En la *"Farsa infantil de la cabeza del dragón"* se vale de elementos folklóricos (miles gloriosus, personajes procedentes del mundo cervantino...), aunque entreverados con alusiones satíricas a la actualidad política y cultural de la España del momento.

En *"La marquesa Rosalinda"* la deformación grotesca del tema del honor la canaliza **Valle** a través del entrecruzamiento del teatro de marionetas, de la "commedia dell'arte" y del entremés.

Las dos farsas escritas en 1920 son de tipo muy distinto. *"La farsa italiana de la enamorada del rey"* es una parodia del mundo dieciochesco tan caro a los modernistas. La *"Farsa y licencia de la Reina castiza"* temáticamente se relaciona con *"El ruedo ibérico",* y con ella **Valle** conecta con el teatro del absurdo antes del "teatro del absurdo".

22

CICLO ESPERPÉNTICO

CONCEPTO DE LO ESPERPÉNTICO

En 1920 **Valle** crea el esperpento, un nuevo género dramático que definiría en la escena XII de *"Luces de bohemia"*, en el prólogo de *"Los cuernos de don Friolera"* y en una entrevista (1928) con **Martínez Sierra.**

La base del proceso esperpentizador está en la distanciación, en el extrañamiento. El autor se coloca fuera y por encima de sus criaturas de ficción. El propio **Valle**, en la entrevista citada, habla de mirar a los personajes desde el aire, de arriba a abajo, desde una posición de privilegio.

No obstante, puntualiza **Buero Vallejo** que en sus esperpentos *"Valle-Inclán no se sitúa por encima de sus personajes ni es su mirada la del autor demiurgo".*

El esperpento es una deformación grotesca de la realidad que, por absurda, no es susceptible de ser reflejada racionalmente. Así, **Valle** compara su creación dramática a un espejo cóncavo que nos devuelve una imagen distorsionada.

Ante una realidad monstruosamente absurda, el esperpento recoge los hechos objetivos y los desintegra para reflejarlos con más exactitud. Así, **Valle** nos descubre las irregularidades y desórdenes, las violencias y crueldades, que encierra el "orden" regular.

"LUCES DE BOHEMIA"

Fue el primer esperpento publicado (1920). Como punto de partida para el núcleo argumental (la última noche de Max Estrella, poeta miserable y ciego), **Valle** se inspiró en la figura del novelista sevillano **Alejandro Sawa**, el mismo que inspiró a **Baroja** el Rafael Villasús de *"El árbol de la ciencia".*

Sawa murió pobre, ciego y loco en 1909, dejando inédita su mejor obra: *"Iluminaciones en la sombra".* Pero, a partir de esa figura real, *"Luces de bohemia"* cobra unas dimensiones que trascienden ampliamente la anécdota del fracaso y la muerte de un escritor -en suma- mediocre. La obra va a convertirse en una parábola trágica y grotesca de la imposibilidad de vivir en una España deforme, injusta, opresiva, absurda; una España donde no encuentran sitio la pureza, la honestidad o el arte noble.

En su tiempo, y durante muchos años, la lección estética y humana de *"Luces"* no pudo impartirse desde los escenarios. Mucho más tarde, la obra obtiene un éxito de resonancias mundiales al ser montada (1963) por **Jean Vilar** en el Teatro Nacional Popular de París.

Por fin, en la temporada 1969-70, es posible verla en España gracias a un ejemplar montaje de **José Tamayo**. Queda entonces abrumadoramente probada su "teatralidad", sin excluir ciertos sesgos de arte cinematográfico -su movilidad escénica y su espacio itinerante- que entroncan admirablemente con muy actuales concepciones del espectáculo teatral.

Pero su vigencia no se detiene ahí. Su hondura y carga crítica siguen sacudiendo al espectador. Según **Buero Vallejo**, los jóvenes ven en el teatro esperpéntico de **Valle** *"la más segura guía de un teatro crítico en el futuro inmediato"*.

OTROS ESPERPENTOS

Son *"Los cuernos de don Friolera"*, *"Las galas del difunto"* y *"La hija del capitán"*, publicados juntos por su autor en 1930 con el sugeridor título de *"Martes de carnaval"*.

El primero es la esperpentización del drama de honor calderoniano. En *"Las galas"*, parodia de la obra de **Zorrilla**, el rebelde don Juan Tenorio se ha transformado, por obra y gracia del espejo cóncavo, en el soldado repatriado Juanito Ventolera, que se nos convierte en general en *"La hija del capitán"* (para **Rafael Conte**, *"una sátira esperpéntica de los pronunciamientos"*). Su publicación fue prohibida en su tiempo por la Dirección General de Seguridad en nombre *"del buen gusto de clases respetabilísimas"*.

Dentro del ciclo esperpéntico, escribirá **Valle** otras cuatro piezas que en 1927 publicará con el titulo de *"Retablo de la Avaricia, la Lujuria y la Muerte"*, A dos de ellas las denominará *"autos para siluetas"* (*"Ligazón"* y *"Sacrilegio"*), y a las otras dos *"melodramas para marionetas"* (*"La rosa de papel"* y *"La cabeza del Bautista"*).

En estas obras la violenta y cruel unión de erotismo y muerte configura dramáticamente esa conjunción de lo absurdo y lo trágico que es la predicación constante del esperpento valleinclanesco.

GARCÍA LORCA

CONSIDERACIONES PREVIAS

Lorca es hoy día, con **Valle** y **Buero**, el dramaturgo español más leído y representado en el mundo.

Se planteó, como **Valle**, la necesidad de cambiar el rumbo de un género que carecía, a principios de siglo, de la mínima dignidad. **Unamuno** había escrito: *"Hace tiempo que creo que a nuestra actual dramaturgia le falta pasión. Le falta tragedia, drama, intensidad"*. Pasión, drama, intensidad que **Lorca** intentará restituir al escenario español por un camino opuesto al de **Valle**: actualizando, no deformando, la tragedia clásica. Él mismo confesaba: *"Hay que volver a la tragedia. Nos obliga a ello la tradición de nuestro teatro dramático. Tiempo habrá de hacer comedias y farsas"*.

24

El teatro lorquiano está organizado en torno a un conflicto fundamental: el enfrentamiento del mundo íntimo con las fuerzas represivas externas. En este sentido, **Ruiz Ramón** habla del choque entre dos principios: *"libertad"* y *"autoridad"*.

Ese conflicto siempre se plantea en los estratos íntimos de la persona, en su lucha por el derecho a la afectividad y a la sexualidad. De ahí que críticos como **Borel** y **Honig** hayan destacado como tema nuclear el amor imposible, la frustración erótica. Esta constante exaltación de la sexualidad como regente supremo de la vida humana ha merecido algunas críticas. **Torrente Ballester** reprocha a **Lorca** que *"no sólo toma del hombre la pura pasión, desentendiéndose de la personalidad entera, sino que de las pasiones elige las inferiores, las biológicas"*.

Quizá sí sea censurable la reiteración y exclusivismo de esos planteamientos, pero no se puede negar que, para buena parte del público, constituyen uno de los principales atractivos del teatro lorquiano.

Los personajes femeninos ocupan el centro de su dramaturgia. La razón es que, al ser un teatro directamente inspirado en un pueblo, el español, y en una época concreta, la suya, **Lorca** comprende que la mujer, marginada sistemáticamente, puede encarnar dramáticamente esa ansia de libertad y realización. Por eso, sus mujeres serán rebeldes, con una rebeldía tristemente ineficaz y trágicamente autodestructiva.

El lirismo es un componente básico del teatro lorquiano. **Lázaro Carreter** analiza la función dramática de las canciones populares y de los fragmentos en verso, con los que **Lorca**, al contrario de **Bertolt Brecht**, pretende lograr *"un efecto de alucinación, de captación del espectador por vías irracionales"*.

No obstante, en las escenas cumbres de sus tragedias, el lirismo, por ser lo más opuesto a la sobriedad verbal que requiere el momento, corre riesgo de convertirse en retórica.

El propio **Lorca** lo debió de percibir y de ahí la desnudez que fue imprimiendo a su lenguaje, o, como apunta **Dámaso Alonso** en relación con *"La casa de Bernarda Alba"*, *"el dramaturgo va frenando al poeta lírico; el diálogo alcanza una perfección lacónica, escueta, matemática"*.

En su época de madurez **Lorca** concebía el teatro -son palabras suyas- como *"uno de los más expresivos y útiles instrumentos para la edificación de un país"*. Aspiraba a provocar, subraya **Lázaro Carreter**, *"un cambio de la sensibilidad colectiva"*, o, como apunta **Buero**, lo que quiere es demostrar que las *"morales viejas o equívocas"* destruyen lo esencial del individuo.

Fue el único de los poetas minoritarios de su grupo que escribió sistemáticamente teatro y que estrenó y tuvo éxito entre el público. Prefirió a especulaciones meramente intelectuales o políticas una temática humana amplia, con héroes que se alimentan de instintos primarios, de pasiones elementales alejadas de cualquier tufo libresco.

Esto hace a sus piezas fácilmente inteligibles para un público popular, con el que intentó conectar no sólo a través de sus escritos, sino llevándole, con el grupo teatral "La Barraca", lo más sobresaliente de nuestro teatro clásico.

Por lo que respecta a la puesta en escena, hay que significar la concepción lorquiana del teatro como espectáculo total, en el que se funden literatura, artes plásticas, música, danza... Así lo afirma en sus declaraciones: *"El problema de la novedad del teatro está enlazado en gran parte a la plástica. La mitad del espectáculo depende del ritmo, del color, de la escenografía".*

TEATRO MENOR

En 1920 **Lorca** inaugura su carrera dramática con *"El maleficio de la mariposa"*, en la que aflora ya un tema capital: la búsqueda del amor imposible. Para unos críticos (**Cristina Ballesteros**) se trata de una obra chabacana y vulgar; para otros (**Marie Laffranque**), *"unidad de todas las artes, de todos los medios de expresión; conciencia crítica y voluntad de maestría técnica".*

De 1921 data *"Lola la comedianta"*, una ópera cómica en un acto, inconclusa, proyectada con **Falla**, y, de 1923, una piececita para marionetas: *"La niña que riega la albahaca y el príncipe preguntón".*

"Los títeres de Cachiporra. Tragicomedia de don Cristóbal y la señá Rosita" (1922) y *"Retablillo de don Cristóbal"* (1931) son dos versiones del mismo asunto: los amores de don Cristóbal con Rosita. El prólogo de la primera plantea la antítesis entre el teatro popular que **Lorca** defiende y aquel otro al que los burgueses van a aburrirse.

En el *"Retablillo"* la tendencia a lo lírico deja paso a un tratamiento puramente grotesco. Un *"Prólogo hablado"* canta, una vez más, las excelencias del teatro popular.

Aunque *"La zapatera prodigiosa"* y *"Amor de don Perlimplín"* presentan importantes diferencias de tono, tienen elementos comunes, empezando por el tema, en el que son patentes las huellas del entremés cervantino *"El viejo celoso"*, de **Molière, Goldoni, Valle**...

Lorca habló de la significación trágica de la primera: *"La zapaterilla -decía- encarna de una manera simple, y accesible a todos, esa gran disconformidad del alma con lo que le rodea".*

26

El *"Amor de don Perlimplín"* es una farsa romántica en un ambiente dieciochesco y una pequeña obra maestra (*"el boceto de un drama grande"*, decía **Lorca**). Para **Fergusson**, un bello ritual de iniciación en el misterio del amor.

TEATRO MAYOR

Lo constituyen cinco tragedias de muy distinto calado y valor. En ellas el conflicto entre la libertad íntima y las presiones externas adquiere su más amplio desarrollo. La muerte va a ser la salida más habitual para ese conflicto.

La frustración erótica de la mujer aparece en las cinco obras y el papel del hombre es cada vez más reducido: en la última tragedia ni tan siquiera aparece en escena. En el teatro lorquiano el varón suele ser una sombra, un hueco magnificado por la imaginación de la mujer.

DOS PIEZAS GRANADINAS

"Mariana Pineda" empezó a escribirla en 1923, a raíz del golpe de Estado de Primo de Rivera. En la obra, de tono romántico, se mezclan las razones políticas con las eróticas. De otra parte, la afirmación explícita del "fatum" (*"El hombre es un cautivo y no puede librarse"*) sitúa esta pieza en el inicio del camino que llevaría a **Lorca** a sus mejores logros.

Greenfield afirma que la concepción poética del texto no basta para darle *"suficiente fuerza y sustancia dramáticas"*. Por contra, **Concha Zardoya** subraya los atractivos plásticos y sensoriales.

"Doña Rosita la soltera" fue la obra de más larga gestación: de 1924 a 1935. Es un cuadro de costumbres impregnado de un halo poético romántico. En el asfixiante marco de la burguesía granadina se desarrolla la tragedia callada de la soltera que se marchita (simbolismo de la "rosa mutabile").

Aunque está bien conseguida la atmósfera de época y presenta ciertos valores poéticos, esta obra supone un retroceso estético y dramático en la carrera de **Lorca**.

EL CICLO TRÁGICO

"Bodas de sangre" es la primera pieza de una *"trilogía dramática de la tierra española"*. Fue escrita a finales del verano de 1932. Aunque tiene un origen periodístico, ese documentalismo inicial queda superado por un universo trágico cuyos elementos esenciales son el sexo y la muerte. Tras un proceso de progresiva desrealización, se deja paso al plano mítico, a la intervención de las fuerzas cósmicas con la aparición de personajes (la Luna y la Mendiga) que simbolizan la muerte.

27

En esta tragedia, de personajes esquemáticos y acciones poco justificadas dramáticamente, **Halliburton** y **González del Valle** han visto plasmada la concepción aristotélica del género: una invencible fatalidad, establecida a priori por el dramaturgo, arrastra a los protagonistas; cuando todo se ha consumado, la Novia explica a la Madre: *"el brazo del otro me arrastró como un golpe de mar, como la cabezada de un mulo, y me hubiera arrastrado siempre, siempre, aunque hubiera sido vieja y todos los hijos de tu hijo me hubieran agarrado de los cabellos".*

Lorca acomete enseguida la creación de su segunda tragedia rural: *"Yerma".* La estrena la compañía de **Margarita Xirgu**, dirigida por **Rivas Cherif**, en el Español de Madrid el 29 de diciembre de 1934.

En palabras de **Lorca**, *"Yerma es, sobre todas las cosas, la imagen de la fecundidad castigada a la esterilidad".* Esta maternidad frustrada adquiere dimensiones cósmicas en relación con el principio de fertilidad, representado a través de un entramado de símbolos, entre los que destaca el del agua.

Esta temática no anula, sin embargo, el componente social. Yerma se presenta como víctima de la represión de una sociedad machista que se rige por un concepto tradicional de la honra. Tragedia lenta, de una progresión bien estudiada, cerrándose sobre sí misma hasta el estrangulamiento final, supera a la anterior en la construcción y en el hallazgo, ahora sí, de un personaje auténticamente trágico.

"La casa de Bernarda Alba" fue concluida el 19 de junio de 1936. No pudo estrenarse hasta 1945 en que la compañía de la **Xirgu** la llevó a Buenos Aires. En España se estrenaría por primera vez en 1964, bajo la dirección de **Juan Antonio Bardem**.

Es la tragedia en que el tema erótico y el conflicto de poder están más integrados. Bernarda es a un mismo tiempo la autoridad y el elemento que impide la realización personal de sus hijas. Lo afectivo y vital (Eros) aparece contrapuesto a lo impositivo y letal (Tánatos). Junto a ello, la presión del ambiente, el miedo al qué dirán, gravita sobre la escena como fuerza coactiva.

Lorca ha sabido mostrar las tres reacciones frente a ese medio opresor: la integración (Bernarda se ha convertido en opresora-oprimida, en *"la más encarcelada de las mujeres de esta casa"*, apunta **Rubia Barcia**), la lucha hasta la muerte (Adela, la hija menor), y la locura (Josefa, madre de Bernarda).

Como hemos mencionado, su presentación en España se aplazó hasta 1964, 28 años después de haber sido escrita. ¿Tenía vigencia en esa fecha el grito final de Bernarda: *"¡Silencio, silencio he dicho!"?.* En 1965 escribía **Monleón**: *"¿Cómo romper ese silencio lorquiano? ¿Cómo vivir dentro y a la vez fuera de él?"...*

TEATRO DE ENSAYO

Las tres primeras piezas de este apartado (*"El paseo de Buster Keaton"*, *"La doncella"* y *"Quimera"*) son, en realidad, brevísimos diálogos surrealistas, generadores de un desolado pesimismo y estrechamente relacionados con la poesía de *"Poeta en Nueva York"*.

El mismo carácter experimental tienen otros tres diálogos, que permanecieron inéditos hasta que los publicó **Fernández-Montesinos** en 1985: *"Diálogo mudo de los cartujos"*, *"Diálogo de los dos caracoles"* y *"Diálogo con Luis Buñuel"*.

Ruiz Ramón incluye bajo el rótulo de "criptodramas" *"El público"* y *"Así que pasen cinco años"*, por la complejidad, la oscuridad de estos dramas simbólicos y surreales.

"El público", con sus símbolos plurivalentes, sus juegos de máscaras y los continuos desdoblamientos de personalidad, es una pieza muy densa. Sus ejes temáticos son el concepto del teatro y la intimidad amorosa, ejes que se funden en un único afán: la búsqueda de la verdad. Subraya **Martínez Nadal** que *"Lorca está intentando una nueva forma de expresión dramática; drama de ideas y de pasiones abstractas"*.

"Así que pasen cinco años" comparte con la anterior la compleja red de símbolos, aunque más interiorizados: toda la acción transcurre en la mente del protagonista, cuyas angustiadas figuraciones y desdoblamientos íntimos adquieren una forma visible. La vivencia de la temporalidad, ligada a la muerte, es el tema obsesivo de esta obra, que **Lorca** subtituló *"Leyenda del tiempo"*, y en la que **Martínez Nadal** subraya los valores poemáticos.

Lorca estaba muy orgulloso de estos dramas experimentales. De *"El público"*, por ejemplo, aseguraba: "*Atrevidísima y con una técnica totalmente nueva... Muy difícil y, por el momento, irrepresentable"*.

En 1976 **Marie Laffranque** dio a conocer el único acto encontrado de *"Comedia sin título"*. **Lorca** pretende expresar ahora no su verdad íntima, sino el compromiso con la lucha social.

El público español pudo ver en los escenarios por vez primera esta obra incompleta en 1989 bajo la dirección de **Lluís Pasqual**.

TEATRO INCONCLUSO

Lorca dejó a su muerte una gran cantidad de proyectos dramáticos. Planeaba una trilogía bíblica que debería estar formada por *"La destrucción de Sodoma"*, *"Thamar y Amnón"* y *"Caín y Abel"*. Otros proyectos eran: *"Diego Corrientes"* (*"tópico andaluz en tres actos"*), la tragedia *"La sangre no tiene voz"*, en torno al incesto, *"La bestia hermosa"* o *"El hombre y la jaca"*...

De *"Los sueños de mi prima Aurelia"* conservamos el primer acto. Es el último texto dramático en el que trabajó **Lorca**. Incluso había concertado su estreno con la actriz **Carmen Díaz**. Su ambiente es similar al de *"Doña Rosita"*, y, al igual que ésta, forma parte de las *"crónicas granadinas"*.

Instrumento clave en la reconstrucción de lo que fue el quehacer lorquiano es el volumen *"Teatro inconcluso, fragmentos y proyectos inacabados"*, con estudio y notas de **Marie Laffranque** y transcripciones de **Leslie Staiton** y **Fernández-Montesinos**.

TEATRO INÉDITO DE JUVENTUD

Eutimio Martín y **Andrés Soria Olmedo** han rastreado su producción teatral de los años juveniles. Se trata de dos manuscritos, uno en verso y otro en prosa, de la pieza titulada *"Cristo"*, escrita a los 19 años. El primero se subtitula *"Poema dramático"* y el segundo *"Tragedia religiosa"*.

Martín intenta demostrar cómo el joven poeta busca identificarse con la figura de Cristo, al que atribuye rasgos autobiográficos. La interpretación del relato evangélico y el espíritu que anima la pieza son sumamente heterodoxos.

Lo mismo puede decirse de dos fragmentos protagonizados por un sádico y decrépito "Dios de las Escrituras", en los que dirige un ataque frontal a la iglesia.

De 1920 data *"Sombras"*, cuyos fragmentos, junto a otros de *"Del amor (teatro de animales)"* ha publicado **Martín**.

Recordemos, para finalizar, esta atinada observación de **Torrente Ballester**: *"La herencia teatral de **Lorca** está ahí, esperando al guapo que se atreva a recogerla..."*.

30

BIBLIOGRAFÍA

ALONSO, D. *Poetas españoles contemporáneos,* Gredos, Madrid, 1975.

ÁLVAREZ, C. *Sondeo en «Luces de bohemia», primer esperpento de Valle-Inclán,* Universidad de Sevilla, 1976.

BALBOA, M. *Lorca. El espacio de la representación. Reflexiones sobre Surrealismo y teatro,* Ed. de Mall, Barcelona, 1986.

BERENGUER, A. *El teatro en el siglo XX (hasta 1939),* Taurus, Madrid, 1988.

BERMEJO, M. *Valle-Inclán: introducción a su obra,* Anaya, Salamanca, 1971.

BOREL, J.P. *El teatro de lo imposible,* Guadarrama, Madrid, 1965.

BUERO VALLEJO, A. *Tres maestros ante el público,* Alianza, Madrid, 1973.

CARDONA, R. *Visión del esperpento. Teoría y práctica en los esperpentos de Valle-Inclán,* Castalia, Madrid, 1982.

CHARLEBOIS, L. *Una visión sintética del teatro de Azorín,* Segismundo, XVII, 1983.

DÍAZ-PLAJA, G. *Las estéticas de Valle-Inclán,* Gredos, Madrid, 1972.

DÍEZ-CANEDO, E. *Artículos de crítica teatral,* Joaquín Mortiz, Méjico, 1968.

DÍEZ DE REVENGA, F.J. y **PACO, M.** *El teatro de Miguel Hernández,* Universidad de Murcia, 1981.

DOMÉNECH, R. *Ramón del Valle-Inclán,* Taurus, Madrid, 1988.

EDWARDS, G. *El teatro de Federico García Lorca,* Gredos, Madrid, 1983

FERGUSSON, F. *«Don Perlimplín»: el teatro-poesía de Lorca,* en *El escritor y la crítica,* Taurus, Madrid, 1975.

FRANCO, A. *El teatro de Unamuno,* Ínsula, Madrid, 1971.

GALLEGO MORELL, A. *El teatro lorquiano: del fracaso inicial a la apoteosis,* en *Sobre García Lorca,* Universidad de Granada, 1993.

GARCÍA LORCA, F. *Federico y su mundo,* Alianza, Madrid, 1980.

GARCÍA LORENZO, L. *Introducción a Teatro selecto de Jacinto Grau,* Escelier, Madrid, 1971.

GARCÍA TEMPLADO, J. *El teatro anterior a 1939,* Cincel, Madrid, 1980.

GREENFIELD, S. *El problema de «Mariana Pineda»,* en *El escritor y la crítica,* Taurus, Madrid, 1975.

HELMAN, E. *Verdad y fantasía en el teatro de Pedro Salinas,* en *El escritor y la crítica*, Taurus, Madrid, 1976.

HERSMANS, H. *El teatro político de Rafael Alberti,* Universidad de Salamanca, 1989.

HONIG, E. *García Lorca,* Ed. Laia, Barcelona, 1974.

LAFFRANQUE, M. *Puertas abiertas y cerradas en la poesía y el teatro de García Lorca,* en *El escritor y la crítica,* Taurus, Madrid, 1975.

LÁZARO CARRETER, F. *Introducción a la edición de «Los intereses creados» de Benavente,* Cátedra, Madrid, 1974.

LÁZARO CARRETER, F. *Apuntes sobre el teatro de Federico García Lorca,* en *El escritor y la crítica,* Taurus, Madrid, 1975.

MARCH, M. *Forma e idea en los esperpentos de Valle-Inclán,* Castalia, Madrid, 1979.

MARTÍN, E. *Federico García Lorca, heterodoxo y mártir. Análisis y proyección de la obra juvenil inédita,* Siglo XXI, Madrid, 1986.

MARTÍNEZ NADAL, R. *Edición e introducción de «El público» y «Comedia sin título»,* Seix Barral, Barcelona, 1978.

MARTÍNEZ NADAL, R. *Cuatro lecciones sobre Federico García Lorca,* Cátedra, Madrid, 1980.

MATILLA, A. *Las comedias bárbaras. Historicismo y expresionismo dramático*, Anaya, Madrid, 1972.

MONLEÓN, J. *El teatro del 98 frente a la sociedad española,* Cátedra, Madrid, 1975.

32

MONLEÓN, J. *Arniches y la crisis de la Restauración,* en *Teatro,* Taurus, Madrid, 1967.

MONTERO, J. *Introducción a «Del Madrid castizo. Sainetes», de Arniches,* Cátedra, Madrid, 1981.

MORALEDA, P. *El teatro de Pedro Salinas*, Ed. Pegaso, Madrid, 1985.

OLIVA, C. *Antecedentes estéticos del esperpento,* Ediciones 23-27, Murcia, 1978.

PACO, M. *Pérez de Ayala y el teatro de Benavente*, Monteagudo, Murcia, 1980.

PÉREZ DE AYALA, R. *Las máscaras,* en *Obras completas,* III, Aguilá, Madrid, 1966.

RISCO, A. *El demiurgo y su mundo. Hacia un nuevo enfoque de la obra de Valle-Inclán,* Gredos, Madrid, 1977.

RODRÍGUEZ MÉNDEZ, J.Mª. *Un autor para una sociedad,* Revista de Occidente, IV, 1966.

RODRÍGUEZ SALCEDO, G. *Introducción al teatro de Jacinto Grau,* Papeles de Son Armadans, XLII, 1966.

RUIZ LAGOS, M. *Sobre Arniches: sus arquetipos y su esencia dramática,* Segismundo, II, 1966.

RUIZ RAMÓN, F. *Historia del teatro español. Siglo XX,* Cátedra, Madrid, 1980.

SALINAS, P. *Del género chico a la tragedia grotesca: Carlos Arniches,* en *Literatura española siglo XX*, Alianza, Madrid, 1980.

SENABRE, R. *Creación y deformación en la lengua de Arniches,* Segismundo, II, 1966.

SORIA OLMEDO, A. *Federico García Lorca: teatro inédito de juventud,* Cátedra, Madrid, 1994.

TORRE, G. *Triedro de Unamuno,* en *La difícil universalidad española,* Gredos, Madrid, 1965.

TORRENTE BALLESTER, G. *Teatro español contemporáneo,* Guadarrama, Madrid, 1968.

VARIOS. *La casa de Bernarda Alba y el teatro de García Lorca,* Cátedra, Madrid, 1985.

ZAMORA VICENTE, A. *La realidad esperpéntica (aproximación a «Luces de bohemia»),* Gredos, Madrid, 1974.

ZAMORA VICENTE, A. *Prólogo y edición de «Luces de bohemia»,* Austral, Madrid, 1989.

Printed in Great Britain
by Amazon

73478025R00113